名师名校名校长

凝聚名师共识
回应名师关怀
打造名师品牌
培育名师群体

包贵明遠志

语文润心

——小学阅读教学体系构建与实施

邱 鑫◎著

东北师范大学出版社

长 春

图书在版编目（CIP）数据

语文润心：小学阅读教学体系构建与实施 / 邱鑫著
. — 长春：东北师范大学出版社，2022.11
ISBN 978-7-5681-9854-7

Ⅰ.①语… Ⅱ.①邱… Ⅲ.①阅读课－教学研究－小
学 Ⅳ.①G623.232

中国版本图书馆CIP数据核字（2022）第224219号

□责任编辑：石　斌　　　　　□封面设计：言之凿
□责任校对：刘彦妮　张小娅　□责任印制：许　冰

东北师范大学出版社出版发行
长春净月经济开发区金宝街 118 号（邮政编码：130117）
电话：0431-84568023
网址：http://www.nenup.com
北京言之凿文化发展有限公司设计部制版
北京政采印刷服务有限公司印装
北京市中关村科技园区通州园金桥科技产业基地环科中路 17 号（邮编：101102）
2022年11月第1版　2023年3月第1次印刷
幅面尺寸：170mm×240mm　印张：17　字数：235千

定价：58.00元

序 言
PREFACE

语文润心又育人

正如课文《落花生》中描写的"人要做有用的人，不要做只讲体面，而对别人没有好处的人"一样，做人不要做只讲外表美的人，而要做心灵美的人。基于多年的探索与实践，我们相信在当前核心素养下的新课程语文教学必将落实立德润心功能。

"润心育人"一直是我们的教育教学追求，我们要以"润心语文"为核心，以"心语课堂"为纽带。在课堂教学中，我们要让学生在获取知识的同时，心灵也受到滋润，"心语课堂，滋润心灵，播洒阳光"。于是，"语文润心"这一崭新理念便践行于每日教学之中，师生之间用澄澈之心，让爱绵延，共同成长。后来，我们把"润心"的内涵深入挖掘了出来，延展了教育视野，明确了"语文润心"教育的范畴，将教育内容、方式、手段全部收录进来，并明确"析语文美·润童稚心"的价值理念，旨在润泽儿童生命，启迪智慧。

"语文润心"用温润和呵护的引领方式，实现滋润学生心田、唤醒学生情感的教育目标，为国家和社会培养高素养的人才，旨在用一种轻松、民主、友爱与和谐的教育氛围，从多元组织活动中，构建个性化的语文课程，用"水滴穿石"般的博爱之心，润物无声地呵护每个学生的成长，唤醒学生对语文品美、析美的情感，引领他们健康发展。智慧中彰显着智力、知识、个性、魄力、灵感等，因此，在新发展理念的指引下，我们要用语文美启迪学生智慧，引领学生朝着全面、健康、个性的方向发展，通过科学化的教育手段，开启学生"心智"天窗，从塑造"知识人"转变为培养"智慧人"，帮助学生具备用心领悟语文美的能力。

孔子有言"学而时习之，不亦说乎？"语文教育本身充满着幸福和乐趣，只有在愉悦的课堂上，语文才能达到与学生"心灵共舞"的良好效果。这种幸福的教育模式，可以让学生拥有一个真正意义上的童年，让他们在品析文化的过程中，感受到快乐与自豪，从而呈现出童真、童趣的一面。在教育中，我们强调要让学生过一种幸福、完整的学习生活，教师最先满足的应当是学生最初的需求，如安全与被爱，然后是激发学生高层次的需求，如爱他人、自我实现、社会认可等。此外，幸福和完整还包括学生"身、心、脑"的协调统一，实现人的和谐成长，让学生在品析语文的过程中获得成功的喜悦，增长智慧，丰富情感。

犹如我们每日沐浴在阳光底下一般，学生的心灵需要智慧的启迪。但是，传统教育喜欢以灌输知识的方式组织课堂活动，造成知识堆砌、智慧贫乏的教育景象，缺乏"润心"教育。对塑造"知识人"这一信条进行反思后，我们发现"润心"教育即"润智"教育，在这场教育变革中，作为教师，该怎样想，又该怎样落实？

"语文润心"以爱和智慧为精神依托，用"析语文美·润童稚心"作为价值引领，滋养教师和学生的情怀，构建"润心"课堂的和谐环境；同时，秉承着"以生为主"的教育思想，唤醒学生用心品析语文美的潜能，使其在多读、善思、勤学、多练的践行模式下，形成知识底色。在这种"润心"的教育信念中，师生共同发展，成就智慧型教师，引领高品质语文智慧课堂，促进学生心灵成长。

围绕以上观点，在"语文润心"的教育观念中，语文学科应当致力于润心课堂的建设。让师生在小学语文阅读和习作中，用心读好每一个句子，用心体会每一处情感，与作者情感产生共鸣，与作者思想产生共识。学生在获取知识的同时，其心灵也受到滋润，萌生智慧，在充满温情、洒满阳光的教室里，做一个积极向上的少年。

邱　鑫

2022年5月

序言

目 录
CONTENTS

目录

第一章

析语文美·润童稚心

——优秀传统文化

第一节　优秀传统文化与小学语文阅读教学

一、优秀传统文化的内涵

提起优秀传统文化，免不了先对"文化"进行一番了解。"仁、爱、孝、悌"是饱含礼仪与美德的文化，恢宏气派的古老建筑是艺术文化，《楚辞》《诗经》等优秀文学作品是一种经典文化。文化存在于生活的方方面面，种类繁多，至今，人们仍未对文化概念的认识达成一致。

时光穿越到我国古代，我们翻阅文献不难发现，"文化"一词在演变过程中有着深厚的内涵。最初，"文"与"化"一般被人们分开单独使用。"文"原本的意思与"纹"相同，形容的是纵横交错的纹理。随着文化的演变，人们普遍用它来表示文章、文字、文学、礼与乐的规范、操行修养等多种含义。"化"则是动词，常用在开化、变化、教化当中，后来与"文"结合成词语，"文化"在古代具有"以文教化"的基本意思，如"文化不改，然后加诛"。现代的"文化"出自拉丁文中的"culture"，最开始仅代表与物质、生产行业有关的培植、居住、耕作等意思，后来将其拓展到精神层面，形容一个人在性情陶冶和品德涵养方面的表达能力，与古代典籍中出现的"以文教化"有着相近的意思。1871年，英国学者泰勒将"文化"解释为在信念与知识、艺术与风俗、道德与法律以及社会体系中，人身上所具备的综合品质的复合体现。现如今，人们将"文化"从广义和狭义两个角度进行划分。广义上的文化，指人类与自然界、社会所接触时产生的行为和结果。狭义上的文化，专门指人类精神层面的文化，是由精神创造出来的一种成果体现。

"传统"是在各个历史阶段所沉淀下的艺术、道德、思想、规范、风尚等。"传统文化"与"文化传统"有着很大的区别，了解两者之间的不同，能够让我们更加准确地认识传统文化。庞朴对这两者的关系有着独特、深刻的阐释。他认为，两者之间的差异十分鲜明，如果用古代的说法，"文化传统"被认为是形而上的道，而"传统文化"则是行而下的器。简单来说，"文化传统"是立足于传统的，比较注重精神文化层面，没有具体物质上的呈现，是在特定的文化价值认知模式下，经过长期积淀，人们所形成的被大家都认可且稳固的心理和行为习惯。"传统文化"更加倾向于文化内涵，是现代文化、外国文化以外的文化体系，包含着更多的文化内容，其往往蕴含于各种各样的物质、精神与实体物质之中。

本文中的传统文化在内容和范围上具有一定的界限，整体与优秀、积极等价值理念相靠近，指的是在历史长河中沉淀下来的精华文化。这种过去式的优秀传统文化，并不是一直静止、单一不变的，而是在持久的"文化"革命中，将精妙的文化部分筛选出来，赋予新的内涵和意义，不仅仅体现在经典书籍中的诗文部分，很多现代的文章内容也都传承了优秀传统文化的智慧。根据以上分析，故而本文对优秀传统文化简单做一个定义：优秀传统文化，是中华民族在历史发展中所创造的，经过时间更迭传承下来的，具有中华民族独一无二的特质的，随着时代发展不断革新的，对现代人们的生活起到积极推动作用的，能够让人的心灵得到洗涤的物质与精神文化。

"润心"运用于语文教学中，有着丰富的含义，强调在实践教学中，关注熏陶、感染、渗透等潜移默化的教学方式的影响力。教师在传授语文知识时，并不是单纯将外在的文化内容强行带进课堂，直接灌输给学生，而是将文化中隐藏的情感、内涵剖开了、揉碎了，渗透于各个教学过程中，让学生能够达到情感上的共鸣以及心灵上的升华，发挥出语文教学用优秀传统文化感化学生的功能。

二、阅读教学的文化特性

阅读是人们获取知识、了解世界、提高审美以及发散思维的一种过程。它可以是生活中一项简单的社会活动，也可以是让人们吸收文化、积累智慧的活动。将阅读应用于小学语文课堂的教学当中，教师要善于发挥"母语"的深厚文化底蕴，从教学活动中主体、客体两个角度深入挖掘文化特性，让语文教学从内容和组织方式上变得充盈起来，以更好地诠释丰富的优秀传统文化。

主体和客体是组成整套阅读活动的关键部分。在阅读教学中，主体一般指的是教师和学生。其中，学生在阅读学习中占有重要地位。主体上的文化性一般表现为学生自身发展对优秀传统文化的实际需求，以及通过学习所积累的优秀传统文化素养。兰德曼是德国著名的文化研究学者，他认为，人本身便是一种文化的存在，如果没有文化，人也就失去了做人的灵魂。追溯到远古时代，我们可以发现，人类之所以成为高智慧生物，是因为人类具有文化意识，并可以将其转化为实际行动，可以制作并运用工具。文化既是人类的标志、需求，也是人类进步的表现。自古，人们就会运用简单的符号、图案来记录心情、数量，刻画在石头上的印记像是一篇篇尘封的日记，将人们的思绪拉回远古时代。文字、语言的出现，让人成了真正意义上的"人"。语言的发展、文化的传递、价值观的迁移，主要是以"阅读"的方式来实现的。小学语文的课本中摘录了中华民族优秀的作品，凝结了中华优秀传统文化的智慧结晶。通过教学，教师可以帮助学生搭建一个通往外部世界的桥梁，使学生在优秀传统文化的熏陶中完成精神体系的塑造。

小学生是阅读学习的主体，他们通过学习逐步培养优秀的传统文化素养，这同样是文化的一种展现方式。有效阅读是汲取精华的过程，在各种文字符号中实现情感上的共鸣，并将自身认可的文化部分，自动归纳到自己的价值体系当中。学生只有具备基本的文化素养，才能用"心"品读经典作品，顺利完成从书面文字中提取信息的活动。简而言之，学生首先要掌握我国优秀传统文化中最基本的文字，建立语感，扫除阅读学习中的障碍；其次，要建立优秀传统文化基本的常识，在文化熏陶中了解民族历史变迁，获得人文、地理、政治、经济等方面的启迪。古代圣贤之所以能创作出广为流传的佳作，是因为其对外在事物有着深刻的感触，将情感集中于笔尖，化作灵动的文字。在"润心"课堂教学中，如果学生缺乏必要的文化素养，便不能透彻理解文本中潜在的情感意蕴。在这种情况下，学生用心品味文化，可以减少阅读中出现的理解障碍，顺利建立情感上的共鸣。一般小学生在优秀传统文化方面的素养越高，越能快速把握住阅读中的关键所在，深刻理解文本内涵和实现情感认同。

我们将各种"读物"称为阅读教学中的客体，它是整体阅读体系中的核心，在小学语文学科教学中以"语文教材"的形式存在。教材中的阅读内容呈现出"字词—句子—篇章"的层次感，它的文化特性体现在两个方面：一是汉字本身所具备的"优秀文化"的传统属性，二是由汉字所组成的词语、句子所传递出来的文化观点。

汉字是一种具有工具性的符号元件，是组建一篇完整文章的最小单位，是阅读教学中最基础的客体。随着历史朝代的更迭，汉字不断演变和进化，成为具有中华民族的优良特点、至今被很多人使用的一种文字，它蕴含着大量的优秀传统文化，承载着国家和民族的希望。例如，"日"字中间的短横，表明太阳是一个实体，而不是空心圆，与"月"有时圆、有时缺是相对应的。古老的象形文字，可以透出古代人们的智慧，是优秀传统文化的缩影，呈现了汉语言丰富的文化特性。

由多个汉字连缀而成的词语、句子，乃至整个篇章则聚积着更加丰厚的文化意蕴。小学语文教材中的文章，是结合小学生身心发展特点，经过层层筛选才被采用的，其很好地刻画了优秀传统文化发展的轨迹，有着启迪智慧的作用。怎样用这些文化瑰宝来实现"润心"教育呢？我想答案在《夜宿山寺》朴素自然、夸张巧妙的联想之中，在《难忘的泼水节》热闹非凡、充满温情的节日活动当中……在"润心"教育中，教师应当关注优秀传统文化在学生现实生活中的精神体现，将其转变成学生易于理解、体会的内容，如"夸父"这一古代神话人物，教师可以将他化作实际生活中追求光明的使者，通过艺术加工的方式呈现出"夸父"精神，让学生可以用心领悟优秀传统文化中的神话故事。

三、阅读教学中优秀传统文化渗透主路径

在小学阶段语文学科教学中，教师对小学生渗透优秀传统文化的途径多种多样，可以是识字与写字、阅读与写作，也可以是口语交际、情景模拟等综合性学习活动。语文教师在阅读教学中，主要依托文字本身和语篇文化两个部分，从文本载体中提炼中华民族优秀传统文化的精华，将其渗透在教学的方方面面，时刻对小学生的文化品质产生影响。"润心"便是对小学生心灵的滋润与洗涤。著名文学家、教育学家朱自清曾提道："经典训练的价值不在实用，而在文化。"可见，在对优秀传统文化进行阅读教学时，要实现小学生心灵上的洗涤，前提是培养小学生良好的文化语感，注重其对文化元素的积累。

将优秀传统文化融入小学语文学科阅读教学，在目标和内容上要分阶段进行渗透。在部编版教材中，低学段语文教学多以童话、寓言故事、儿歌、简单古诗来传递语言文化的"美"，通过让学生联想，使其获得情感上的美妙体验，在童真、童趣的学习中积累人生经验；高学段语文教学则以学生最为喜欢的趣味故事、古代诗词等来引发学生情感感知，让其用心品味优秀传统文化中语言的优美，强调内在思想和精神的双重感悟。可以看到的是，课文内容所呈现的优秀传统文化，既有古代遗留的经典作品，也有现代作品中的传统文化精华，其渗透在教育教学的方方面面。

朗读和背诵，是小学生在阅读学习中完成情感传递和积累文化知识

的重要方式。通过朗读"文质兼美"的文章，小学生会沉浸于优秀传统文化世界，获得"美"的熏陶，在潜移默化中提高了文学素养，为更准确、更深入地潜心阅读打好底子。在"语文润心"模式下的课堂教学中，教师要集语调、韵律和节奏于一体，将作品的情感和内容打包在一起呈现给学生，将其渗透于小学生的心灵深处。有人曾说，"读书分为谋生和谋心两种。谋生的读书是从小学一直读到大学，为的是找个工作，这不是真正的读书；而谋心的读书则是为了心灵的寄托和安慰，这才是真正的读书"。小学生"谋心"的读书素养的培养，离不开其通过背诵对语言的积累和对情感的深化。可见，在小学阶段语文教学中，以朗读和背诵的方式来加强小学生对优秀传统文化的积累，是课堂教学的主要实践路径。

我国大部分地区使用汉语进行交流，而汉字作为学习"汉语"重要的工具，在灿烂的历史长河中，何尝不是一块瑰宝？小学生学习汉字、认识汉字和书写汉字的过程，也是对优秀传统文化的认同和传承。在识字教学中，教师要善于用小学生喜欢的方式进行引导，让他们由衷地产生"我喜欢汉字""我想要学习更多汉字"的意向。汉字被人们形象地称作"活化石"，其优美的字形、和谐的结构，都是对小学生进行"语文润心"教育的素材，教师在带领小学生进行品析汉字的过程中，可以有效唤起小学生对我国优秀传统文化的认同。小学生在追溯字源的时候，可以感受到汉字构形的意蕴；在学习象形、会意、形声等结构的过程中，可以感受到人性的光辉，触摸到人性中的真、善、美。识字、写字可以明心见性，在其高雅的情怀陶冶中，可以真正唤醒小学生对源远流长的中华优秀传统文化的认同，实现中华优秀传统文化的薪火相传。

如果说阅读与识字是实现语文教学的两条路径，那么写作就是文化与情感输出的重要方式。实际上，"语文润心"的课堂教学不仅要求学生用心识字、用心品读，更要求学生用心将知识梳理出来，实现"为我所用"。小学生在汲取充足的优秀传统文化的养料以后，可以引经据典、借用佳句，让自己笔下的文章更富有灵魂，可以淋漓尽致地呈现情感，这便是实现"语文润心"的佐证。从写作中，我们可以发现，无论是笔尖滑动，还是情感抛洒，都发挥着传承优秀传统文化和陶冶情操的双重功能。在时代赋予我们的得天独厚的学习环境中，"语文润心"不再是虚无缥缈的存在，更多的是渗透于各个教学环节中，潜移默化地对学生产生影响。

第二节 部编版小学语文教材
优秀传统文化内容

对传统优秀文化有系统的认知，是教师通过语文教学渗透优秀传统文化的前提。师生只有在透彻地进行文化分类以后，才能有针对性地体验和感知优秀传统文化。本部分基于部编版小学语文教材，结合选编内容和学科特性，对现有教材中的优秀传统文化进行仔细剖析研究，为"语文润心"课堂的教学提供了完善、系统的教育框架。

一、优秀传统文化的分类

结合"要素分析法"对文化进行研究，可以从组成单个文化的细小单位中获得整体文化的组成要素，像细胞与器官之间的关系，二者相互配合着发挥作用。根据文化要素的理论知识以及相关专家对优秀传统文化的分类研究，我们可以从中获得重要的分类启发，进而对小学部编版的语文教材中的传统文化进行更加细致、科学的划分。

《中国文化概论》一书从九个角度对优秀传统文化进行了划分，分别是哲学、文学、艺术、语言文字、传统伦理、宗教、史学、教育和科学技术。这种划分方式十分精细，基本囊括了所有优秀传统文化的体系。石云涛所主编的《中国传统文化概论》同样是将优秀传统文化分为九个大类，只不过用中国传统建筑和中国民俗文化替代了语言文字和传统伦理两个部分。而张岂之在《中国传统文化》中划分的优秀传统文化的九大类分别是哲学、伦理道德与人文文化、宗教、教育、中国医药学、古建筑、文物殿堂、艺术和饮食文化。除此之外，还有很多著名专家和学者对我国优秀传统文化的分类有着独特的见解。但总的来说可以归为一点，我国优秀传统文化无论从内容还是形式上，都有着十分丰富的内涵，并不能在部编版小学语文教材上全部体现出来。这些专业人士在书籍中对优秀传统文化的分类方法对我们研究部编版小学语文教材的优秀传统文化分类问题有着至关重要的启示作用。

二、语文教材中优秀传统文化的分类

根据专家学者的分类观点，在对优秀传统文化的分类有了大致了解以后，我们可以确定部编版教材中文化分类的基本轮廓。基于对部编版小学语文教材的研究，我们可以对涉及的优秀传统文化各个要素进行仔细梳理，基本上可以将其分成传统历史、汉语言文字文化、艺术、古典文学文化、宗教、科技、民俗和意象文化八个类别。在这些文化类别中，要想实现"析语文美·润童稚心"的教育价值，教师应深刻认识到阅读教学的重要意义，其给小学生带来心灵上的感悟，使其呈现出"腹有诗书气自华"的灵性。

根据上面的分类情况，我们可以看出优秀传统文化涉及面之广泛，其从多个角度影响着小学生的身心发展，在滋润小学生心灵的同时，还保留了他们的童趣。基于此，我们以对优秀传统文化分类的选编和学科特点为出发点，主要将优秀传统文化分为优秀传统文化常识和精神两个大类。这为语文学科教学提供了新的方向。语文教师要契合现阶段新课程标准中的教学理念，合理界定部编版小学语文教材中的优秀传统文化，将其融入汉字、古诗词、文章等内容的教育之中，直击小学生心灵，让他们在每一章节的学习中，犹如乘坐一艘航船，从狭窄的文化小溪，逐渐驶向广阔的文化海洋，一步步品析爱国人物故事、体验优秀传统节日、了解各地的风俗习惯、学习古代圣贤的传统礼仪、感叹经典的民间艺术。

三、部编版小学语文教材优秀传统文化举要

在部编版小学语文教材中，优秀传统文化常识分为"本体性"和"条件性"两类。首先，"本体性"的文化常识立足于语言汉字文化本身。例如，一年级上册识字教学《口耳目》中，教师针对文字演变、文字结构等进行教学，以示例的方式，提升小学生对识字课堂的兴趣，抓住小学生的注意力，帮助小学生用"心"识字，增添学习的力量。"本体性"常识中的汉语言部分非常丰富，一些成语、谚语、修辞、对联等都包含了大量的优秀传统文化知识。例如，二年级课文《曹冲称象》，不仅在故事情节上深深吸引着小学生，还对小学生的思想进行启发，聪明的曹冲使用"等量替换法"分而治之，圆满解决了难以称象的问题。三年级的《元日》《清明》《九月九日忆山东兄弟》这三首古诗，是诗人基于传统节日有感而发的，小学生在欣赏诗词佳作的同时也产生了想要了解更多我国传统节日的兴趣，增强了民族自信心和自豪感。

其次，"条件性"的文化常识包括艺术、政治、礼仪、习俗、科技、历史等多个方面。其一是艺术文化。三年级课文《赵州桥》涉及典型的建筑艺术，文中对"赵州桥"这一古人遗留下来的历史遗产从劳动人民的智慧、才干两个方面展开分析，将其雄伟、坚固、美观的特点呈现出来，教师以点带面进行教学，让小学生自然而然产生对中华民族优秀传统文化的自豪感。其二是政治文化，主要包括古代政治生涯的相关文化。四年级上册的《出塞》，将人们希望和平、统一的心情展露了出来。其三是礼仪文化。四年级上册的《纪昌学射》出自《列子·汤问》，文章用鲜明的写作手法将好学的纪昌坚持不懈、追求梦想的精神刻画出来，传递到学生心间，可以让小学生由衷萌发学习纪昌良好品质的欲望。其四是习俗文化。中华民族历经了数千年历史，很多优秀习俗随岁月沉淀下来，饱含着独特的文化气息。六年级下册的《北京的春节》讲的便是一些北京春节期间的

传统风俗习惯，将老北京的年味儿体现得淋漓尽致。其五是科技文化。天文历法、地理中医均属于科技范畴。三年级下册的《纸的发明》，引领小学生了解蔡伦改进的造纸术，学习蔡伦善于观察、勇于探索的科学精神，可以让学生在这些"精神"养料中浸润心灵。其六是历史文化。"文学"和"史学"是密不可分的。小学部编版语文教材中既有历史故事，又有历史人物，都是优秀传统文化的子元素。六年级上册的《伯牙鼓琴》一文，讲述了伯牙、子期于高山流水之间遇到知音的故事，让小学生披文入情，感知知音难觅和乐曲高妙，从而让优秀传统文化在小学生的心底生根发芽。

部编版小学语文教材涵盖爱国忧民、宽宏气节、乐观进取、崇真尚行和恬淡隐逸五大类精神。五年级下册的《从军行》，抒发了作者对朝廷重武轻文的愤懑之情和忧国之心，通过雄劲的笔锋挥洒出从戎书生保卫国家的壮志豪情。五年级上册的《将相和》宣扬海纳百川、有容乃大的宽宏气节，指出只有群臣友好相处、相互敬重，才能更好地辅佐君主。四年级下册的《囊萤夜读》，以车胤在艰苦环境中勤奋学习的典故来体现他乐观进取的精神，给后人以勉励。在四年级上册《西门豹治邺》这篇历史散文中，西门豹用崇真尚行的精神，革除"为河伯娶妇"的陋习，通过凿渠引水的方式，解决了劳苦人民的问题。五年级下册的《四时田园杂兴（其三十一）》以景象描写的方式，让人们产生对农村恬淡生活的向往之情。小学生是我们民族的希望，更是发扬和传承中华优秀传统文化精神的使者。"润心"教学，能够培养小学生奋发向上、开明豁达的人生观和价值观，使其成为新一代高素质的人才。

第三节　优秀传统文化·润童稚心的渗透策略

一、明确优秀传统文化·润童稚心渗透目标

目标具有导向和指示作用，其在小学语文学科教学中是相当于"指南针"的存在，对预期教学水平有着明确的激励和评价功能，也是语文教师选择教学内容、教学工具和方法的主要依据。在这种情况下，为了使阅读教学中"析语文美·润童稚心"的价值渗透得更加深入，我们首先要明确的便是优秀传统文化的渗透目标。根据小学生的思想、行为和心态，我们可以将语文阅读教学的目标渗透分为三个主要阶段：阶段一是以小学生的认知角度对文本内容从形式、语言上进行感知和辨别。阶段二是以文本情感为主要突破方向，帮助学生心领神会、潜心阅读。阶段三是最终的转化、运用阶段，即在日常生活中，可以将语文各方面的"美"灵活运用。语文教学的阅读规律给予我们深刻的启示，启示我们要契合小学生的身心发展规律，将优秀传统文化贯穿于整个教学过程中，科学、合理地渗透教学目标。

第一阶段需要小学生通过字词表层含义，积淀深厚的优秀传统文化常识。在阅读教学的实践课堂上，语文教师应当起到组织者和引导者的作用，从整体层面对组成文本内容的语言符号进行教学，让小学生可以循序渐进地理解字词、整句、整段、整篇文本内容的意思，从文体、语体两个

方向初步熟知文本的表达内容。在落实人文教育的这一阶段，主要渗透目标是让小学生通过阅读，积累相关的优秀传统文化的文学常识。

我们在"部编版小学语文教材优秀传统文化举要"中对优秀传统文化常识进行过划分，将其分为了"本体性"和"条件性"两种。那么，在渗透目标中，我们也应当从"本体性"和"条件性"两个方向来进行不同教学目标的设置。以语言和文字为主的"本体性"常识，是小学生顺利完成阅读学习的关键所在，与语文学科教学的联系也最为紧密。教师要注重对这类常识教学的严谨性与科学性。如果小学生对字词的理解不够准确，或者是不能把握语言的含义，很容易在阅读"感言辩体"中出现理解误差，不能很好地理解句式和语法，从而把握不准文本中主要阐述的优秀传统文化的组织意义。"条件性"的优秀传统文化常识，是通向深度阅读理解的阶梯，其包括丰富的艺术、政治、科技、习俗和历史等文化内容。小学生对这些"条件性"的常识了解得越多，越能快速、精准地把握住文本中优秀传统文化的内涵，加快浸润心灵的速度。

第二阶段是让小学生将情感融入文本当中，用心阅读，深入理解优秀传统文化的精神。在这一阶段，小学生要从表层阅读过渡到深层阅读，将自己融入文本营造出来的意境当中，以便领悟文本情感。此阶段的渗透目标便是理解优秀传统文化的精神。

部编版小学语文教材，是经过对优秀传统文化进行层层筛选而编制出来的，蕴含着丰富的优秀传统文化的精华，其目的是让小学生从小对文化精神进行学习和感悟。如何引导小学生领会优秀传统文化精神？这需要语文教师从品读着手，借助文本中描写景物的语言，以及直抒情感的语言，带领小学生一起品读、一起赏析，将他们带入到作者所处的时代背景之中，用心感悟。可见，入情得意的渗透目标，不单单要小学生掌握基本的文化语言、文字的知识，还要他们深入领悟文本精神，与作者在情感上进行深层次的交流，以此来陶冶他们的思想情操，影响其行为品德。例如，在部编版四年级上册的《出塞》一诗中，诗人王昌龄穿越时空，从秦到汉，又从汉到唐，描写了皎洁的明月和雄伟的城关。明月，是团圆的象征，表达了诗人希望起用良将，平定边塞的爱国精神。雄伟的城关，引起了人们对战争的回忆，又是今天将士们驰骋万里、浴血奋战的历史见证，表现了将士们英勇无畏的英雄气概。

第三阶段是最后的升华阶段，要将所思、所想、所感转化为实践，使所学真正为我所用，即让小学生将学习的优秀传统文化作为内驱力，对生活的方方面面产生影响，体现出"行"的过程。这个阶段不仅是渗透目标，也是最终目的。语文教师要着重观察小学生的认知和理解能力，注重从态度、品行等方面综合培养小学生的优良品德。

对于小学生品行、态度等方面的优良品德的综合培养，教师可以用我国古代圣贤事迹、反面故事、仁爱孝悌等来进行教学。在小学生理解优秀传统文化精神以后，教师可以设计趣味活动、情境扮演、课堂游戏等教学方案，引导小学生对自我进行剖析，使其以积极、主动的态度将优秀文化迁移到自己身上，在品行、态度等方面向圣贤靠拢，并通过自身的努力变得更好。小学生十分纯真、活泼，对外在事物充满了好奇心，处于接受新鲜事物的关键时期，教师通过"析语文美·润童稚心"的教育方式，可以将优秀传统文化深深地根植于小学生的内心深处，从而不断磨砺小学生的品行，使其在自我塑造中茁壮成长。当然，良好品行的建立，是一个长期、渐进和反复的过程，很多时候小学生对优秀传统文化只处于了解阶段，并不能从行为上体现出来，这便需要教师有耐心地进行教导，帮助小学生将文化精神融入品行当中。

二、优选优秀传统文化·润童稚心的渗透内容

如何对优秀传统文化·润童稚心的教学内容进行选择，是小学语文教学在文化渗透中要解决的重点问题。同一个文本中，经常会涉及多个优秀传统文化的渗透点，教师要认真选择，找出最贴切的教学内容来组织课堂，从而让课堂变得高效、灵动起来，真正实现"润童稚心"的教学目标。

首先，教学内容的选择要基于课程标准。根据小学语文课程标准选择教学内容，可以在文化体系中提炼最有针对性的内容，在一定程度上提高优秀传统文化对小学生童稚心灵的影响力。针对语文学科进行剖析，我们可以发现语文课程是对语言、文字进行杂糅运用的实践性课程，它具有工具性、人文性、综合性等特点。对此，语文教师要以语言文字为基础，将语文阅读教学方向与教材实际相结合，从现有的文本中提炼教学内容。在这一过程中，语文教师要重视优秀传统文化对小学生心灵、德行等方面的熏陶，在潜移默化中帮助小学生重塑心灵，培养高尚的审美情感，使其朝着健康、全面的方向发展。由此可见，"润童稚心"便是对小学生的精神教育，强调的是在精神文化上的渗透，这为语文教师科学地选择优秀传统文化·润童稚心的教学内容指明了方向。

其次，教学内容的选择要基于学段特点。我国小学语文学科教学要求将优秀传统文化的教学贯穿于始终，根据不同学段学生的特点分阶段进行渗透。《完善中华优秀传统文化教育指导纲要》中对不同阶段的优秀传统文化的渗透方向和内容进行了清晰的说明。一到六年级都属于小学阶段，但是一年级学生与六年级学生在思想认知、情感感悟方面有着巨大的差异。因此，在对低年段的小学生渗透优秀传统文化的时候，教师要考虑到其喜欢玩闹、心智简单的特性，从"了解""熟悉"的角度选择教学内容，让其对我国优秀文化、民族精神，从小树立自豪感和亲近感。对于高年段的小学生，教师则要从简单的"了解""熟悉"过渡到"认识""感知"等层面，让其对优秀传统文化的丰富内涵有着更加深刻的领悟，并能践行于日常生活和学习当中，增强其对我国优秀民族文化的自信心。在为各学段的学生选择优秀传统文化的教育内容时，教师要有渗透的着力点。对哪个阶段侧重培养小学生的哪些品行，语文教师要提前做好功课，以便更加清晰、明确地直击小学生心灵，将文化内容真正渗透于小学生的思想教育中，为后续发挥优秀传统文化的影响力保驾护航。

再次，教学内容的选择要基于教材文本。教师应依据科学的教材文本内容，立足于国家整体的培养方向，合理选择优秀传统文化·润童稚心的教育内容。在实践教学中，教师课前要对教材文本内容进行充分解读，如可以通过观摩课程、借助网络资源、使用教参工具等方式研读文本内容，将教材选编本篇文本内容的意图研究清楚，从中找到最适合小学生心灵成长的教学点，一般教材单元引语部分会对这部分内容有一些提示。如果教师对教学内容选择不够明确，还可以立足于文本本身，从文本结构、内容、情感等多个角度进行研究，根据不同文本特点，选择不同的优秀传统文化作为渗透课堂教学的切入点。部编版语文教材中的文言文和诗文，凝集了古代贤人的美好情感，书写着他们的壮志与豪情。这个时候，语文教师的传志与传道，则显得尤为重要。讲究教学章法，锤炼字句，都是语文阅读教学的重要内容。

最后，教学内容的选择要基于小学生的学习情况。在选择语文课堂的教学内容时，教师要先对小学生的成长情况、学习能力、行为模式等进行了解，清楚地知道小学生对优秀传统文化的认知水平，从而选择最适宜的教学内容。相较于幼儿而言，小学阶段的学生具有简单辨别是非的能力，以及感知、学习的能力，可以初步体会文本中的情感。基于此，语文教师可以将了解文本中的艺术手法、感悟作者的思想情感等作为教学内容。在课堂教学中，语文教师要善于观察小学生对待知识学习的态度，发现小学生注意力不集中、思维跳跃或者产生大量疑问的时候，要采用教学机智，在及时解决学生的疑惑以后，调整预设的教学内容，以保证语文课堂教学的实效性。除此之外，小学生的学习兴趣也十分重要，教师在选择教学内容时要着重考虑这一因素。小学生比较感兴趣的，又与课程标准相符的教学资源，可以直接列为备选教学内容。在对小学生对优秀传统文化的态度进行调查后，我们发现，多数学生更喜欢民俗、史学、艺术之类的学习内容。对此，语文教师可以更多地将教学方向向这三个部分靠拢，适时将历史背景、人物故事生动形象地展示给小学生，以激发小学生的学习兴趣。总之，在多元分析学情的框架下，教师要根据小学生的实际情况，选择最佳的教学内容，恰当地进行人文教育渗透。

三、丰富优秀传统文化·润童稚心的教学方法

用优秀传统文化充盈小学生内心的目的是加强小学生对文化精神的理解，从而将优秀传统文化根植于学生内心，体现在学生行为表现中。选用正确的教学方法，才能让文化滋润童稚心灵，获得较为突出的渗透效果，进而加快目标实现的速度。优秀传统文化·润童稚心的方法多种多样，教师可以根据学生情况以及实际教学内容，在课堂上使用多种文化滋润心灵的教学方法。

方法一，读字析文。汉字有着几千年的演变与发展的历史，是优秀传统文化传承的基石。语文教师在进行文化教学时，从汉字本身的文化意蕴进行解读，帮助小学生从文本语境中，快速掌握文本中隐藏的文化情感，才能达到"知其然，通其意"的教学效果。在文本中，教师要第一时间找准"关键字"，以"关键字"为脉络挖掘文化内涵，通过循序渐进的引导，让小学生慢慢理解优秀传统文化中的思想精华。一般对于文言文或古诗中比较容易理解的"关键字"，教师可以营造一种轻松、灵动的教学气氛，先让小学生通过工具书、注释等来自行研究。在学生遇到理解瓶颈时，教师再用专业的教学经验，深入剖析和解读，帮助学生理解。这样，在以"关键字"为突破点的语文课堂上，学生从内心深处喜欢上学习"优秀传统文本"，徜徉于文化熏陶的海洋之中，浸润心灵，从而构建美好、完善的学习体系。

方法二，读句入情。小学生在初步阅读文本内容以后，通过诵读、朗读等方式，将自己的情感与作者的情感进行交融，理解深层次的文化思想。在读的教学环节，教师要注重培养小学生读准字音、读清语句的能力，提高小学生的阅读质量，使小学生的各个感官相互协调。读句入情，是语文阅读课堂教学实践中总结出的最为行之有效的方法。其特点在于"书读百遍，其义自见"，以此来提升小学生的理解和体悟水平。教师

在运用这种方式进行阅读教学时，最忌讳的是让学生盲目诵读或朗读，应当遵循读准字音—读出情感—完成背诵的顺序。由于小学生的年龄比较小，缺乏科学诵读、朗读的方法和技巧，在起始阶段，教师可以通过示范朗读的方式，从语调、表情、身体动作等方面加以示范，教给小学生如何调动自己的情感。首先，读准字音。小学生在对文本内容进行诵读时，要把握好每个字的重音、强弱、停顿等节奏，这是后续"润童稚心"教学的基础。其次，读出情感。语文教师要注意引导，让学生在诵读的过程中读出情绪，在情感交融中，用心理解优秀传统文化中的情怀。最后，完成背诵。完成背诵是指经过长时间反复诵读、理解文本精神以后，通过不断调动各个感官而完成诵记的过程。

方法三，阅读拓展。倪文锦曾经说过，较之单篇课文的教学，群文阅读对培养和提高学生语文核心素养所具有的优势要广泛、深厚、持久得多。小学生对优秀传统文化学习缺乏兴趣的原因之一就是没有丰富的文化底蕴，内在驱动力不足，只能理解文本表层的含义，难以就文化精神和思想达成一致，从而产生畏难心理。适当地拓展小学生的阅读范围，可以在循序渐进中增厚学生的文化底蕴，久而久之，小学生对优秀传统文化会产生亲切感和熟悉感，在这一过程中，养成用心感悟文化的良好习惯。拓展阅读的方式，不单单可以让小学生积累丰厚的文化知识，还能培养小学生的阅读语感，通过了解古代文言文、诗词等文化体裁的表达方式，方便小学生找准适合情感交融的点。在进行阅读拓展时，语文教师可以选取多个文章，建立"文章关联组"来开展群文阅读，让小学生在相似的文本阅读拓展学习中，培养深厚的文化底蕴。语文教师也可以选取特定文章，从作者角度着手，或者从同时期不同作者的文章出发，为学生选择合适的拓展阅读文章，加强学生对特定时期文化的感悟能力。

方法四，情境创设。后现代课程理论认为，学习知识要与创设情境建立联系。很多优秀传统文化内容与现代化的生活方式在时间上有着较远的距离，超出了小学生的认知范围。对于缺乏生活常识和阅历的小学生来说，不能深入理解和感知优秀传统文化的美。基于此，在语文课堂的实践教学中，教师需要为优秀传统文化创设一个趣味情境，有机建立起小学生与传统文化之间的桥梁，调动小学生的联想和创新能力，从而使其完成对优秀传统文化中美好情感的构建。情境创设可以立足于小学生的实际生活，用小学生最为熟悉的生活场景，勾起学生的思绪，在符合润童稚心的情境里，帮助小学生更加真切地获取优秀传统文化中的情感。此外，教师可以凭借小学生最为喜欢的图画、故事、音乐等来创设趣味情境，以打破学生阅历不足的局限，将优秀传统文化转化为小学生可以理解的层次，完成滋润心灵的教学。

四、创新优秀传统文化·润童稚心的评价方式

教学评价指的是依据国家教育方针政策，结合教学目标和要求，用可行性的评价方式对教学效果的达成情况进行合理判断。一般情况下，优秀传统文化·润童稚心的评价方式，是对课堂教学内容渗透目标完成效果的评价，以考试检测的方式呈现。这种单一模式的评价方式，虽然可以作为阶段性评价的参考依据，但是缺乏创新性，难以调动学生的潜在动力，无法促进学生成长。对此，教师要不断革新优秀传统文化渗透于小学生教学的评价方法，以激励学生发展为出发点，实现"以评促教"的育人功能。

评价要以激励为前提条件。小学时期，学生处于自我约束能力养成阶段，无法完全按照教育目标要求自己，需要通过外在的激励和内在的驱动来不断提高自身学习水平。教师要坚持激励性评价原则，多鼓励、表扬小学生，让小学生感受到教师的关心和爱护，提升其学习语文知识的愉悦感，使其萌生想要用心品味优秀传统文化的兴趣，从而实现可持续发展目标。在具体评价中，教师要多主体、多角度、多方式地设计评价方案，让外在激励与内在驱动相辅相成，共同激发小学生对优秀传统文化学习的美好体验感。

多主体的评价，强调评价不再是以教师为单一评价者，鼓励小学生参

与到评价过程中。以生为主的评价模式可以充分调动小学生对优秀传统文化进行品析的积极性。在多主体的评价方式中，小学生更容易看到自身的不足之处，从而在自我完善的过程中，提高对优秀传统文化进行学习和感知的主动性，激发内在驱动。小学生往往不能完整地看待自身的发展，缺乏自我审视意识，教师要善于引导，多引入"自我评价"环节，重视小学生的主体性，提高小学生的自我认知能力。传统教学经常以教师单方面评价为主，如果教师的评价内容、方法等不够客观，很难让小学生信服，甚至会挫伤小学生的自信心。而多主体的评价方式，可以弥补教师单一评价的片面性，给到小学生多方位参考的意见，让学生在自我认同中更好地成长。

多方式的评价，强调的是重视"过程性"评价，与关注小学生的学习成果相比，更关注小学生日常生活中的行为表现、态度变化等。"语文润心"的教学目的是让学生通过汲取优秀传统文化的营养，塑造良好的品行，建立正确的情感价值观念。多方式的评价是一种开放评价模式，兼顾小学生的成长过程，为小学生的成长留下印记，持续激励小学生进步。其中，观察法和档案袋评价法被广大语文教师所认可。观察法是在教学中对学生的学习态度、兴趣爱好、行为习惯、思维意识、实践运用效果等进行评价，关心学生的一举一动，能够立刻给出有针对性的反馈意见。这种渗透于无形的观察形式，可以给不同类型的学生以不同的评价标准，根据每个学生的成长情况，给出切合实际的建议，有助于增强小学生对优秀传统文化进行学习的自信心。档案袋评价法则能够完整地将小学生的成长情况记录下来，可以成为期中、期末综合评价的参考依据，给学生和家长更加系统的反馈信息。这种评价方式的包容性很强，可以是学生每一次成绩的进步、助人为乐的表现、获奖的作品等。

多角度的评价，是从一个学生不同的发展角度来进行综合性的评价，全面评判小学生对优秀传统文化的学习情况。多角度的评价在评价内容上范围更加宽广，不仅关注小学生对优秀传统文化的了解情况，还关注小学生是否具备将优秀传统文化践行到生活中的能力，或者是否可以获得精神和思想上的启迪。这种评价方式，从学习态度、情感、实践等多角度对小学生进行约束，使其在规范的学习框架里，清楚地看到自身的不足之处，并产生想要改变的决心。在"语文润心"教学中，无论是教师还是家长，都应当对小学生进行深入观察，在对其充分了解的基础上，从不同角度对其发展情况实施评价。

此外，评价要以理解和体验为侧重点。语文阅读教学，是小学生主动理解和体验优秀传统文化的过程，决定着小学生的思想是停留于浅层知识的表面，还是延伸到深层次的精神世界当中。教师可以使用试题检测或课外知识引申的方式来检测小学生对优秀传统文化理解和体验的效果。在试题检测中，除了对基本知识点的简单考查以外，还可以通过发散性的题目，查看小学生掌握的程度。课外知识引申的评价方式，是用教材内容以外的类似知识点检验小学生是否有知识互通和共情的能力，以此作为课堂评价的一种方式。

这些评价形式仅作为一些参考，用来辅助教师检验小学生是否受到优秀传统文化的熏陶，从而让教师在后续教学中有计划地调整教学方案。

第四节　优秀传统文化在阅读教学中融合润童稚心的教学实践

优秀传统文化润童稚心教学实践一：以部编版小学语文五年级上册《示儿》为例

（一）教学目标

（1）培养学生与作者情感交融能力，提高学生对我国优秀传统文化的品读能力，增强学生的爱国主义情怀。

（2）帮助学生初步了解诗词含义，接受传统优秀文化的熏陶。

（3）在朗读、背诵的过程中，强化学生用心阅读、联想和创新的能力。

（二）教学重难点

（1）教学重点：在吟诵故事的过程中，激发学生对诗中意境的想象能力，让学生领悟诗中作者所表达的情感。

（2）教学难点：学生在用心体悟的过程中，发展想象和创新能力。

（三）教学过程

1. 温故引新，明确目标

"同学们，我们已经学习了很多古诗了，现在我们来玩一个'猜古诗'的游戏好不好？"在上课之初，教师通过游戏趣味引导，深深勾起小学生的好奇心。

"好！"同学们异口同声地回答。"古代诗人李白，有一首思念故乡的诗，你们猜猜是哪一首？"

"《静夜思》""《渡荆门送别》""《关山月》"……随着学生的回答，教师先对学生所回答的内容进行复述，然后对学生丰富的知识面及时加以肯定，自然而然地引出宋代诗人陆游牵挂祖国的诗《示儿》，并在黑板上用思维导图的形式，标注本节课渗透爱国主义教育的目标。

2. 问题引导，设关键词

"谁能告诉老师，'示'是什么意思呢？可以用你们手边的工具书进行查阅。"很快，有学生说"示"是"告知"，"示儿"的意思是告诉儿子。

紧接着，教师借着学生高昂的学习热情，继续提问："同学们，请你们思考一下，谁在告诉儿子？告诉了儿子什么？为什么要告诉儿子呢？"进一步引发学生的思考，并鼓励学生通过预习阶段准备的资料，与小组成员互相讨论和研究。

这样，教师在一条以"关键词"为引导的知识脉络中，通过设定问题的方式，对学生的思维进行启迪，构建一个自主、轻松、自由的交流课堂。

3. 以生为主，整体感知

在学生讨论结束以后，教师预留5分钟试读全诗的时间，引导学生认真、仔细地用心朗读，让学生读准字音，注意语调的变化，并根据本首古诗的注释，思考本首诗主要表达了哪些内容。

"请你为大家试读一下。"在学生读完以后，教师以激励式的评价进行点评："读得很好，声音非常洪亮，但是在语气语调上把握得不是很准确，来听老师为大家示范一下。"

教师在帮助学生扫清阅读障碍以后，通过主动举手的方式，鼓励学生自行描述这首古诗所表达的内容，让学生对诗词进行初步感知。

4. 细读品析，滋润心灵

用心品析是学习古诗词的关键所在，教师让学生以同桌相互读查的方式来梳理清楚本首诗词的主要脉络，并让学生用心体会诗句中的文字美。

在学生积极踊跃的互相帮助过程中，教师不断进行巡视，随时解答学生的疑惑，耐心为学生指明正确读查的方向。

学生在积极互动中对中华优秀传统文化有了更加清晰的认知，在诵读中感受古诗词的魅力，在细读品析中滋润心灵。

5.思维发散，吟诵品味

师：同学们，通过阅读学习，相信大家已经对诗人忧国忧民之情了解得十分透彻了，让我们再想象一下当时的情景吧！

教师指导学生闭上双眼，学生随着音乐，在教师的语言描绘下，再次感受：诗人在即将去世之时，因为没有见到国泰民安的景象而遗憾，不断地叮嘱儿子，当收复中原以后，切记要将这个好消息在家祭的时候告诉"我"。

教师以联想的方式，加强了学生析古诗美·滋润童心的能力，让学生的情感进一步得到升华，与作者的情感频率相一致，深刻体会作者在诗中所表达出的对祖国未能统一的牵挂之情。

（四）教学反思

本次古诗词教学主要以学生为主，让学生用心朗读、用心品味，明确设定教育目标和激励评价的方式，将其贯穿整个教学过程，实现以优秀传统文化滋润学生心灵的教学目标。但是迫于教学时间有限，本次教学未能充分引申课外阅读资料，在知识扩充方面有所欠缺，在后续教学中，教师可以适当优化教学环节，引入相关拓展内容。

优秀传统文化润童稚心教学实践二：以部编版小学语文五年级下册《田忌赛马》为例

（一）教学目标

（1）识记"策""荐""赢"等生字的字义与字形，用心理解"赏识""胸有成竹""信任""出谋划策"等词语。

（2）有感情地朗读课文，读懂文章内容，明白故事的起因、发展、高潮和结局。

（3）分析人物的动作、语言和神态，抓住人物情感和性格变化，感悟孙膑的足智多谋，获得思想启迪。

（二）教学重难点

（1）教学重点：在读懂文本的基础上，可以从细节入手，抓住人物情感和性格上的变化。

（2）教学难点：学习孙膑的足智多谋，了解故事发展中人物思维的变化过程。

（三）教学过程

1. 导入新课，揭示课题

上课之初，教师为学生展示手中的卡片，以"同学们，谁能告诉老师，卡片上的图案是哪一类比赛项目呢？"这一问题，用平等交流的方式，引出《田忌赛马》的教学内容。

教师以"上节课结束以后，老师安排大家查找与《田忌赛马》的相关资料，有哪名同学可以自告奋勇地汇报一下？"这一问题活跃课堂气氛，让学生的注意力全部集中在要讲解的知识点上。

对于学生回答的内容，教师及时表示肯定，评价学生准备过程十分用心，并鼓励学生用心学习文章中的生字新词。

2. 潜心阅读，读懂赛局

师：请大家思考一下，如果田忌还活着，他最喜欢文本中哪些内容呢？现在请大家自主进行阅读，用心感悟。

在学生初步了解文本内容以后，由教师带领学生按比赛场次，逐一认识妙策。

教师鼓励学生做解说员，为大家解说齐威王与田忌第一次赛马的情形。

师：这名同学的解说十分精彩，给我们一种身临其境的感觉，那么为什么在这次比赛中田忌三场都输了呢？

学生纷纷表达自己意见。

师：是的，看来同学们已经都读懂文章了，因为齐威王每个等级的马都比田忌的强。第二次赛马的结果又如何呢？

教师帮助学生用心品读孙膑的计策，分析足智多谋的孙膑是如何为田忌出谋划策、最终得到反败为胜的结果的。

3. 拓展延伸，启迪智慧

帮助学生扫清了阅读障碍，以及引导学生初步了解了故事发展的脉络以后，教师以"润心"的方式，突破本节课教学的重点和难点。

师：同学们，我们刚刚学过了《田忌赛马》的故事。课文里田忌、孙膑和齐威王三个人物，你们更喜欢哪位呢？谁能说说原因？（教师使用积极引导的方式，在给学生心灵以启发的同时，促使学生用心思考）

生1：我最喜欢孙膑，因为他机智聪明，还乐于助人。

生2：我也最喜欢孙膑，他临危不乱，善于观察，可以用发展的眼光看待问题。

生3：老师，我最喜欢田忌，他能采纳孙膑的意见，也不惧齐威王的权威，公平公正地进行比赛。

……

教师对学生的意见做总结：同学们说的都对，他们每个人都有独特的优点，我们身边的人何尝不是这样呢，他们既有缺点也有优点。在看待一个人的时候要用辩证的眼光，这便是"优秀传统文化"给我们留下的精神瑰宝，希望对大家有所启迪。

4. 发散思考，语文润心

轻松愉悦的一节课马上进入尾声了，为了让优秀传统文化更加深入学生的内心，教师可以安排小组讨论的环节。

教师对学生进行科学的分组以后，将时间留给学生，让学生互相交流、探讨学习后的所思、所感，从《田忌赛马》的故事联想到自身的生活、学习。

很快，在热火朝天的讨论中，下课的铃声响起，学生个个洋溢着笑容。实践证明，教师只有为学生的心灵浇灌精神养料，才能让优秀传统文化浸润心灵，推动学生更好、更快地成才。

（四）教学反思

本次教学活动整体的步调轻松、愉悦，教师给学生充分的自主锻炼机会。在实践课堂上，教师一直鼓励学生用心阅读、用心品味，最后使学生获得情感上的升华。整个教学过程合理、有序，学生能够从教师激励式评价中，获得学习语文优秀传统文化知识的自信心，从而建立正确的语文知识学习体系。

析语文美·润童稚心

——品语文美

第一节　品语文美与小学语文阅读教学

一、品语文美缘起与发展

品语文美是让学生用心品读语言文字，感受语言文字的美好，并以语言文字的美好不断浸润心灵、洗涤心灵。自古以来，贤者圣人便喜欢聚集在一起，喝茶赏文，读诗作赋，品语文美可谓有着悠久的历史。只要有文字、语言的地方，就会有对语文"美"的品析，其发展与时代有着直接关系。宋代《励学篇》，短短的篇章，激励着天下学子，尤其是"书中自有黄金屋""书中自有颜如玉"的说法，既是后人劝学的金科玉律，又是对品语文美的最大肯定。秦朝"焚书坑儒"一事，却是对众多文人学子的重击，当时品语文美的热潮也就退去了。但是无论时代怎样发展，有文化的地方便有语文，有语文就有品读，这是一个亘古不变的事实。

品语文美的思想与"文本中心论"是相对立的，其核心观点是从阅读者的角度出发，从对文学作品的品读和领悟美出发，关心阅读者在感知过程中的能动性。尧斯曾经提出过这样一个观点：即便将一个作品制作成书籍，如果没有经过阅读者的品读，那么这本书只能算作是半成品，只有经过读者品读以后，它才能称为有意义的作品。美国著名的学者坦利·费什持有相同的观点，他认为"意义"的产生是与读者的思考息息相关的，而不是在印制好的书籍中进行寻找。在品语文美的思想理念中，文学作品和文学文本是完全不同的两种概念。文学文本只是简单地以文字为符号的载体，本身不具备任何意义，是通往精神和情感世界的道路。而文学作品，是在文学文本的基础上，融入了阅读者的思想，让静态的文字变为动态，脱离了原本单一、死板的状态，读者可以在体验过程中，参与审美体验、欣赏艺术、升华情感。

品语文美关注的是读者对文学作品欣赏、审美和接受的过程，使读者在具备一定文学素养的基础上，通过品读、研究等方式，实现与作者、作品的动态沟通，让文学作品从死板的符号中复活，在历史、社会、自然等背景条件下完成润心的过程。圣伯夫是法国著名的文学评论家，他认为诗人的伟大之处，并不是创作出最多数量的作品，而是作品中有对读者的启迪内容，只有让作品与读者在情感上有共鸣，才能真正体现出作品的价值。一般我们在挑选音乐时，并不会因为其优美的音符或者音调可以感动自己而选择它，而会因为我们能从中聆听到自己的心声而选择它。法国作家法朗士在《乐图之花》中也提到过，书只是将连成串的记号印刷出来而已，需要读者通过用心品读，注入独特的情感和色彩，让记号变得灵动起来。也就是说，一部文学作品，是枯燥无趣还是富有生机，与读者情感的强弱有着直接关系，主要依托读者自己的品读感受。换句话说，文本中的每个字词都是有魔力的手指，能够拨动读者脑海中的琴弦，迸发出与读者心灵相关的美妙声音，这直接、生动地阐释了品语文美的思想主旨。在品语文美的思想主张上，很多美学家都致力于"美学"理论的研究，从欣赏、品读中获得审美体验，并在"召唤结构""期待视野"等中心观点中，探究鉴赏文学作品的审美过程。

二、品语文美的主要观点

品语文美强调的是读者通过分析阅读主体和文学作品反映情感的过程，调整文学作品与阅读主体之间的关系，从全新的角度阐释文学作品的含义。一部文学作品面向的是读者，有着丰富的美学价值，读者只有在完成阅读以后，才能将这种"美"激发出来。本文从"期待视野"和"召唤结构"两个观点进行探究，探索品语文美的深层次意义。

期待视野可以从文体期待、意象期待和意蕴期待三个层面进行解读。

首先，文体期待是读者在欣赏文学作品的过程中，由自身阅读习惯而产生的期待模式，指的是读者在品语文美的过程中，通过问题所感知到的艺术特点，以及文本在语言结构、人物情感等方面凸显的特色。学生的性格特点和行为习惯不尽相同，会产生差别化的阅读兴趣，有的学生喜欢在小说塑造的扣人心弦故事里遨游，有的喜欢诗歌富有节奏、朗朗上口的顿挫感，有的喜欢散文款款而来、春风化雨般的感觉，很少一部分学生喜欢品读难懂、拗口的古文。这是文本期待不同所产生的不同结果。

其次，意象期待是读者对文学作品中的意象所产生的期待效应，是学生理解文本内容最基本的能力。如果学生对意象缺乏认知，在阅读学习中，很容易融入自己的情感，造成期待视野与文本实际意象的相互冲突，严重阻碍品语文美之路，难以获得最佳的审美体验。季羡林的散文《月是故乡明》中以人人的故乡都有个月亮为中心来抒发情感。学生通过自主阅读，可以体会到一种背井离乡、漂泊天涯的凄凉感，但是不能将其中的意象深刻地表达出来。语文教师基于小学阶段学生的感知能力，从《静夜思》中"举头望明月，低头思故乡"的诗句为学生分析"明月"的意象，学生很快便能将"明月"和"黑夜"联想到一起，想象出一种凄苦、冷清的景象。在这种丰富的意象剖析中，学生可以从沉寂的黑夜联想到孤苦一人漂泊在外的景象，也可以从凄苦的思乡之情中深入了解社会中的无奈。这都表达出学生对文学作品的不同品读期待。

最后，意蕴期待指的是读者透过文字本身，更加深层次地进行审美探究的情感感知。它强调的是，读者不仅能够理解文学作品中作者所注入的情感，还能通过这些情感引发自身的思考，从而有助于改变自己的人生态度。这是读者在阅读中所获得的最高层次的期待。这种期待模式具有动态性的特点，尤其是对于小学生而言，其在意蕴中的期待，会随着认知能力的提升，或者审美经验的增多不断提高，是一个由浅层到深入的过程。在实际阅读过程中，如果学生有足够多的经验去品读文本、理解意蕴，那么这个过程就是有序的、顺利的；如果学生缺乏审美能力去感受文学作品的意蕴，那么学生就会改变传统认知，用全新的视野来规范期待，从而与文本相互呼应，萌生新的审美体验感。

"召唤结构"是由沃尔冈夫·伊瑟尔基于研究读者与文学作品的相互作用提出的，旨在分析作品是怎样让读者产生能动性，使读者在其中融入自己的个性，它是在此过程中产生的一种预设结构。伊瑟尔所提到的"召唤结构"，并不是脱离文学作品内容的，而是在作品"空白点"中，让读者根据自己的经验填补内容，通过想象让作品变得完整起来。这本身是一种重建过程，也是品语文美过程的基础性活动，能让文学作品在读者的自身经验融入下，变得更加具体化和富有审美价值。简单来说，文学作品只是提供了一个结构性的框架，在这个框架中有很多的"空白点"，它们不断调动读者的情绪，使读者产生审美体验，引发其在探究和思考中领会文学作品的潜在意义。

文学作品中的"空白点"有多种多样的表现形式，有些是故事突然截止所形成的空白，有些是不连贯的描写所带来的空白，有些是不同意象之间的缝隙空白，等等，对读者的情感和想象都具有召唤功能。这些"空白点"往往是抒发情感的出口。一般文学作品给到读者的呈现是不够完整的，剩余部分需要读者在品语文美的过程中，自行进行思考和感悟。语文教师在实际教学中，要善于利用文学作品本身的特点，借助其"空白点"的优势，实现对学生的引导，使学生能够突破原有思维束缚，放飞思想，更加充分地进行思考和感悟。在这期间，比起教师平铺直叙的描述方式，学生通过"空白点"的召唤功能，能够加强对作品的美好体验感，持续提升审美能力，养成"析语文美·润童稚心"的良好阅读习惯。

三、阅读教学中品语文美应用的理论依据

一些心理学研究者发现，不同类型的人喜欢的文学作品与自身心理有着直接关系。除了题材特点、文学结构等外在条件会影响读者以外，读者

本身的心理发展状态、兴趣爱好、知识储备、社会经验等内在条件也会影响其阅读。例如，就四大名著来说，青少年倾向阅读《西游记》，女性更喜欢《红楼梦》，男性热衷于《水浒传》，年纪稍长的则喜欢《三国演义》。

小学阶段的学生处于学习语文知识的初级时期，能够通过查阅工具书、网络资源等方式来完成对文本的阅读。但在新时代教育理念下，这些是远远不够的。教师除了要继续丰富学生的阅读内容以外，还要培养其对文本情感感知的能力和价值审美。学生学习语文知识是一个多元化、个性化的过程，这对品语文美的教学提出了新的要求。教师选择的教学内容，要有阶梯式递进的特点，在制订教学计划时，也要综合考虑学生用心鉴赏和探究的因素。例如，在教学《慈母情深》的文本内容时，教师要将"母亲"的外貌、语言和动作表现出来，同时引导学生体会母亲对儿子的深情，结合"美学"特点，逐步加深学生的语文阅读思考。在多种教学活动的建设中，学生可以通过自主思考，用心品味母亲的深情，将知识活学活用，参考自身经验进行深度探究。基于此，语文教师在品语文美的课堂教学中，要依据学生的童稚之心，设计合理的教学内容、方法和活动，不断提升学生的探究兴趣，使得学生可以主动在未知领域里进行情感的迁移。

品语文美强调的是学生通过与语文知识的对话，完成对文本情感的再创造，在已有的审美经验的基础上，更加主动、积极地探究文学作品的价值。对此，教师要善于结合学生童心未泯、智趣横生的身心特点，将文本内容进行重塑，在符合学生审美规律的基础上建构知识结构和兴趣点。在这种模式下，学生会自觉地用自身经验弥补空白之处，用心理解作者情感，进而达到与作者通过文学作品进行沟通的目的。教师要想看到学生潜心品读的景象，就要以激励模式，为学生创造自主探究的空间，根据不同学生个体的特点，进行有针对性的引导，促使学生在轻松、民主的探究空间里，接受文学作品对其童稚心灵的滋润。

传统课堂主要是以师为主，教师站在三尺讲台上主导整个教学过程，用"填鸭式""满堂灌"的教育模式，使学生被动地接受知识。这违背了现代"以生为主"的教育理念，不利于品语文美教学课堂的顺利实施。品析语文美，应与新时代教育改革相互交融、相互促进，具有开放性、对话性和民主性的教学特点。

品语文美教学的开放性的特点，要求教师冲破语文教材的束缚，以教材内容为中心，向外进行拓展和延伸，让学生有充分的品语文美的学习天地。一般在语文课堂的教学中，教师经常将作者背景、写作背景、主题思想、写作手法等一股脑儿地抛给学生，在脱离学生生活实际的教学模式下，很难让学生对语文产生字细文美的情感。学生由于阅读视野的局限性，难以与文本内容产生共鸣，自然谈不上通过阅读洗涤心灵了。所以，语文教师要保持开放性的教学观念，将语文融入学生的实际生活，用启迪、引导的方式，激发学生的探究欲，从而不断加强学生的审美体验。

对话性特点，是品语文美教学的本质。品读的过程，便是学生运用复杂的思维处理已有知识点的过程，可以实现文学作品对心灵的浸润作用。在这一过程中，学生通过联想、判断、辨析等复杂思维变化，完成对文学作品的鉴赏，实现情感的转化，这是学生与作者和文本的双重交流，为品语文美的课堂教学指明了方向。教师要为学生留出充足的自主沟通时间，让学生用心阅读，走进作品，完成情感上的对话，不能以自己的理解来替代学生的审美体验。

民主性特点，体现的是在品语文美的课堂教学中，教师和学生的关系是和谐、平等与民主的，没有谁可以凌驾于谁之上一说。在民主教育的课堂中，师生之间的对话是教师将学生看作一个完整的个体，相信学生的自学能力，以旁观者和辅助者的身份帮助学生完成学习过程。新时期的教育模式，崇尚的是教师与学生的"双主体"，教师要发挥主体作用，积极组织教学活动，为学生铺设一条通往心灵成长的康庄之路。学生也要发挥主体作用，真正动起来，参与到课堂探究之中，完成心灵的洗涤。在这种民主教学的品语文美课堂上，教师与学生相处得十分自然，在相互协作和共同成长中，共同品析文学作品的美好，完成心灵的净化。

第二节　品语文美在小学语文
阅读教学中的现状

　　小学语文课程改革的脚步从未停歇，很多学校根据自身的特点，开发了一些校本实践活动，形成了多元化的教学模式，一线语文学科的教育工作者也在不断践行先进教学理念，改进和优化教学方法。品语文美进入小学语文课堂教学实践以后，很明显的变化是学生成为阅读学习的主人，从学生的角度对文本的内容和情感进行解读变得越来越重要。教师鼓励学生品析语文的美，强调学生在与语文知识对话的过程中获得思想上的启迪。但是，品语文美的课堂教学仍然存在许多不足之处，急需改进。虽然这种"以生为主"的教育模式能够有效激发小学生的学习兴趣，促进小学生心灵的成长，但是往往会有教师流于形式，忽略了教师的引导作用，对小学生实际的学习收获关注程度不高。

一、功利主义思想严重，阻碍学生与文本对话

　　在考试的压力下，部分教师更注重学生成绩的提升，语文课堂教学已经严重偏离了语文学科设立的初衷，影响着学生与文学作品的对话。小学语文阅读教学的宗旨是提升学生的品读、鉴赏能力，使学生获得心灵上的启迪。在语文课堂上，师生之间的交流全部都是围绕教材内容来展开的，如果教师脱离教育目标，只着重讲解与考试相关的内容，那么整个课堂教

学便形成了以考试为最终目的的教学，学生的文化视野会被牢牢困在特定的框架内，课堂中到处弥漫着功利性的色彩。

这种功利性的教育思想，体现在学校教学的各个层级。首先，校领导对学科教学方向的关注度不够，认为语文学科既消耗课时，最终成绩又偏差不大，于是出现语文学科为数学、英语等学科让路的现象。例如，在课时安排上，语文往往会被安排在下午的第一节课，这个时间点的学生经常会出现困倦的感觉，不利于品语文美高效教学课堂的实施。

其次，功利性思想体现在学科教师身上。我们通过对近几年的考试题目进行研究，我们发现很多试题都是围绕课外阅读知识开展的。在这种情况下，语文教师会将注意力更加集中在阅读拓展教学中，忽略了教材文本的深入解读，学生的笔记中出现更多的是对生字读音的标记，很少有思想所得方面的内容。学生将更多的时间放在了"题海"练习当中，即通过做试卷、看辅导书等形式，不断地使用摘抄的方法完成答题。我们在研究中还发现了一个很普遍的现象——小学生在题海练习中，总结出的答案无非是类似的几句话。由此看出，大家已经忘记了学习语文学科的真正目的是什么，自然而然地奉行了"考什么，什么重要"的理念，这样的学习模式可能在短时间能够获得实效，但不利于学生长期发展，因为这不是学生内心深处真实的需求。

尽管语文是小学阶段教学的重点学科之一，但是在语文知识面、数量等方面，由于教师的引导力度不够，学生通过几年的学习，只是简单掌握了字词的认识和书写，其阅读的能力仍然比较薄弱，难以支持后续高阶段的语文学习。在这种知识储备不足，难以读懂文本内容的学习状态下，学生很容易产生厌倦的学习心理，越来越不喜欢阅读和写作。在应试教育的大环境下，小学语文课堂已经逐渐偏离了主航道，变得缺乏智慧，越来越沉闷，与原本语文学科的教学理念相违背。怎样在应试教育下实现预期的教学目标，让成绩与能力共赢，是当前品语文美课堂教学急需解决的问题之一。

由此可见，语文学科的教学要包括课内和课外两个教学方向，教师要全面、科学地设计教学内容。小学品语文美的课堂教学，更注重课外拓展的延伸，以教材中的文本作为引子，为学生提供参考和学习的方向，重在让学生用心感悟，获得"举一反三"的学习本领。很多教师能够意识到用课外知识丰富学生的认知，扩大学生的阅读范围。不过，如果阅读量贪多，学生的学习就会显得比较肤浅，或者是在完成教学活动以后，通过一系列相似的文本内容，堆砌式地让学生进行阅读，以此来扩展课堂内的教学内容，让学生在大量阅读学习中适应考试，这违背了语文阅读教学的本意。品语文美是一个持久、长期实践练习的过程。要是为了应付考试而拓展阅读知识，会在一定程度上降低学生的心理预期，导致学生一味追求阅读数量，而忽略了文学作品育人的功能。

二、忽略学生期待心理，减弱学生的阅读兴趣

我们在调查中发现，很多学生比起学习课内文化，更喜欢课外知识。之所以会出现这种情况，是因为教师在课堂教学中比较严谨，没有满足学生在品语文美过程中的期待心理，导致其学习语文阅读知识的兴趣不够高涨。课外阅读则就不同了，在没有边界框架的阅读中，学生可以充分放飞思想，展开翱翔的翅膀，在语文文化的天空中自由自在地飞翔。没有像课内学习一样的条条框框的束缚，学生可以根据自己已经具备的经验，实现情感、联想与思维的重构，从而在轻松的状态下获得愉快的阅读体验感。在传统教学中，学生作为阅读学习的主体，无形之中只会按照教师的计划走，即使教师一直奉行"教师主导""以生为主"的教育理念，但学生仍然被动地接受和感知，这让语文课堂教学变成了教师的表演课。张志公先生曾经对语文教学的评价是，花样很多，分析来分析去，但是还有相当比例的学生对语文知识说不出来，写不上来。教师只有在引导中与小学生的情绪和需要建立联系，才能使小学生真正产生共鸣，达到高水平的教学效果。

《阅读教学亟待加强——对中小学语文教育现状的调查与思考》中的具体案例显示：对语文学科感兴趣的学生比例不高于10%。造成语文学科教学吸引力不强的原因，除了外在应试教育的影响，更主要的是教师没有将语文知识点透彻、细致地传递给学生，缺乏给学生创造品语文美的机会。文学作品具有丰富的内涵，原本是有趣、灵动的，但在小学语文课堂上，教师硬生生地将一篇篇优秀的作品进行分割，以挑拣重点部分、局部讲解的形式，强加给学生，让学生从不完整的作品中找出中心思想，死记硬背一些堆砌式的艺术特色。在这种教育模式下，如果要调动起学生的学习兴趣，需要耗费极大的精力在课堂组织上。尤其是对于心思比较粗犷，或者文化储备量较少的学生而言，这种苍白的教学模式，很容易让他们的注意力转移到与学习无关的事物上，认识不到品析语文作品的魅力。学生长期没有主动参与课堂学习，会逐渐丧失对语文艺术美的体验，这会成为其学习的阻力，阻碍其成长和发展。

教师忽视学生的期待心理，完全按照自己的教学立场选择教学内容，组织相关教学活动，虽然，在短时间内不会脱离国家设定的课程目标，但是，时间一长，这种教学模式的弊端便显现出来了。首先，从教师的角度来说，这种教学模式违背了其终身学习、持续提升的发展理念，教育水平停滞不前，在没有教育改革意愿的前提下，教师难以找准正确的教学方向。其次，对于学生来说，被动式的教育模式，阻碍了学生的成长，使其在发展中逐渐丧失自我，以教师为基准，以教师的观点为自己的观点，缺乏对文化品析、解读的正确思维，不具有品语文美的奋发精神。最后，对于整个社会的发展来说，不考虑学生心理期待开展教学活动，根本完成不了培养新时代高素质、高水平人才的任务目标，单一地向社会输送统一水准的人，不利于社会的全面发展。

三、忽视文本"召唤"功能，出现"假对话"教学

新课程标准一直强调"以生为主"的教学理念，强调教师要关注学生

参与课程学习的程度。在这种新的教育思想下，语文教师会积极组织多样化的教学活动，很容易出现"假对话"的教学现象，即教师单纯追求形式上的丰富程度，忽视了文本的"召唤"功能。在阅读实践教学中，语文教师会选择某一个知识点作为辐射点，对语文知识进行延伸式教学，但始终没有将品语文美这一核心环节带入到课堂当中，一直在语文文化教学以外徘徊。此外，语文教师经常将教材内容设计成多个问题，通过一个问题接一个问题的引导式教学，构建一个问题串联的教学课堂，在师生互动中来解决重点和难点教学内容。在提问时，教师将难的问题抛给学习能力较强的学生，将容易的问题给到学习能力薄弱的学生，整节课堂从开始到结束全部按照教师的预先计划有序进行。

例如，部编版四年级上册《一个豆荚里的五粒豆》的教学片段。

师：同学们，每个人在世界上都要有理想作为支撑，理想可以大可以小，理想决定态度，态度决定命运。一个豆荚里的五粒豆都怀抱着不同的理想出发了，这些理想能实现吗？这五粒豆会有怎样的命运呢？

生1：第一粒豆飞到了广袤的世界中，它最终的命运是被鸽子吃掉了。

生2：第五粒豆想怎么样就怎么样，最后见到了生命的曙光。

生3：……

师：同学们说得都非常好，因为时间有限，咱们先一起来回顾一下所学的生字新词吧。

在以上案例的对话中，我们能够看出教师与学生之间存在互动，但这种互动方式所呈现出的却是"假对话"的教学特性，即学生在阅读学习过程中，很难将自己对文本内容理解的体验、感悟表达出来，只是在简单地回答教师的问题。真正意义上的"有效对话"，是立足于文本中的某个思想，是师生之间建立的一种和谐的关系，是能够将情感交融到一起，在品语文美的同时，达到心灵上的交流。

在实际课堂教学中，我们仔细观察还能发现，如果学生的回答内容与教师的预期有所偏颇，教师会第一时间进行指正，这看似是教师在积极对待学生，但在一定程度上却阻碍了学生思维的自由拓展。我们通过与学生交流发现，有时候学生在专心阅读某本书籍，有着自己的理解和思考，正在用心品悟书籍中的内容，这时如果教师用问题进行引导，学生思维很容易被打破，被局限于问题之中，缺乏自我思考的感觉。与此类似的"假对话"教学模式在语文课堂教学中十分常见，这对课堂教学产生很大的消极影响。在缺乏真正对话的语文课堂上，教师追求形式主义，对文本内在"召唤"功能的认识度不高，导致学生不能用自己的心进行阅读，游离在文本之外。文学作品是一门艺术，其作者将自己认为有用的思想凝结成文字展示给读者。将沉寂的语言文字转变为具体形象的内容，是需要学生用心思考来完成的。

新课标中的课堂教学要求将学生置于主体位置，教师化身为组织者，引领学生在平等、和谐的语文课堂上，灵活地自由探究，在有温度的课堂上，给予学生足够的自我体验空间，让学生在学习过程中感受到快乐与浸润。

四、过分强调"多元解读"，导致文本被过度诠释

品语文美关注学生对文本内容的个性化和多元化感知，在新的教育思想指引下，迎合新时代的要求，在快乐中品味语文的美好。"对话式"的阅读课堂，能够让学生的主体地位凸显出来，在结合不同类型学生的区别教育中，帮助学生结合自己的实际，拓展阅读学习的深度和广度，实现个性化学习的目标。但在实际教学中，语文教师有可能会过分强调"以生为主"的教育理念，将学生推向阅读学习的前端，而忽视了教师方面的引导作用。在这种过于宽松的教育环境下，学生很容易在思想上出现偏差，导致其对文本内容理解的方向严重偏离本质，或者思考角度过于狭隘。

例如，在教学部编版小学语文四年级上册的《秋晚的江上》这首现代诗时，教师先给学生自由阅读的时间，明确这是一首向往自由生活、对江边秋景进行赞美的诗；随后为学生介绍《故都的秋》《田园之秋》等作

品，让学生对"秋"有更加充分的认识，以提高学生对本节课堂知识的学习兴趣；再从叹秋、哀秋、伤秋等多个角度，引出赞秋，在比较中强化学生的思想情感。在这个案例中，教师在课堂上引用了很多与教学内容相关的知识，绕了一大圈来点明主题思想，用了一半的课堂教学时间还没有带领学生走向重点教学内容。这便是很典型的脱离教材文本以外的引申，虽然能够营造出一种积极、正面的学习氛围，学生的兴致也十分高涨，但是会做很多"无用功"，难以提升课堂教学的效果。虽然品语文美与学生的个性息息相关，但是个性化的品读模式并不是毫无框架的随意思考，而是应当基于现阶段的学习目标，有目的、有针对性地进行阅读学习，避免过分解读文本。

在教学中，教师对学生的体验感悟十分看重，鼓励学生结合自身经验进行个性化的学习。不过随之而来的是这样一个问题：学生在解读文本时会将注意力放在与文章主旨关联性不太强的点上。例如，在学习《海底世界》时，学生偏向研究海洋生物；在学习《在牛肚子里旅行》时，学生偏向思考春、夏、秋、冬最适合去旅行的地方。这些看似与学习的文本内容相关，但解读的角度出现偏差，这样思考下去，会越来越脱离文本的主旨，游离于文本之外。

过度诠释不仅体现在学生方面，还表现在语文教师对文本内容的解读不够充分。在语文教材中，很多文本是选自某篇小说或者者书籍体系，课堂上往往会出现教师"断章取义"的现象，教师没有将作品的背景清楚地呈现给学生。这种诠释文本的教学模式，很难直击学生的心灵。虽然教师在充沛的知识储备下能够从整体上感悟文本情感，但是对于基础薄弱的学生而言，他们很难从教师单方面的诠释中品析到语文的美。品语文美的教学，虽然一直强调要以学生的个性化阅读为主，但并不是让学生随意、散漫地乱读。如果教师放任学生不管，让学生自由散漫地多元解读文本内容，缺乏对学生心灵的启迪和引导，便是一种"舍本逐末"的做法。

众所周知，学生解读文本是建立在自己的认知结构之上的，与学习态度、行为喜好、性格能力等有着直接的关系，不同类型的学生，对文本内容的理解和审美体验是不同的。在教育改革的不断推进下，强调建立民主、平等课堂的呼声从未消减，品语文美提倡将学生作为课堂学习的主体，要加强学生对文本用心思考和感悟的能力。这种个性化的学习模式，所期望的是小学生有自主锻炼的机会，可以凭借自己的思考正确理解文本情感，而不是想怎么学便怎么学。真正的课堂教学要达到的目的是合理解读文本内容，与作者和作品建立一种沟通关系。在品语文美的过程中，学生不能脱离文本本身的意象和结构，随意猜想作者的写作情感。品语文美的课堂教学，提倡的是倾听学生的心声，让学生在充满想象和体验的阅读学习过程中，让心灵超脱文本，控制情感的外放与内敛，喜欢上学习语文。

第三节　品语文美·润童稚心在小学语文阅读教学中的实践应用

一、品语文美·润童稚心应用于小学语文阅读教学的前提

将品语文美应用于小学语文阅读课堂教学，教学理念、教学范式与教学革新是十分重要的前提条件。阅读教学不仅要求学生能够与文学作品中表达的情感产生共鸣，还要求学生能够走出文本，学会用心鉴赏其他文学作品，从根本上提升学生欣赏美、品味美的能力。这一过程，与学生的生活经验、文学积累、阅读视野等息息相关。教师要从传统教学模式中走出来，用发展的眼光看课堂，积极革新，做好品语文美·润童稚心的准备。孙绍振提出，阅读课堂教学低效或者无效的原因分为两个方面：一是机械、陈腐的功利性教学思想，让阅读教学脱离学生学习的本质；二是脱离文学作品本身，产生以学生为主的绝对中心论。在品语文美的教学课堂上，教师要把握好教学前提，避免造成语文课堂教学低效或无效现象的发生。

首先，更新教学理念。小学语文教师在教学中要着眼于课堂以外的学术前沿，跟随日益进步的社会，不断学习、更新理念，适应现代化的教育发展模式。在品语文美·润童稚心的教育方向上，教师不仅要仔细研究学生在品语文美课堂上的心理变化，还要将生成的经验应用于实践教学当中。在实践教学中，语文教师要正确认识传统应试教育的功利性特

点，具备开放性的教学思想，继承传统教学中优秀、经典的教学理念，用发展、辩证的眼光看待教育理念的发展。对此，教师可以将观念开放、主体开放、过程开放、评价开放四个方面作为突破口，让阅读课堂形成一个科学发展的有机体。例如，在教学《猎人海力布》时，教师改变传统的以教师为主的权威式教学模式，让学生成为课堂的主人。在上课之初，教师提问："同学们，请你们自行阅读，分析这篇民间故事的写作特点，并说一说文章讲述了怎样的一件事情？"将课堂回归到学生本身，让学生通过自主阅读，能够领悟故事情节。在学生明确了海力布平时热心助人、海力布救龙王女儿、海力布挽救乡亲生命的故事以后，教师有机地将全班学生分为五个小组，让小组内部共同讨论"海力布是一个怎样的人？"这一问题，进一步引发学生的思考，最终让海力布热心助人、不惜牺牲自己的美好品质深入学生心中，让学生更能准确地抓住故事中人物的性格特点。教师对学生能够准确捕捉人物情绪变化、感知情感的学习能力等方面进行多元评价，使得学生树立对语文知识品读和鉴赏的自信心。

其次，转变教学范式。托马斯·库恩是美国著名的教育学者，他在著作《科学革命的结构》中提出，"范式"是一个共同体成员所共享的信仰、价值、技术等的集合。语文学科教学中的"范式"，指的是语文教师对学科教育教学的共同认知、价值和技术的总和。这种"范式"并不是一个明确、具体的事物，它渗透于教学模式、方法和环节的各个方面。在品语文美的教学过程中，语文教师要摆脱固有的教学范式，根据实际情况，寻求多元、有效的教学方法，鼓励学生大胆地发出自己的心声，对不清楚的地方提出质疑。品语文美的课堂教学强调教师、学生、作者与作品之间的多重对话，在一个灵活、可变的教学环境中，让作品真正进入学生的内心。例如，对于《卖火柴的小女孩》一文的理解，有的学生对小女孩的悲惨遭遇感到同情，有的学生读出小女孩的孤独与可怜。在品语文美的教育思想引领下，教师设计的引导问题要具有针对性，尽可能真实、有价值，避免学生在无意义的对话活动中产生泛滥的情感，帮助学生在阅读过程中获得最佳的心灵感悟。

最后，教学模式的革新。品语文美通过阅读使学生具备处理信息和认识世界的能力，同时有效发展学生的思维，使其获得良好的审美体验。这意味着，只有学生将感情带入到作品之中，才能与作品、作者进行对话，达到高效的教学效果。基于此，在与时俱进的"语文润心"课堂教学中，教师要放低自己的姿态，与学生站在同一战线上，共同领略文本中的艺术特色与美词佳句。在传统课堂上，教师的解析并不代表学生个性化的解读。因此，教师要善于设计自主性阅读课堂，遵从"先学后教"的先进理念，关注学生个性化的解读方式，从而使教育模式加以革新。例如，《搭船的鸟》一文的教学目标是让小学生可以有感情、流利地朗读课文，了解翠鸟，对大自然的神奇感到惊叹，进而体会到人与自然和谐相处的美妙境界，产生想要保护自然的美好感情。在这一教学目标下，教师为了吸引小学生的注意力，让学生萌发用心品读的动力，用趣味谜语"小小身子很灵巧，鲜艳的羽毛，清脆的声音，高超的捕鱼本领，人们叫它'叼鱼郎'"，将小学生的精力集中在所要学习的知识点上。学生在欢快的课堂上很快猜出"翠鸟"这一答案，教师再用卡片的形式，让学生自行研究"翠鸟"的特点，为后续教学做好铺垫。教师有意识地改变了以往由教师带领学生一起学习的方式，鼓励学生自告奋勇地成为小老师，和大家一起学习《搭船的鸟》这篇文章。与直接跟着教师学习的课堂相比，学生更喜欢在与平时不一样的趣味课堂上进行探究。在充满趣味的学习课堂上，学生能够更加积极地思考，不断用文化滋润自己的心田。

二、品语文美·润童稚心应用于语文阅读教学的策略构想

"一言堂""填鸭式"的教学模式已经逐渐在教育变革中被淘汰，新颖的"以生为主"的课堂教学模式也遇到不少困难。"以生为主"课堂的建立是否行之有效？这一问题引起了人们的讨论。随着各种教育理论的出现，课堂教学不仅要关注学生个性化的阅读方式，还要兼顾教师、学生与

作品之间的对话交流。古代所说的"诗缘情""诗言志"等文学观点，主要是从作品出发，体现作者的情感和意志，常用于传统语文教学课堂当中。品语文美则是不单单站在作品、作者或者学生的任一角度，而是强调这三者之间的作用关系，在情感交融之中探究文本的奥秘，旨在增加学生心灵上的收获。

品语文美·润童稚心的教育任务，是让学生在凝聚着各种精华的文本中滋润心灵，获得启发。这如同站在"巨人"的肩膀上，从较高的点位，让学生不断品味语文美，提高审美经验，从而促进学生身心的不断发展。小学生虽然年纪很小，但是已经具备了一定的与社会交流和沟通的经验，并不是一张空白的纸，任由文学知识的渲染，他们会在已有的知识、审美和生活经验的基础上，带着"期待视野"走进文本。因此，语文教师在课堂上要关注每个学生期待视野之间的差异，精心设计合适的教学策略，润心于无声的文学载体之中，让学生充分体验语文学科的感染力。读书是从字词、句子中找准节奏，从中了解作者的情感和思想。因此，读书不是简单地将汉字读出来，而是通过转动大脑，进入到作者设计的文学角色当中，有感情地将作者寄托在文字间的"情"和"意"读出来。

学生在阅读过程中会出现心理变化，这种预期审美体验与文本审美体验之间的差距被称作"视野的变化"。审美差距的存在，让学生在文本内容的影响下不断提升审美能力。一般情况下，学生在阅读伊始，在思维定式的驱动下，会选择比较容易的地方入手，由点及面，全面欣赏文学作品。同时，学生会不由自主地将自身经验带入到阅读当中，推动思想与文学作品的碰撞，逐步调整已有的视野，进而诞生新的期待视野。小学阶段，学生积累的文学知识有限，社会经验不足，但是他们理解力强，在超脱的思维模式下，能够快速提升期待视野。在这种现实情况下，语文教师引领学生参与到课堂中，要重视"期待视野"的存在意义，让学生的兴趣充分调动起来，减少影响学生阅读积极性的消极因素，促使学生成为品语文美的参与主体。

小学阶段，虽然学生已经具备一定的审美能力，并且积累了一些阅读经验，但是不够充足的信息量仍然是阻碍小学生理解文本的"拦路虎"。在实践教学中，教师要善于从学生的"期待视野"着手，以兴趣为驱动力，这样才能调动课堂的气氛。此外，教师还要培养学生成为"完整阅读"的个体，学生迫于文本信息储备少的局限性，难以同作者站在同一思想高度上品析作品，如果硬磕，学生会大脑混乱，不知道作品究竟想表达的意思是什么。例如，在学习《盘古开天地》时，因为没有深厚的文化底蕴，缺乏对"神话故事"的充分了解，学生只能停留在故事表面有趣的内容之中，读不懂神话故事中深层次的育人思想。这时候，教师作为"润心"课堂教育的组织者和引领者，要带动学生完善审美体验，培养能够进行"完整阅读"的学习者，在熟知现阶段学生的学习能力与理解水平以后，可以通过多种多样的方法激发学生的阅读兴趣，将拓展知识补充到课内，在增加学生阅读信息的基础上，有效弥补学生阅读经验不足的弊端。例如，教师可以引入《盘古开天地》的动画视频，为学生展示"盘古"人物的伟大形象，学生对盘古以身体创造世界发出感叹。在观看视频的时候，学生的"期待视野"会不断发生变化，逐步加深对故事情节与人物形象的理解，思考方向也更加明确。

由此可见，在品语文美·润童稚心的教学策略构想中，一是要引导学生多阅读一些文学作品，不断丰富现有的经验；二是要加强学生在品读中的情感体验；三是要进行适时的指导，教会学生怎样读书。阅读课堂教学的效果，由每个学生的生活经验、鉴赏能力与阅读数量决定。在不同的期待视野下，学生挖掘文本情感的能力不同，学习效果自然也不同。我国文坛巨匠鲁迅，便是在广泛的阅读中成就了自己。鲁迅7岁的时候便走进私塾，对四书五经烂熟于心，偷读《山海经》，后来接触《天演论》《进化论》等具有先进思想的西方书籍，弃医从文以后更是涉猎小说、佛经、史书等多种类型的书籍，在无所不读中成就了不朽的传世名著。小学阶段，教师虽然无法实现让学生同鲁迅先生一样在书海里徜徉，但也不能仅用教材文本教育学生。对此，教师可以将每个年龄阶段学生可以接受的古诗词作为拓展内容，不要求学生背诵，只要求学生学会品鉴和欣赏即可。教师也可以选用不同年级阶段适合阅读的"整本书"，建立课外"阅读兴趣小组"，让学生可以在教室一角选择自己喜欢的书籍，灵活阅读，从书中汲取精神营养。

三、品语文美·润童稚心应用于语文阅读教学的评价构建

很多专家、学者和一线教师对小学课堂教学评价体系进行了系统的研究，其理论成果也是比较完整的。小学语文评价与以分数为主的考试评价不同，更多关注的是学生在学习过程中感悟到了什么、品读到了什么，以及审美能力的形成过程。在具体评价中，教师要关注学生个体独特经验的生成，发扬其积极、正面的学习态度，同时帮助小学生规避错误、脱离文本本质的解读。

在小学教育教学中提到评价，人们第一时间想到的便是形成性评价、总结性评价等，并且这些评价有很多已经成型的理论作为支撑。当前，语文教师在课堂评价中很清楚总结性评价的利弊。其优势是能够以具体的分数，将学生阅读的能力水平量化出来，其弊端是不够科学和全面。因此，多数教师更加注重形成性评价，关注学生在阅读期间收获了什么。在品语文美·润童稚心的课堂上，教师评价方向是怎样的？很显然，首先是学生阅读水平的高低。常言道"读一首诗，便是再造一首诗"。这是对小学生是否用心阅读的最好评价。目前，很多教师带领学生以快速扫读的方式，急躁地学习一篇又一篇文章，全然不顾学生是否可以吸收，能否真正领悟。然而，这种模式下真的能实现教育目标吗？品语文美要求学生能对作者辛苦创作的文学作品认真品读，深刻解读作品情感，完成再创造，而不是依赖于大众化的已有的解读内容，不去深究作品内涵。因此，在具体评价中，教师首先要考虑的是学生的综合阅读能力，不仅要让小学生能够自主阅读作品，还要让小学生融入情感，从作品中产生个性化的解读。同

时，教师要用激励评价的模式，鼓励小学生用心走进文章，在诵读、精读过程中，用心体会作品的内在情感。

多元主体互动式的评价模式也是现阶段教师在课堂上所追求的评价方向，旨在通过师生互动、生生互动实现多元评价，完善学生在阅读中的学习过程。阅读学习，不单单是学生和作品之间的交流，如果融入学生之间的对话，就会极大地发挥出学习的力量，让好的阅读经验快速流转起来，让学生参考和借鉴。这样，阅读不再是对单一的作品阅读，更多的是着眼于广袤的世界，了解更加多彩的生活。

除了教师对学生的评价以外，还有学生之间进行的交流评价，以及学生与教师在对话中实现的评价，这些评价形式可以增强学生在课堂上自我评价与民主评价的意识。对于自我评价，教师可以指导学生用随笔、批注等方式，将审美体验、阅读经验用笔记录下来，用笔过留痕的方式，不断推动着学生在阅读学习中培养对作品内容的解读能力。对于难以理解的地方，或者是模棱两可的方面，学生可以记录下来，与同学或者教师共同探讨。对于教师评价，教师要深刻认识到激励评价的重要性，即评价的目的不是降低学生的兴趣，所以教师应避免使用打压式的评价方式，让学生产生对阅读学习排斥的心理，而是应当恰到好处，真诚地对不同类型的学生进行评价，让学生感受到教师的关心和爱护，用除了"很好""做得不错""你很棒"这些模糊的评价字眼以外的具体评价方式，有针对性地让学生看到自己的优点和缺点，立足于学生童稚的心理发展规律，进行科学、恰当的评价。

例如，在教学《出塞》这首古诗词的时候，教师正确的评价方式占有很重要的地位。教师要先明确本首诗的教学目标：让小学生能够在合作交流中，借助工具书和注释，有感情地朗读诗词，入情入境地学习古诗词内容，用丰富的想象力体会诗人对戍边将士的同情，体验诗歌中传达的人性美。在既定的目标下，教师很容易找准评价的方向。教师可以通过组织学生以分组的形式，共同研究诗词的含义，根据学生在组内互动的积极性、进取心，进行激励评价，如"同学们，老师在查看的过程中，发现大家都能够一边讨论，一边记录，老师对你们这种认真、进取的表现感到十分欣慰。"在围绕"诗中表达诗人怎样情感"的讨论主题中，教师引发学生再次讨论，鼓励学生站在讲台上将自己的见解分享给大家，共同交流和评价。因为每个学生的阅读视野不同，产生的见解也会有所差别，所以有的学生认为诗人具有同情戍边将士的思想，有的学生则认为诗人具有爱国精神……无论是怎样的表达，教师将时间给予学生，让学生做"裁判"，共同讨论谁说的更有道理。在这种多元互动的评价模式中，学生更加乐于接受他人的意见，能够补充自身思想中的"空白"之处，比起教师将预定的答案平铺直叙地告诉学生，更能引发学生的思考。

第四节　品语文美·润童稚心的教学实践

品语文美·润童稚心教学实践一：以部编版小学语文三年级上册《金色的草地》为例

（一）教学背景

新课程标准中强调，教师在语文阅读课堂上要坚持"以生为主"的教育理念，以合作探究的模式对学生进行教学，在与时俱进中培养学生对语文知识的良好审美能力。结合部编版的单元教学内容进行分析，《金色的草地》这篇文章的教学目标是培养学生敏锐的观察能力，让学生学会观察事物，养成认真观察身边事物的良好习惯。对于三年级的学生而言，教师应该扮演组织者的角色，以调动学生的主动探究兴趣为目标，通过合理引导帮助学生树立语文阅读的自信心，掌握正确探究语文知识的良好习惯。

（二）学情分析

从心理层面上进行分析，小学阶段的学生在思考问题时有自己的想法，其活泼好动、好奇心强的特点，决定着其对很多事物都充满了浓厚的探知欲。基于此，在课堂教学时，教师要多关注学生的心理层面，用鼓励、表扬等正面激励的方式，引发学生对阅读文本的深层探究。针对学生缺乏主动钻研问题的精神、不善于主动思考的现状，教师要加以重点关注，为学生创造合适的机会，激发学生深入剖析的探究欲。

（三）教学目标

（1）知识与能力：学生能够有感情地朗读文本；通过阅读学习，学生可以识记12个生字，在不参考教材的情况下，能够顺利默写出来。

（2）过程与方法：通过阅读学习，学生可以理解文本的主要内容，能够体会到作者的情感变化，对蒲公英一天的变化有一个清楚的认知。

（3）情感态度与价值观：在完成阅读学习以后，学生可以形成敏锐观察事物的能力，并将认真观察事物的这一良好习惯贯穿生活始终。

（四）教学重难点

（1）教学重点：让学生通过阅读学习，可以识记本篇文章中的12个生字。

（2）教学难点：培养学生善于观察事物的能力，帮助学生养成认真观察的良好习惯。

（五）教学过程

1. 设定问题，激发兴趣

师：同学们，你们印象中草地的颜色是什么样的呢？让我们一起说一说吧。

生1：我印象中的草地是绿色的，一片绿油油的样子。

生2：秋天的小草变黄了，草地是黄色的。

生3：因为各种花朵的点缀，草地应该是色彩斑斓的。

……

师：大家说得都非常不错，今天我们要来观察一片颜色不一样的草地，它是"金色"的。

教师板书"金色的草地"，并为学生展示手中"金色草地"的卡片。

在学生的质疑声中，教师将学生的思维引入对"草地为什么是金色的？"这一中心问题的探究中。

师：现在，带着你们心中的疑问，自主阅读文章内容吧，将不认识的生字新词圈画出来，待会儿我们一起来学习。

设计意图：这一问题导入环节的设计，主要目的是引发学生的思考。对于三年级的学生而言，他们总是将注意力集中在感兴趣的事物上。如果教师采用平铺直叙的方式带出文章主题，很难快速将所有学生的注意力集中在课堂上。本设计通过问题引导，为学生提供了一个多元思考的机会，使其将身心投入在即将学习的知识点上，在强烈的好奇心驱使下，学生很快进入自学的状态，这样才能从文章中找到问题的答案，解决心中的疑惑。

2. 分组自学，初步感知

教师结合学生学习能力、性格特点、行为习惯等多种因素，合理对全班学生进行分组，每个小组选出一名组长。

小组长带领组员共同商量自学方法，即采用怎样的阅读方式扫除文字障碍，能流利地朗读文章内容。

教师指导各组通过"四读"方式来进行自学，初步感知本节课的基本知识内容。

（1）初读。各个学习小组聚集在一起，通过小声自由朗读的方式，每个成员初步阅读一遍课文，最后一起使用字典查阅生字新词，扫除阅读障碍。

（2）连读。小组成员之间按照分段接力的方式，读完整篇文章，在小组成员进行朗读的时候，其他成员起到监督作用，确保读音正确，语句通顺。

（3）想读。小组成员一边阅读，一边想象文章中讲述了怎样的一件事，在小组内自由分享，听取大家的意见。

（4）选读。小组成员根据自己的喜好，选择自己感兴趣或者不明白的段落多读几遍，梳理文本的思想感情。

学生按照教师的指导方式，在小组长的组织下，初步自学本篇文章。

（教师巡视指导）

设计意图：教师对学生进行分组，给学生一定的自主探究时间，让学生能够在互相协作中迅速扫清阅读障碍，并且能够在互相交流、配合之下，掌握文章的主体脉络，了解文章中描绘的事物，为接下来系统探究文本内容奠定良好的知识和情感基础。在灵活、自由的阅读空间内，学生会更加积极地表现自己，将自身调整到与课堂教学目标相一致的状态。

3. 系统回顾，深入探究

师：通过自学的方式阅读完本篇文章以后，你们遇到了哪些困难？

师（板书生字）：在自学生字的时候，你们都是通过哪些方法来解决字形、字义、字音等方面的困难的，可以跟大家分享一下吗？

师生以对话的形式，共同探究本篇文章中涉及的"开心、合拢、一本正经、揪掉"等生字新词。教师引导小学生结合这些词语做一些相关动作，重点讲述"合拢"的含义。教师通过适当的指导，帮助学生正确区分"返"和"反"、"进"和"近"。

教师以点名的方式让学生进行分段阅读，关注语调、字音、节奏等阅读技巧，检查学生的朗读情况。

师：本篇文章主要讲了怎样的一件事情？说一说文章中哪些地方对你比较有吸引力？通过阅读学习，你解决了哪些问题？

（学生自由回答）。

教师引导学生分享课前准备的有关蒲公英的资料，让学生在讲台上与大家分享，通过比较的方式来认识蒲公英。

（学生轮流上台为大家分享）

师（总结）：蒲公英，又称婆婆丁、黄花地丁，其表皮是黄棕色的，叶根生，花朵为头状花序。

设计意图：教师通过带领学生系统回顾的方式，让学生能够逐词逐句地深入了解本篇文章的内容，用正确的思维解决生字新词，掌握正确朗读文章的语调、字音和节奏，同时，通过师生互相的交流方式，让学生更加清楚地了解"蒲公英"的样子，提高学生对文本内容的感知能力，为后续理解课文做好充足的准备。

4. 摆脱教材，资源共享

教师将课前收集的有关蒲公英的图片和资料分享给大家，给小学生提供足够的自主探究时间，不断拓宽小学生的阅读视野。

教师引导学生谈一谈自己的感受，学生可以说一说学习本篇文章以后对"蒲公英"的认识，也可以说一说自己喜欢的花草有哪些。

总结：教师根据学生讨论的情况，向学生阐释喜欢观察是一个良好的习惯，通过观察，人们对外在事物会有更加清晰的认知，从而会延伸出很多新的想法，不断丰富自己的情感。

师：在接下来一周的时间里，同学们可以仔细观察一种花草，通过搜集资料的方式，图文并茂地表达一下自己的看法。

师：由各个小组的组长组织，以"我的新发现"为主题，将本组学生的探究情况汇编到一起，展示在教室后面的图书角，供大家课后交流和讨论。

设计意图：教学内容摆脱了固有的教材，将学生的思想延伸更加广阔的探究空间，通过畅谈的方式，学生明白了善于观察的重要意义。同时，教师为学生布置了更为自由的探究学习任务，让学生在兴趣的驱使下，掌握正确观察身边事物的方法，实现学以致用的教学目标。

（六）教学反思

在本课的教学过程中，教师能够通过知能并用、凸显主体的教学方法给学生构建一个宽松、灵动的教学课堂，将学生的思绪全部集中在讲解的文章内容当中。语文教学就是一种品味语言文字的过程，通过这种教学设计，学生能够结合问题进行思考，获得意想不到的教学效果。此外，学生在课堂上的积极表现，也给了教师一定的启发：学生才是阅读学习的主人。本课通过语文润心，教师引导小学生的思维在一个民主、和谐的交流环境中，使其关注文章语句，体验其中的美妙之处。

品语文美，润童稚心灵教学实践二：以部编版小学语文三年级下册《童年的水墨画》为例

（一）教学背景

《童年的水墨画》是部编版小学语文三年级下册的一篇儿童诗，以"溪边""江上""林中"三个采景角度，描绘了儿童生活的趣味景象，体现了儿童天真、俏皮的生活场景，在动与静的相互交织中，勾勒出一幅幅令人向往的童年美好画面。在课堂教学中，教师将文本中美好的情感传递给学生，引起学生的共鸣，增强学生的美好感悟。对小学三年级学生来说，学习本节文本内容有着陶冶情操、提高审美的良好作用，有利于学生的健康成长。

（二）学情分析

小学三年级的学生其思想比较纯真，比起阅读与自己有年龄距离的文章，更喜欢阅读儿童文本。在本首儿童诗中，学生能够沉浸在美好的意境当中，自发地用心品读每一个字词、每一段诗句，从中寻找与自己相仿的情感。学生立足于成长层面学习本首诗歌，能够感受到诗歌的语言美和画面美，对童年的快乐有着十分强烈的共情。基于小学阶段学生活泼、好动的性格特点，教师在组织教学活动时，要坚持"以生为主"的教学原则，使课堂回归到学生本身，提高学生参与课堂探究的积极性。

（三）教学目标

（1）知识与能力：识记"染""竿"等11个生字，学习"染""碎"等6个生字。

（2）过程与方法：通过"结合上下文"的方法，领悟儿童诗中难懂的诗句。例如，从"染"字中感受到溪水的颜色是"绿"的，从"蹦跳"这个词语中感受到小朋友在钓鱼时的欢乐之情。

（3）情感态度与价值观：有感情地朗读诗歌，通过想象画面的方式，感受到儿童的欢快之情，实现情感上的共鸣。教师可以组织学生通过续编

诗歌的方式，将诗歌中儿童的欢乐之情传递出来。

（四）教学重难点

（1）教学重点：引导学生通过"结合上下文"展开想象，领悟儿童诗中难懂、晦涩的诗句。例如，从"染"字中感受到溪水的颜色是"绿"的；从"蹦跳"这个词语中感受到小朋友在钓鱼时的欢乐之情。学生有感情地朗读诗歌，并建立真实的画面感。

（2）教学难点：掌握正确续编诗歌的方法，从续编的诗歌中延续儿童的欢乐。

（五）教学过程

1. 激趣导入，揭题解题

教师使用多媒体这一教学辅助设备，为学生播放《童年》这首歌曲，并引导学生认真聆听。

师：想象一下：通过歌曲，你听到了什么？从中仿佛看到了什么？

学生以自由讨论的形式进行交流。

师：没错！"童年"像是一幅美妙的画作，里面描绘了我们五彩斑斓的生活；"童年"像是一曲不朽的音乐，里面包含着我们的快乐与幸福；"童年"像是一个美好的梦，里面有我们儿时的憧憬和想象。

师：同学们，我们都有对童年的美好回忆，现在也在创造回忆。谁能为大家分享一些童年趣事，让大家来了解一下你的童年生活是怎样的？

生1：我最快乐的记忆是暑假回到奶奶家，趴在低矮的墙头上看夕阳，阳光将周围的云彩染成一片金黄，非常漂亮，每家每户的烟囱里冒着袅袅炊烟，这让我感到很幸福。

生2：我的快乐童年是在游乐场里坐旋转木马、荡摆动的秋千，以及与小伙伴们无忧无虑地打闹。

……

师：很好，同学们表述得都十分生动，老师为你们都有一个有趣的童年感到十分开心。接下来，我们围绕童年学一首意蕴优美的儿童诗歌，猜一猜，它叫什么名字呢？

生（异口同声）：《童年的水墨画》。

（教师板书：《童年的水墨画》）

设计意图：在上课之初，教师通过《童年》这首歌曲将学生的注意力吸引到课堂上，引发学生讨论，在对学生的表达做了总结、铺垫以后，通过对话形式，让学生对"童年是怎样的？"进行自由描述，让学生的情感处于高涨的状态，使其对本节课学习的内容有一个初步感知，以激趣的方式引出即将开展的教学课题，为后续教学活动做好准备。

2. 自读自悟，理解大意

教师以播放幻灯片的形式，展示对接下来自主学习的一系列要求。

要求：通过自主朗读，理解这首优美儿童诗歌的大意，在不清楚的地方用铅笔做好记号，并在诗歌每个小节处加上一个表示动作的词，对小节内容做一个概括，如"溪边垂钓""江上戏水"等。

（教师在为学生预留了足够多的探究时间以后，指名读诗）

师：请用你最喜欢的方式阅读本首诗歌，其他人将眼睛闭上，通过"听"来想象一下诗歌描写的画面是怎样的，以及诗歌中让你印象最为深刻的景象是怎样的。

学生在聆听的过程中进行感悟。

生1：让我印象最深刻的是"江上戏水"，儿童像一只只鸭子，在江上游泳的水平那么高，戏水又那么快乐，让我向往。

生2：让我印象深刻的是"溪边钓鱼"，儿童忘记了一切烦恼，开开心心地在溪边垂钓，有趣而又充满着欢乐，聆听诗歌给我一种轻松、愉悦的感受。

师：两名同学的表述都十分精彩，接下来以你们自己的感受，再次朗读诗歌，从诗歌描绘的美好童年生活中体会快乐吧。

教师为学生释疑，对诗歌中含意深刻的诗句进行简单解析，如"草地上蹦跳着鱼儿和笑声"，引导学生理解"笑声怎么会蹦跳"。

第二章 析语文美·润童稚心——品语文美

设计意图：这一教学环节设计的主要目的是让学生以"自读自悟"的方式对本首儿童诗歌有一个初步的了解，让学生将身心全部投入到诗歌文本当中。教师以对话引导的方式帮助学生梳理思路，让学生对接下来的学习方向有一个明确的认知，为深入感受诗歌做好了铺垫。

3.感受诗意，学习借鉴

师：同学们，刚刚我们以自读自悟的方式朗读了《童年的水墨画》这首诗歌，你们有怎样的体验呢？

教师让学生通过联想的方式，认识到作者诗歌里描绘的一幅幅画面其实是作者幼时生活中的一个个镜头。

师：想象一下：如果"林中雨后之乐"是一幅有趣的画作，不知道你们可以在画里面看到什么呢？

生（自由畅谈）：雨珠、小蘑菇……

师：同样，在"溪边垂钓""江上戏水"……这些美好的画作中，你们又能看到什么呢？大家以组内交流的方式来研究一下吧。

师：对于诗歌中不太明白的地方，大家可以结合上下文来理解，也许某个特别的句子会给你们新的灵感，尝试着以讨论的形式感受一下诗意。

生（质疑）：老师，我们组讨论了以后，对"人影给溪水染绿了"这句话不是很明白，一般人的影子在太阳光下是黑色的，诗歌中为什么说是"绿"的呢？

师：这个问题提得很好，你们小组能够结合生活中的经验来理解本首诗歌，这个思维习惯非常好，值得大家学习。刚才老师提出了结合上下文的方式对不清楚的地方进行解读，请你来读一读上下文内容。

学生朗读。

生：老师，我从"山溪像绿玉带一样平静"这一句中了解了溪水是绿色的，所以人的影子投射到溪水里面也就成了绿色的了。

师：在"人影给溪水染绿了"这句话中，你们认为哪个字运用得最好？为什么呢？

生1：我觉得"染"字最好，把溪水比作人，让溪水活了起来。

生2："染"字的存在就像是魔法师，通过神奇的力量，将人的影子变绿了。

师：多么美妙的想象，大家体会得真不错。

设计意图：教师抓住诗歌中的字词、语句，让学生对诗歌的意境进行深入品析，从中领会诗歌的大意，并能够融入自己的感情，对诗歌中的情感进行体会。教师这种引领学生用心读书的方式，可以将作者的情感融入学生的心里，使学生产生共鸣，并加以借鉴，真正将知识内化到自身的学习体系当中。

4. 细细研读，品语文美

师：让我们一起细细研读这首诗歌吧，从字里行间品析语文的美。

师：通过品读"钓竿上立着一只红蜻蜓"这句话，你们脑海中有一幅怎样的画面呢？你们从这些画面中感受到了哪些美好？

生1：老师，我从"钓竿上立着一只红蜻蜓"这句话中感受到了一种放松的感觉，时间仿佛停止了一样，钓竿一动不动，就连红蜻蜓也想着假寐一会儿，我想作者当时的心情肯定是轻松的。

生2：老师，前面写了溪水和人影都是绿色的，这里的红蜻蜓却是红色的，犹如一个美好的点缀，整体画面的颜色十分和谐。

师：你们描绘了一幅幅充满生机和意境的美好画面！谁来给大家带着感情地读一读呢？

生：我来试一下。

师：读得不错，声音洪亮，吐字清楚，要是能把握住语气语调的变化就更好了，来听听老师的范读。

师：现在让我们一起思考，作者既然想要描绘儿童钓鱼的画面，为什么还要写旁边的景色呢？

师：写景的目的是突出周围环境的平静，从侧面描写了儿童在钓鱼过程中的专注，为钓上鱼以后的快乐之情做铺垫。

设计意图：教师加入细节研读环节，让学生对诗歌中的意境有了更加深入的体会，能从整体上品析本首诗歌的语言美、意境美，加深了学生的学习印象。品析的过程引发了学生的思考，让学生仿佛置身于作者描绘的画面中，以旁观者的身份对诗歌中的美好意象进行感知和体验，具有浸润心灵的教育意义。

5. 拓展延伸，续写诗歌

师：今天我们所学习的《童年的水墨画》这首诗歌，一共有六小节，我们已经学习了"溪边""江上""林中"这三小节，接下来我们一起欣赏"花前""树下"这两小节吧。

师：这首诗歌，作者寥寥几笔便生动、形象地描绘出了"童年"的景象，十分具有画面感，宛如一幅幅生动的水墨画。在品析以后，老师相信大家已经对诗歌的意境有了充分的感悟。下面为大家布置两项作业任务。

作业一：童年里有很多值得我们回忆的地方，有趣、美好的事物都珍藏在我们心底。课后请同学们阅读更多的课外儿童诗，不断开阔眼界，并按照《童年的水墨画》这首诗歌的格式，将自己的童年片段仿写下来，在下节课跟大家一起分享。

作业二：将你们在《童年的水墨画》中最喜欢的镜头用笔尖勾画出来，并在画作的旁边配上简单的文字，说一说喜欢这个镜头的原因。

设计意图：最后这一教学环节是拓展延伸，目的是让学生品鉴其他几节诗词，加强学生对儿童诗歌的领悟能力，锻炼学生对儿童诗歌的品读思维。同时，教师以仿写、作画的作业形式引发学生对诗歌内容的回顾和思考，锻炼学生对所学理论知识的运用能力，强化学生的语言表达能力。

（六）教学反思

《童年的水墨画》摄取了儿童生活中美好的片段，将一组组灵动的镜头展现在人们面前，描绘了儿童俏皮、活泼、可爱的场景，给人们一种向往纯真的阅读感受。在本节课的教学中，教师使用了结合上下文、联系生活实际、想象、对话、趣味引导等多种方式，对难以理解的字词、诗句进行解析，在多元教学策略中引发了学生深入思考，在学习过程中给学生心灵上的启迪。

第三章

析语文美·润童稚心

——生活世界

第一节　生活世界观与小学语文阅读教学

一、目标：小学语文阅读教学的价值取向

　　小学语文阅读教学是建立在小学生已有的生活认知基础之上的，要构建"析语文美·润童稚心"的阅读课堂，就必须了解小学生的生活世界。生活世界的语文阅读教育观点，是基于胡塞尔的现象学，在学生所认为自然不过的生活态度中，对阅读文本既有的学习框架进行设定，使学生用心领悟文本本质，产生对文学作品深深的热爱之情，孜孜不倦地用心探究文化知识的一种阅读教学理念。课堂上，教师要在教育目标中，将生活世界的观念体现出来，围绕小学生的生活价值取向来构建润心育人的阅读教学课堂，让学生的生命和精神都能得到升华。

　　生活世界观融入语文阅读课堂的教学理念是指让教学真正回归小学生的生活世界，不断丰富、充盈小学生的内心世界。胡塞尔生活世界观所秉承的思想便是"回到事物的本身"。那么，对于小学语文阅读课堂的教学在生活世界的观点下如何实现回归，终究要回归到哪个地步，是当前语文教师需要思考和解决的问题。马克思也提出了，生活世界的回归，实际上是人向着现实方向的回归，在思维方式和观念上发生一定的变化。这些已经成型的理论，为小学语文教师的课堂教学提供了可以参考的新思路。教师首先要在思想上认可生活世界观融入语文阅读课堂的教育观念，将陈腐、老旧、模糊不清的教育观点先放置在一旁，运用学生比较熟悉的生活事物来实现浸润学生心田的教育目标；然后将学生生活世界中的知识和经

验积极纳入到阅读学习体系当中，关注学生的发展情况，引领学生真正做到内心的回归。

生活世界的教育观念，不仅体现在学生的日常生活中，还体现在学生与外界的互动交流中，也体现在交流过程中学生所生成的文化世界、精神世界中。小学语文课堂教学，并不是让学生的生活与文学作品之间建立联系，而是让学生能够在滋润心灵的阅读学习中，感受到多种有价值、有意义的结果。叶澜教授曾经说过，要将精神发展的主动权还给师生。将生活世界融入阅读教学之中，同样强调的是教学方式的个性化。教师根据不同类型学生的生活经验不同，所制订的教学方案也不同，以凸显出"以生为本"的教育理念下学生个体的独特性。析语文美·润童稚心这一教育价值的实现，最主要的是要关注小学生童稚的内心，让学生发自内心地享受阅读学习的过程，在丰富、充盈的文学熏陶中更加健康地成长。

生活世界观融入阅读课堂的教育目标，要关注动态生成过程，将立德、育人、润心等价值取向清晰地凸显出来。新课程理念强调的是教师和学生的共同进步，师生在相互促进的语文课堂上共同成长。基于此，我们应将能够体现小学语文阅读教学主体的发展性和生成性的生活世界教育观念注入到阅读课堂教学当中，为阅读课堂教学带来新的活力，促进教师和学生实现生命的成长。从更高的角度上来看，生命的成长是一个动态生成的过程，前进的脚步不能停歇，只有在持之以恒的文学滋润下，才能日积月累地浸润教师和学生的心灵，成就有温度的高效阅读课堂。在生活世界观念影响下的语文阅读课堂中，三个维度的教育目标（知识与能力、过程与方法、情感态度和价值观）互相交融，凝结在一起，有更好的视野引领作用。语文教师要基于生活世界的教育观念，将概念化的教育框架搁置在一旁，从学生的实际情况出发，发挥阅读课堂应有的价值，即育人价值、生命价值和精神价值。

首先是育人价值。润心本就是实现育人价值的一个过程，这种功能是毋庸置疑的。如果将语文知识、阅读技巧、德育思想浸入学生的心间，学生便能够在充沛的语文文化的熏陶中，更加清晰地梳理学习和认知体系，成就自我。但是在实践中，教师在高压的应试教育背景下，往往不是站在育人的立场进行阅读教学的，而是功利性地研究教学的目标和方向。语文学科具有工具性、艺术性、传承性等特点，是有效开展其他学科教学的前提保障。小学语文学科的课堂应该发挥出育人的教育职责，让优秀的文学作品渗透到学生的思想当中，化作养料，滋养一代又一代的学生。只有这样，小学生才能够产生分辨是非善恶的意识，建立科学、完善的价值观念，向着未知世界大胆地扬帆启航。由此可见，育人价值是小学语文学科教学的关键价值之一，要想将其贯彻下去，必须结合小学生的实际生活情况，合理构建课堂。

其次是生命价值。教育面向的是学生个体，每个学生都是独特、完整的人，教育教学应当着重考虑每个学生的发展情况。语文教学不是约束、死板的教学，而是将"活"的思想注入学生的心灵深处，使其彰显出活力满满的生命力。人之所以区别于动物，是因为人在一生之中会通过学习不断地进步和成长。在小学语文阅读教学中，教师和学生通过相互作用，也在不断地完善自己的生命。基于此，语文教师在课堂教学过程中，要将生命价值融入进来，通过精选出来的教材内容唤醒学生对文化知识的感悟，让学生浸润在中华优秀传统文化的精神中，用心品味每一个文字中潜藏的生命情怀，习得更高价值的生命意义。

最后是精神价值。精神价值在所有价值里面占有较高地位。通过精神价值，学生能够快速辨别美与丑、善与恶，可以更加清楚地审视自身的成长，不断调整人生的航向，以驶向正确的目的地。课堂上要想实现精神价值追求，需要教师关注教学过程中学生个体的成长情况，观察学生是否具有自我提升的意识，能否将尊重生命、爱护他人的思想贯穿于学习和生活之中。如何让精神价值真正滋润学生？这需要教师结合自己在生活世界中产生的人生阅历、经验等，以文字作为载体，无声地传递给学生，以引发学生对自我生活世界的思考，使其建立丰富的精神价值观念。

二、内容：语文阅读教学回归生活世界

语文教学中的生活观念，不仅强调生活世界，更强调对生活世界的认知和感悟体验。小学语文学科的教育宗旨是通过文字、语言的知识传递，让学生在创新性的学习过程中完成内心世界的构建，能够品味语文最沁人心脾的美好。那么，怎样对小学生纯粹的心灵实现建构呢？最主要的是使知识与生活建立关系，在其相互作用中带动学生思想的变化，不断改变学生的思想意识，使其能够在深厚的中华优秀传统文化中有更多的感悟，在教学内容中获得真正的成长。

生活世界与科学世界是相互对照的两个层面。需要注意的是，生活世界并不是对科学世界的完全否定，两者之间存在着密切的联系。科学世界是在最初的生活世界中诞生的。基于这一思想，教师在小学语文阅读教学的内容选择上，不要一味地排除与科学知识相关的教学内容，片面地将学生的生活世界作为主要的润心方向。想要通过语文课堂实现阅读教学的工具性功能，不断丰富学生的生命价值和精神价值，教师就要在教学中把握好生活世界与科学世界的关系，选择最适合学生身心发展的阅读材料，关注学生的学习和生活体验，精准制订生活化的教学方案。在具体内容选择上，教师可以从学生的生活体验、生活化的阅读材料和课外阅读内容的延伸三个方向进行思考。

对于学生的生活体验，《义务教育语文课程标准（2022年版）》明确指出，要注重关心学生主体的发展性，培养学生在语文学习中的独特体验与感受，无论是课程目标还是在实施过程中，都应当遵循学生个体的主观发展情况。体验与感受在语文课堂教学中占有很重要的地位，根据不同的学习内容，其被融入了不同的含义，如期盼与希望、焦虑与痛苦、愉悦与欢快、怀疑与猜测等，只要是学生的思维意识发生变化，都可以被称作"体验"。最终，学生要自己去体验，在亲身经历中进行思考和感悟，而且每个学生个体所产生的感受是不一样的。这里所提到的"体验"，是立

足于每个个体具有自我性的特点。对于一篇作品，作者以自己的生活经验为创作的出发点，是作者的体验；教师结合自身的专业素养，对作品的解读，是教师单方面的体验，并不是学生真正的体验。至于学生能够获得怎样的启发，取决于学生具备怎样的生活经验。因此，在语文教学内容的选择上，教师要从学生的角度进行研究和思考，立足于生活实际，搭建学生内心世界与生活世界的沟通桥梁，让学生将所思、所想和生活经历融合到一起。

对于生活化的阅读材料的选择，教师要根据学生的身心成长情况，在广阔的阅读材料中，精心挑选出与学生生活实际密切相关的内容，以帮助学生回归到自己所熟悉的生活世界。生活化阅读材料的选择，要能够引起学生童稚心灵的触动，引发学生情感上的振动，在一定的教学频率里，专注于学生的身心发展。在实际的小学语文阅读教学中，教师选用最多的材料是教科书，围绕书本中的教学内容，选择与学生密切相关的生活联系点，有序地开展课堂教学。除了教科书以外，教师还可以充分将课外拓展材料引进课堂，扩大生活化教学的范围，在对写景文、记叙文等题材的学习中，培养学生的感悟、审美能力，让学生成长为具有丰富语文涵养的新时代人才。

对于课外阅读内容的延伸，教师要合理地选择能够实现滋润学生心灵的课外阅读材料，契合时代教育的要求，以及学生身心发展的特点，让阅读内容回归到学生的生活世界，从而在课外阅读中引发学生的心灵感悟，让学生获得思想上的启发、精神上的升华。当前，我国对基础教育的要求是，改变原有课程中的偏、难、繁、旧等内容，更加关注学生的生活现状与时代科技的发展情况，从学生的兴趣出发来促进学生的多元、自由发展。在部编版小学语文教材中，每个学期大概有8个单元的教学内容，每个单元基本上也会编排4篇文章，总共有32篇文本内容供学生进行学习。事实证明，有限的文本内容难以满足当前小学生的发展需求，教师要有目的地选择适宜的课外阅读内容，帮助小学生更加深刻地感知自身的生活实践，形成良好的心境。

阅读教学是小学语文的核心教学内容，是在教师的引领下，学生获得知识和情感双重提高的活动。在生活世界观念的影响下，教师对于教学内容的选择要十分慎重，应以学生认知观念为主，要重视作品与学生情感之间的交互性，有机地为学生构架一个多元、灵动的教学氛围，用阅读材料影响学生价值观念的生成。因此，语文教师在选择阅读材料时应将眼光放在促进学生长远发展的角度上，认真甄选有用的教学材料，为学生的生命成长染上绚丽的色彩。

三、反思：小学语文阅读教学目标的达成

反思是基于成果产生的人类的一种有意识的行为，它可以在研究成果的基础上，挖掘出一个新的角度，以此循环下去，不断推进完善方案的实施与开展。简单来说，反思可以是任何一个回顾的点，也可以是在思考后继续思考的点，其应用于小学语文教学中，是对教学整体内容的一种思考和再创造。尤其是在小学阅读教学中，这种反思不是一次生成的，而是在多个实践教学活动中，针对教学经验进行优化，从中不断获得总结和提升的过程。具体可以从主体、方式和过程三个方面来反思教学效果的达成情况。

教学主体方面，反思的是他我意识在学生的思想中达成的程度。他我意识与自我意识是相互平行存在的两种不同的概念，强调的是学生在学习过程中，对作者融入文学作品中的情感的感知情况。在小学语文阅读课堂的教学中，教师普遍缺乏对学生他我意识的引导，不能让学生在自主探究中获得良好的感知和体会。语文教师在教学过程中，一般会根据自己对文本的解读来渲染学生童稚的心灵，以自己的阅读经验替代学生的阅读体验，不能从根本上调动学生对文本知识深层含义的理解。

在缺少他我意识的学习过程中，学生多以旁观者的身份观看教师的表演，毫无兴趣可言，难以将自身的情感融入作品之中。处于这种教学活

动中，学生关注更多的是自我意识，沉浸在自己的世界中，不能与作品建立有机的联系，与生活世界观念下倡导促进学生个性发展的教育观念相背离，无法实现真正有价值的教育目标。在生活世界观念下，对于他我意识的达成情况如何，我们可以在结束课堂教学以后从以下两个方面进行反思。

一方面，是否建立了携手共进的生生互动关系。语文课堂教学面对的主体是学生，其活动情况直接影响教学的效果。新时代"以生为本"的教育理念，认为每个学生都是独一无二的存在，因为他们的成长环境不同，在教育背景、生活体验等方面有着各自的认知。学生聚集在一起，走进共同的教室，处在相同的学习空间，在这种既有不同生长情况之处，又有着相同的教育资源的学习背景下，学生之间能否在尊重、和谐的相处中，共同完成用语文滋润心灵的过程，是考查教学效果好坏的重要指标。反思的角度可以从学生交流、互动、分享等过程中体现，探究学生能否将自己真实的阅读心得表达出来，能否在彼此尊重的互动关系中真正融入语文课堂的教学活动当中。

另一方面，是从教师和学生两者之间的关系进行考查的。这一反思是指在教师和学生的交互过程中，由教师带领学生从一个经验过渡到另外一个经验，在相互交流中形成新的思维意识。将这种关系应用于小学语文课堂教学，与我们原本对对话、交往、互动等的认知有所区别，它更加强调的是超脱于沟通形式以外的共识、同感、爱等相互交融的情感，并不是简单的教师和学生之间的互动关系。也就是说，它强调教师的经验有没有传递给学生，学生在接收到教师经验后在思想上会产生怎样的变化，在这种师生关系中，基于不同的生活世界，是否能够实现共性存在的关系。基于这一角度进行反思，可以评判语文课堂教学是否真正滋润了学生的心灵，以及语文课堂实际教学效果如何。

教学方式方面，反思的是学生课堂参与合作探究型学习的达成程度。在生活世界的教育观念引领下，现代教学模式重视课堂教学中情感交互的体验，以及人文精神的获得。传统教学模式以教师为主，由教师站在讲台上滔滔不绝地讲解知识点，学生只是被动听课，不需要融入自身的主观情感，难以凸显学生的主体地位。在这种权威式的教育结构下，教学气氛显得十分紧张、压抑，学生要整节课端坐在课桌前，聚精会神地听讲，一直处于与教师不平等的交流状态。因此，想要观察教学效果，要从学生参与课堂交互的程度来进行反思，研究学生参与合作探究型学习的程度。

合作探究型的学习模式，是教师将学生以小组为单位进行划分，让学生参与到相关话题的讨论当中，在需要听取教师讲解的时候，学生可以立刻停止讨论，仔细聆听教师的分析；在需要锻炼语文思维的时候，教师创造一个轻松、愉悦的讨论环境，让学生能够暂时忘却学习的压力，自由自在地探讨。在合作探究型的学习模式下，每个小组成员之间的分工都十分明确，在不同的意见中找寻一致性。这便是学生在合作探究学习课堂上的参与表现。在这个过程中，学生有自我表达的机会，并通过交流从小组同伴身上吸纳不同的创新点，不断地增强自身的他我意识。在小组形成一套完整的讨论体系以后，学生会积极地投入到教师安排的学习任务当中，在彼此密切的配合下，构建大家都认可的生活交流世界。

对合作探究型的学习模式是否能够促进学生主动参与到课堂学习当中进行反思：一是反思小学生在课堂上，是否按照预期交流的设想，提高了参与讨论的积极性，完成了教师布置的探究要求。二是从教师方面进行反思，思考在环境建设方面是否到位，有没有给学生构建一个宽松、和谐的交流空间。三是反思教师与学生之间的交流形式，是否都参与到了课堂的学习过程当中。只有在这三个反思方面设定评价指标，才能判断出学生参与的程度，从而在交互性的学习过程中，将学生的情感体验以明确的数据呈现出来，方便研究课堂的教学效果。

教学过程方面，反思的是学生情感体验的生成情况。学习是一个动态的过程，教师和学生在课堂探究中持续、不断地成长，这一过程中会出现一些不可预测的问题。对教学过程进行反思的目的，是从教育价值观念、组织活动等过程中，精准找出问题，为后续有序、顺利地开展教学找出解决问题的方案。基于生活世界的教育背景来看待阅读课堂的教育理念、价值或内容，能够从整体层面上反思学生情感体验的生成情况。

人们对情感的固有解读为喜、怒、哀、乐，但体现在课堂教学中，情感则有着更加丰富的含义，泛指学生在阅读学习中产生的一切心理及精神上的感受。《义务教育语文课程标准（2022年版）》中明确提出，要培养学生热爱祖国语言、文字、集体和生活的多元情感。情感是学生主观体验的表现，是在用心领略文本内容以后，精神世界中的变化。融入生活世界的语文课堂，更加凸显了学生个性化的情感变化，它不仅融入学生的生活实践当中，还能让学生在纯粹的语文学习中建立正确的三观。

第二节　生活世界・润童稚心在小学语文阅读教学中的实践应用

小学课文教学实践一：以部编版小学语文五年级上册《落花生》为例

（一）教学背景

我们通过对部编版教材进行分析发现，语文教材中的课文蕴含了丰富的中华优秀传统文化，同时，其本身就源于生活实际，最终回归于生活当中。教师准确把握教材内容，是后续有效开展课堂教学的基础。《落花生》是一篇叙事散文，其目的是让读者学会不能只看表面，追求外表的华丽，而是要注重内心的真才实学，做一个对国家、对人民有用的人才。在精准把握了教材内容以后，教师还要关注学生的身心发展情况，五年级的学生已经对善恶美丑有了自己的看法，通过用心学习，能够深刻领悟到文章中所传递的思想。但是由于年龄较小，学生的注意力很容易被外界与学习无关的事物所吸引，教师在课堂上还要关注学生课堂表现的问题。

（二）教学目标

（1）知识与能力目标：有感情地朗读这篇散文，识记生字新词，扫清阅读障碍。

（2）过程与方法目标：通过小组合作探究的方式，结合对重点段落的分析，掌握深入理解文章内容的方法，从具体事例中提高理解句子的能力。

（3）情感态度和价值观目标：明白这篇叙事散文讲的是一家人围绕"落花生"的好处进行讨论，形成不能只追求事物表面光鲜亮丽而忽视内在美的思想，进而萌发想要成为对人民有用的人的情感。

（三）教学重难点

（1）教学重点：通过重点段落，学会深入剖析、领悟文本内容的方法。

（2）教学难点：朗读课文，学习落花生的可贵之处，用心品味重点句子，从中明白做人的道理。

（四）教学过程

1. 趣味导入

（1）通过观看视频了解落花生的生长特点，以及初步建立对本节课的整体感知。

（2）通过师生问答互动，一步步将学生的思维从简单观看落花生的生长情况引向更加深入的方向。

（3）设置悬念，通过朗读了解《落花生》这篇文章是按照怎样的叙事顺序来进行阐述的。

设计意图：教师通过视频导入的方式，充分激发学生的阅读热情，吸引学生将注意力全部集中在将要学习的知识点上。在这一教学环节中，教师能在学生最为专注的时候，结合生活实际中的景象，让学生掌握落花生的生长特点，引发学生生活化的思考，将教学内容与学生的生活经验紧密地结合在一起。

2. 自学导读

（1）学生可以按照自己最为喜欢的朗读方式，借助工具书，查阅生字新词。

（2）学生在朗读过程中，用笔将自己最喜欢的一段话标注出来，在朗读结束以后，以"我喜欢的一句话"为主题从感官、修辞、字词、审美等方面进行分享。

（3）教师进行激励式评价和总结。

设计意图：这一教学环节的主要目的是：让学生在自主朗读过程中，用心体会，注入情感，能够抓住文章中的重点段落。小学五年级的学生具备一定的思考能力，通过用心品读，能够准确找出自己所喜欢的段落，并能发表自己的见解。在这一教学过程中，教师不是"旁观者"，要适时加入自己的指导，强化文本中的重点教学内容对学生心灵的浸润。

3. 合作探究

（1）小组成员共同朗读"过收获节"这一段落，通过交流互动的方式思考：有哪些人来参加了我们的收获节？收获节是怎么过的？重点是什么？

（2）学生分析第二段，将哪些人谈落花生？怎么谈的？谁谈的最重要？的相关内容用括号、波浪线、直线等不同形式标注出来。小组成员分角色进行对话朗读，回答问题：谁谈的最重要？父亲的话有什么含义？通过对落花生的谈话，我们应该学习落花生怎样的品质？

明确：要像落花生一样做有用的人，不要只追求表面的体面，成为对别人没有好处的人。

设计意图：在这一生活化的教育环节中，学生能够更加深入地细读文本内容，围绕落花生的对话，获得思想上的启迪，明白要学习落花生可贵的品质，不要追求表面上的光鲜亮丽，应该有实打实的本领，做一个对人民有用的人。这次探究合作学习主要是引发学生独特的情感体验，引领学生参与到课堂的学习当中，让学生在平等、民主的学习环境中，逐渐浸润心灵。

4. 深入领悟

文中父亲将落花生和石榴、桃子、苹果这些水果进行了比较，通过借物喻人的写作方式，让作者学到了做人的道理。结合所学，教师安排了以下两项学习任务。

任务一：选择生活中与落花生类似的事物，试着运用借物喻人的写作手法写一写。

任务二：回忆生活中的人和事物，同学之间进行交流。

设计意图：最后这一部分是整个课堂教学的升华。教师引导学生回忆生活中比较熟悉的人或者事物，开展积极的思考，更加深入地品味落花生默默奉献、不追求外在华丽的可贵品质，从而让学生想要像落花生一样，做一个品格高尚、不追求外在的人。在这部分的教学设计中，学生能够运用自己的生活经验产生联想和想象，不断充盈自己的内心，建立起与作品之间情感沟通的桥梁。

（五）教学反思

本次教学设计强调的是学生主动参与到课堂学习的重要性，与只听教师的讲解或直接观看视频学习相比，使学生主动参与到课堂学习中更能够实现润心育人的效果。在教学中，我们不难发现，语文课堂的教学如果脱离了学生的生活本质，就难以挖掘学生的共情能力。教师在阅读教学中融入生活世界的教育观念，可以让学生的情感变得更加丰富，使其对落花生的可贵品质理解得更加透彻，更加充分地浸润他们的心灵。

小学课文教学实践二：以部编版小学语文六年级下册《腊八粥》为例

（一）教学背景

《腊八粥》是部编版小学语文六年级下册的教学内容，这一单元主要围绕中国重要节日展开，目的是让学生通过了解传统节日，增进对中华民族的浓厚感情。在趣味横生的节日介绍中，学生的情感得到升华，与文本中的节日精神融为一体。在实践教学中，教师除了要分析教材的单元教学方向以外，还要根据学生的性格特点、兴趣爱好和行为习惯进行分析，从现阶段小学六年级学生的认知水平出发，制订教学方案，完成对学生心灵的洗涤。

（二）教学目标

（1）知识与能力目标：能够有感情地朗读课文，通过学习，认识文中的10个生字，并学会写7个生字，抓住重点词语，初步解读文章内容。

（2）过程与方法目标：在合作探究的学习模式下，对文章中人物的动作、语言、心理等描写进行分析，在剖析文章的过程中，体会八儿的心理变化情况。

（3）情感态度与价值观目标：通过系统的学习，能够深刻感受到八儿一家其乐融融的景象，对腊八节有更加具体、深刻的印象，并且能够用心领悟到浓浓的亲情。

（三）教学重难点

（1）教学重点：从细致的人物描写中，挖掘人物的特点，跟随人物各方面的变化，感受到深深的情感。

（2）教学难点：通过对文章内容的学习，深刻感知到八儿对腊八粥的喜爱之情，从中品读到八儿一家浓浓的亲情。

（四）教学过程

1. 课题引入，提高兴趣

师：同学们，你们最喜欢的节日是哪一个呢？为什么喜欢这个节日呢？可以给大家分享一下吗？

生：春节、中秋节、端午节……

结合学生的回答，教师用激励点评的方式，拉近与学生的距离，为接下来的课堂教学做好准备工作。

师（出示课题）：今天我们一起来欣赏一下腊八节。腊八节一般都会有哪些传统活动呢？让我们一起看大屏幕吧。

教师通过引入腊八节的趣味故事，为接下来的教学做好铺垫，将学生的注意力全部集中在即将进行的教学上。

设计意图：教师通过引入趣味环节，让学生的思绪回归到课堂本身，明确即将学习的内容，然后以对话交流、多媒体播放等形式，充分调动起小学生对后续语文知识学习的好奇心，同时为学生梳理出一个清晰的学习思路。六年级的学生已经具备独立思考问题的能力，教师通过设置这一环节，能够让学生掌握正确进行阅读学习的方法，培养其良好的学习习惯。

2. 初读课文，圈画批注

（1）学生认真聆听教师范读，注意生字新词，读准字音，把握语调的变化，在聆听的过程中，可以跟着一起默读。

（2）学生一边聆听，一边动笔圈点勾画，标注出文章围绕腊八粥主要写了一件什么事情。

（3）在进行自主朗读练习以后，由学生自告奋勇地向大家展示阅读效果，并汇报围绕腊八粥发生的故事，教师和其他学生进行多元主体的点评。

设计意图：在这一教学环节中，学生能够掌握正确阅读和学习本篇文章的策略，通过有针对性的阅读练习，逐步扫除阅读障碍，同时对本篇文章有一个清晰的学习思路，为后续顺利开展教学活动奠定基础。在互动式的交流环节中，学生可以对不明白的地方提出质疑，以解决如何阅读及如何高效阅读的问题。

3. 精读品味，逐层突破

（1）学生快速阅读文章的第1自然段，以"你读懂了什么"这一问题为引导中心进行阅读汇报。

（2）学生围绕重点字词，能够感受到人们制作腊八粥，以及在一起吃腊八粥的美好感觉，间接感受到腊八粥的美味。

（3）学生阅读文章的第2～19自然段，找出描写八儿的句子，反复品读，谈一下从中品味到了什么，运用已经掌握的阅读方法，在相关句子旁边做好批注。

（4）学生按照盼粥—等粥—猜粥—看粥的顺序，体会八儿心理的变化，从动作、神态和语言的描写中，感受八儿迫不及待、天真、贪吃的人物形象。

设计意图：教师以逐步引导的方式，让学生在精读过程中深入体会故事中的教育含义，抓住重点人物的心理变化。在汇报交流的课堂学习中，学生能够明白有目的阅读的重要性，从而让自身的情感与文章情感交融在一起，不断提升阅读水平。

4. 回读感悟，拓展延伸

（1）学生自主进行回顾阅读，小组之间畅谈一下读完《腊八粥》以后，自己有怎样的感受。

（2）学生分享自己喜欢的句子和段落及原因，加强互动，完成情感的升华。

（3）学生利用课后空闲的时间阅读全篇《腊八粥》。

设计意图：这一教学环节主要培养学生的自我表达能力，学生可以通过自主分析，将自己喜欢的内容分享给大家，并清楚地说明自己喜欢这部分内容的原因。小组成员可以通过互动、合作的交流模式，养成良好倾听的习惯以及他我意识。在拓展阅读的训练模式下，学生更加深入了解了《腊八粥》的文章内容，从而让情感能够进一步获得升华。

（五）教学反思

本节课的教学实践立足于生活世界的教育观念，最终的目的是让学生能够通过阅读学习，将内心回归到生活本质，构建师生共同进步的良性课堂教学模式。在这次教学活动中，教师有机地为学生构建了多元自由探究的空间，旨在发挥学生自主创造的主观能动性，培养学生自主阅读和思考的基本能力。整个课堂的教学都围绕尊重学生个性发展、培养学生综合素养的方向开展，以达到语文知识真正浸润学生的心灵的目的。

教师在遵从生活世界的教育观点开展《落花生》和《腊八粥》的教学活动时，按照教学目标、教学内容和教学反思三个维度，合理设计教学方案，在让教学回归到学生本真状态的基础上，完成语文课堂的教学目标。通过反思，教师能够总结出教学中的不足之处，找到问题和矛盾点，为以后更好地开展教学活动规范方向，以提高教学质量。在这两次教学实践中，教师围绕教学设计、课例分析和教学反思三个方向，分析了生活世界教育观对课堂的影响，从整个教学方向来看，两次教学实践都达到了给学生上一节具有真正意义的课、完成小学生心灵的洗涤的目的。

一节真正有意义的课，应当是充满价值的。这离不开教师专业化的教学设计，要求教师围绕生活世界的教育观念，探索课堂教学新视野。基于此，《落花生》和《腊八粥》这两节课的教学核心是：关注学生的情感变化，在充盈学生内心世界的同时，构建一种良性的师生共同发展的关系。想要实现这一目标，教师必须认真思考生活世界教育观的重要性，结合教学情况、学生情况，整合课堂教学内容，凸显语文课堂的教育价值。

首先是育人价值。一节有质量的课堂，应当是对学生有实际教育意义的。《落花生》这篇以物言情的叙事散文具有积极的启发作用，在为学生普及一些与花生相关的生活常识的同时，实现了对学生心灵的启迪。这篇文章的育人价值体现在两个方面：一是对小学生阅读策略的引导，使其能够回归到最真实的生活当中，滋润童稚心灵；二是对小学生心灵和情感的引导，让小学生能够透过物体的表面，清楚地看到事物发展的本质，并能引发自身的思考，成为一个不追求外表华丽，而要为人民服务的人。

其次是生命价值。这要求教师在课堂教学中做到尊重、关心学生的内心需求。在师生的互动交流中，教师要善于聆听学生的意见，尊重学生表达的方式，帮助学生在成长过程中感受自己存在的价值。在这种和谐的交流环境中，教师可以帮助学生养成站在对方角度思考问题的习惯，强化学生的他我意识。学生在回归生活的学习过程中，会自然而然地对生命产生敬畏之心，了解到生命的可贵。无论是《落花生》还是《腊八粥》，都能让学生的心灵回归到生活的本质，用心感受生活的意义，从而树立正确看待生命价值的观念。

最后是精神价值，即让学生内心世界逐渐变得丰富和充盈起来。在《落花生》和《腊八粥》这两节课的学习中，学生敢于抒发自己的情感，会有意识地让自己的内心与生活建立联系，辨别出哪些事物是正确的，思考人们在生活中所追求的美好理念。在思考的过程中，学生会逐渐领悟文本中的情感世界，让内心获得满足，让精神世界变得更加纯粹。这与语文课堂的教学目标不谋而合，都是为了让学生的心灵获得成长。

让语文课堂走进学生内心，让其内心与生活建立联系，是这两节课的教学特色。语文学科本身是源于生活的，学生很容易将内心与文本建立联系，在学习过程中，形成自己的人生观、价值观和世界观，从而更好地领悟生活中的美好，促进自身健康、全面地成长。

《落花生》和《腊八粥》都与生活实际相关，学生通过思考，很容易引发出生活中的情感。教师作为课堂的组织者和引导者，要从多方面拓展资料，完善文本内容、作者等相关信息，为学生构建一个灵动的教学环境，提升学生的共情能力。实际上，每类文学作品都会与生活有一定的相关性，只要善于观察，我们一定可以找到作品与生活之间的联系。具备生活化的共情能力，是学生必须掌握的阅读技巧之一。当找到文本与生活之间的联系以后，学生还要以实际践行的方式，深入领悟文本内容。有些文本可能与学生生活的关联性不高，需要学生结合想象，置身于实际文本故事的背景当中，利用换位思考的方式揣摩作者的情感，在他我意识的驱动下，完成对文本内容的学习与领悟。语文课堂，就是要让学生的内心发生变化，在文本中建立与生活世界的关系，从而助推思想进步。《落花生》是借与生活相关的事例来强调一个人应该具备的高尚品格。《腊八粥》则是在趣味横生的故事中，引发学生对温情家庭生活的感悟，提高其对腊八节的美好体验。

这两次教学的设计都是围绕合作探究的教学模式开展的，主张学生个性化学习，在契合新时代"以生为主"的教育理念下，让课堂更加关注学生的参与程度，在生生互动中构建和谐、平等的交流环境。这种滋润童稚心灵的课堂教学尊重学生的内心世界，让学生感受到自我存在的重要意义。在《落花生》和《腊八粥》的课堂教学中，教师通过合作探究、对话交流等方式，让学生从静态变为动态，改变了传统教学中学生被动听课的学习模式，在良性的师生互动关系中，实现了育人的目标。这样交互性比较强的设计形式，目的就是为学生构建一个良性的交流环境，帮助学生在互动中不断地充盈自己的内心世界。在这种教学模式中，教师要鼓励学生大胆地表达自己的意见，将自身带入到课堂相关话题的探讨当中。同时，教师要转变凌驾于学生之上的教育观念，通过积极点拨促进学生心灵感悟能力的提升。例如，教师不要针对学生的问题一味地批评指责，而是根据不同的学生个体，在尊重和呵护的基础上，教会学生认真生活、尊重他人和善于思考的道理。

学生拥有一颗对生活充满热爱的心，只要学会分享自己的情感，就能够体悟到不同文本中的内涵。在《腊八粥》这一课的教学中，教师通过循循善诱的引导方式，让学生感受到在腊八节一家人在一起的温情，使其对这一节日有了更加浓厚的情感，让学生的内心和思想变得丰富起来，回归到了生活本身。语文课堂教学，是建立在民主平等的师生关系之上的，这也是评价语文课堂教学效果的重要指标之一。语文课堂教学强调的是师生共同参与，而不是教师"独揽大权"。在这次课堂教学实践中，师生通过合作构建了一个多元互动的课堂模式，不仅实现了学生之间的平等互动，还实现了教师与学生之间的平等互动。

第三节　生活世界观带给语文阅读教学的启示

由传统意义上的语文教学，过渡到现阶段"以生为本"的教学，我们在相关阅读理论探究中的脚步从未停歇。生活世界教育观点的融入，为小学语文课堂注入了新鲜的血液，引发了教育教学中的新思考。尤其是在当前快节奏的生活背景下，信息科技、经济文化都在飞速发展着，生活世界教育观念能够让学生更加灵活地适应这一快速变化的社会。小学语文的阅读教学，不仅关心文本知识的传递情况，更加关心小学生内心世界的构建，其运用语文学科的魅力，唤醒学生童稚的心灵，从而实现对中华优秀传统文化的传承。在生活世界的教育观念引领下的小学语文教学，引发了一些人们对阅读教学的启示与感悟。本文主要从关注"完整人"的生成、构建师生"爱的共同体"和凸显他我的主体意识三个方面进行探析。

一、阅读教学——立足关注"完整人"的生成

人们关于语文教育的研究理论多种多样，纵观历史，从久远的古代到重视教育的现代，从中国到西方多个国家，都有着大量语文教育的研究理论，其中有些理论对语文教育的解释不尽相同。但将这些理论放在一起对比、研究后，我们发现，虽然教育教学方法有所不同，但教育目的却具有统一性，都是以实现学生的自我成长和发展为目标，关注"完整人"的生

成过程。小学阶段的语文课堂教学，是教师和学生共同组建的一种双向的教学活动，关注教师和学生的共同进步和成长。课堂的教学内涵立足于成就学生"完整人"的生成，用文本知识帮助学生塑造强大的内心。要想帮助学生成长为一个"完整人"，语文教师必须采用积极的教学措施，激发学生的发展潜能，在尊重学生个性化发展的基础上，调动学生参与阅读课堂的积极性，使其获得思想上的启发，心灵上的洗涤。

每个学生都是独一无二的个体，有着自身存在和发展的独特性，其之所以能够通过学习获得新的思想启迪，是因为每个学生个体都有着自我完善的发展机制。在小学的阅读课堂教学中，每个教室都有一位教师，带领着几十个学生共同学习，虽然他们处在相同的教学环境中，但是每个学生的内心世界都不一样，他们每个人都有着对外在事物独有的见解和看法。正所谓，世界上没有完全一样的两片叶子。因此，语文教师在关注学生内心发展的时候，要具备发现学生内心独特性的本领，在尊重学生内心世界的基础上，将语文知识注入学生的心田，这样才能达到事半功倍的教学效果。

首先，语文教师要建立阅读课堂上的引导机制，通过鼓励式言语、动作，或者由班级自行拟定的激励目标，让学生有表达出自己内心独特想法和感受的欲望。在这期间，教师要给小学生足够的思考时间，让学生的阅读思维能在宽松的环境中快速运转，这有利于学生与文本和作者之间的情感交流。不可避免的是，小学生在抒发和表达自己的独特感受时，会出现"只能意会，难以言传"的情况，对此，教师要尊重学生，给学生在课堂上思考的时间，不要贸然用自己的思维来代替学生的思考，可以用鼓励的态度，帮助学生通过思考将所思、所想表达出来。在这种被尊重的课堂上，学生可以直接感受到教师的关爱与呵护，会积极地投入到语言表达的训练当中。长此以往，在多频次的语言锻炼下，学生能够更加容易和快速地将自己内心的独特想法表达出来，推动自己在课堂上内心的自我完善。

其次，语文教师要尊重小学生个体之间的差异。很多教育心理学家提出了相同的教育观点，即学生彼此之间肯定存在个体上的差异性和独特性。教师要尊重这种差异，并能根据学生个体的差异因材施教。想要做到这一点，教师要认识到每个学生的成长环境不同，在后续上学时期所接受的教育不同，学生个体的自我认知能力以及学习能力也有很大的不同，这些不同之处，导致了他们对于外在事物有着不同的观察视角，从而对事物的看法呈现出了差异性与独特性。当接受学生个体的差异性以后，教师在课堂上让"对症下药"的教育模式真正落地实施。每当学生看待问题的观点出现矛盾时，教师要尊重每个学生的理解情况，通过组织趣味活动、探究小组、灵活对话等方式，让学生在互动交流中解决矛盾点，就探讨的问题形成一致的答案。当学生在课堂上对文本内容和情感把握得不是特别准确，或出现疑惑时，教师要极具耐心地为其讲解，帮助其扫清阅读学习中的障碍，而不是凌驾于学生之上，强迫学生接受自己的指导和批评。

最后，教师和学生两个课堂学习主体要充分发挥出能动性。在小学语文课堂教学中，教学的主体是语文教师和学生，教学的目的是实现教师和学生的共同成长，教学的重点是在学习过程中，不仅仅要增加学生对语文知识学习的能力，更要触动学生的心灵，完成他我意识的培养。想要实现以上教学目标，双主体在阅读课堂上便要发挥出主观能动性。对于主观能动性的含义，教育大辞典是这样解释的："主观能动性"也称"自觉能动性"，是通过人主观上的意识变化，或者实际活动，对外在的客观世界进行积极的感悟作用。通俗一点讲，调动教师和学生的主观能动性有着十分积极的推动作用。课堂是建立在"完整人"的生成中的，要积极发挥出教师和学生的主观作用，用积极向上的探究精神，引领语文阅读教学课堂的顺利开展。

要调动教师主体的主观能动性，就要让语文教师在课堂上有不断充实自我、提升教学水平的意识。教师的思想应随着时代的变化而与时俱进，不能故步自封，要积极探究适合学生发展的教学模式，不断进行教育教学的改革，在要求学生达到特定高度的阅读水平之前，先丰富自己对文本的理解，提高自己对文本中情感领悟的敏感度，通过讲解关键点的形式，来制定科学化的教学策略。此外，教师还要重视备课环节，通过深入了解学生的学习情况，利用便捷的互联网搜集大量的教学资料，提高自身的知识储备量，为学生积累充足的教学素材，让教学方法变得灵动、丰富起来。

要调动学生主体的主观能动性，教师可以围绕以下两点来具体开展：一是以表扬、肯定等激励方式，让学生在课堂上能够大胆地表达自我，要尊重学生表达的过程，给学生建立自信的机会；二是要采用积极的教学策略，引导学生进行自主学习，让学生在充分锻炼中加强自主意识，在思考和创造的过程中实现情感的升华，朝着"完整人"的方向健康发展。

二、阅读教学目的——构建师生"爱的共同体"

"爱的共同体"是在生活世界的教育观点下所呈现出的最佳教育形式，能够让学生的他我意识立足于更高的发展层次。要构建教师和学生之间的"爱的共同体"，前提是要在课堂教学中构建交流共同体、精神共同体以及生命的共同体。在这些"共同体"的组建活动中，教师和学生需要处于一个平等、自由、民主的交流环境中，教师可以实现与学生的有效互动，通过学生的反馈情况及时调整教学策略；学生在毫无压力的环境中与教师进行交流，可以获得更加深刻的精神感悟和内心体验，逐渐与教师建立起"爱的共同体"。

明确了"爱的共同体"需要建立在一定的客观环境中以后，在实际的阅读课堂教学中，教师要善于打造一个平等、自由、民主的教学环境。只有在这种轻松、愉悦的学习环境中，学生的身心才会放松下来，逐渐打破与教师之间的隔阂，从而将自己最为真实的感受和想法表达出来。这样，在遇到问题以后，学生会第一时间寻求教师的帮助，而不是一味地闭门造车，影响课堂上的学习与发展。教师作为课堂的组织者和引导者，在组织各种各样的阅读教学活动时，要多站在学生的角度进行思考，适当放低自己的姿态，与学生成为朋友，走到讲台的下面，融入学生的生活和学习之中，在平等、友好的交流中，流露出对学生的尊重与关爱。

在课堂上，教师和学生之间紧密有效的互动，能够拉近彼此之间的关系，形成一种和谐、健康的教学组织形式。这种形式下的课堂互动，一般围绕三个方面形成互动关系：一是教师与学生通过对阅读文本进行研究形成互动关系。在教学的过程中，教师和学生是学习和成长的共同体，彼此相互协调、相互促进。二是教师与学生之间围绕多种信息，如知识、态度、情感、价值观念、态度等，进行深入的沟通，从而形成知识共同体、态度共同体等。三是教师与学生围绕阅读课程，在共同参与和研究中，产生创造性的成果，即围绕着教学目标而凝结成的共同体。我们所研究的"爱的共同体"实际上就是以上三种形式的综合，是将教师和学生推向了一个更加高级的沟通位置。紧密有效的互动活动，是建立小学生活化课堂的重要途径。教师通过积极与学生建立互动关系，营造出适合学生自由发展的良好环境，让学生在多重互动形式下，创造性地实现学习目标，师生共同发展成为"完整的人"。

在提供了平等的阅读环境以及形成了和谐、健康的教学组织形式以后，接下来的教学实践就要架起教师与学生心灵上的桥梁，让知识、情感等触动教师和学生的心灵，培养两者的共情能力。所谓"共情"，常被人们称为同理心、同感等，指的是能够设身处地地为他人着想，深刻领悟对方的情感，具有高超的理解力和感受力。胡塞尔认为的"共情"是对他人的经验具有同感，让自我与他人以情感结合的方式，将周围世界连接在一起。生活世界教育观念下的语文阅读课堂，将注重教师和学生的内心感受作为课堂的关键点，着重培养学生的共情能力，让学生可以更加深刻、透彻地领悟文本内容，构建一个良性的互动课堂。

在教师和学生都具备共情能力以后，课堂教学能够快速触动师生对文本知识和情感的深刻内心体验，促使师生在研究文本的时候，引发充分的自我的思考。同时，针对教师与学生在分析问题时产生的矛盾点，师生在紧密的互动中要实现信息的流通，用最能打动彼此内心的沟通方式对现

阶段的阅读学习达成内心世界的共鸣。这种"共情"能力，有助于让阅读课堂的教学效果变得更好，在相同的感知条件下，让师生之间、生生之间可以快速建立对彼此的同理心，共同体验文本知识、感知作者情感、积累阅读经验，最终可以在相互作用下，形成以不同形式呈现出来的"爱的共同体"。

三、阅读教学主体——凸显他我的主体意识

在生活世界观念下的小学语文课堂实践教学研究中，探析最多的便是强调学生个体的唯一性和独特性，尊重学生的存在和成长，在互动式的组织形式下，完成对学生心灵的浸润。想要得到这种教学效果，就必须回归到观念上进行研究，即探究"意识"层面上的认知情况。这种生活世界教育观念引领下的小学语文课堂，给我们提供的最有用的启示便是：通过阅读教学，我们要完成学生他我意识的培养，提高学生的阅读、感知能力。

教师想要实现在生活世界观念下培养学生的他我意识，首先要认识到学生多处于自我意识阶段，需要引领学生从自我逐步走向他我。自我指的是小学生对与自身有关事物的认知，通过融合自身的各种经验所形成的一种认知关系。而他我的范围更加广泛，强调的是站在他人的角度上进行感知，从超出自身以外的世界中所获得的陌生经验。在小学语文课堂上，要想实现学生从自我意识转向他我意识，教师和学生之间必须彼此尊重，从自我的认知体验中，学会分析他人的感情，从而获得有利于心灵成长的经验。简而言之，学生作为阅读课堂上学习的主体，必须从思想意识上改变认知，在教师的引领下，从阅读活动中慢慢学会理解他人的情感，能够感知到自身以外事物的存在，以独特的理解方式，从对方的角度考虑问题，建立与世界交流的正确关系。

与他我意识不同的概念是"旁观者"，学生以旁观者的身份看待阅读学习，毫无兴趣可言，甚至不会参与到阅读学习活动当中，无法完成心灵的成长。这对阅读课堂教学的启示便是：要让小学生从自我意识转向他

我意识，还要避免使其成为旁观者。在小学语文课堂上，有些阅读内容如果不用心体会，只会是过眼云烟，不会在脑海中留下任何印记。学生单纯以旁观者的身份机械、被动地理解表面汉字，而不融入自己的思想，便不能与教师、文本和作者产生互动关系，理解不了文字背后所蕴含的情感。在课堂上，教师要引导学生拒绝成为阅读学习中的旁观者，学生要带着思想、饱含情感地进行阅读，逐渐成长为具有同理心的"完整的人"。

在阅读课堂上要让学生凸显他我意识，教师还要引导学生学会聆听，从他人的声音中提取自己想要的信息。语言是一门复杂的学问，作为一种重要的文化传播工具，对学生的心灵感化有着至关重要的作用。倾听是实现语言价值的重要方式。学生只有学会了倾听，才能成为一个尊重、关心他人的人，从而才能从自我意识里面走出来，建立他我的意识观念。生活世界观念下的小学语文阅读课堂，是基于教师与学生生活在同一个生活社会里面，通过阅读文本来实现对学生精神意识的引领，以文本中的精神、理念真正浸润学生的心灵。课堂上的倾听，指的是学生能够理解教师的情感，在换位思考中找准阅读学习的方向，将思绪放到作者营造的文学意境当中，品味美好故事，领悟文学精神，满足自身发展的内心需求。总之，教师要帮助学生认识自己的学习情况，建立共情、同感的认知模式，教会学生通过认真倾听的方式，建立彼此内心世界的交流和沟通的桥梁，让阅读课堂变得丰富多彩，逐渐走向学生的生活世界。

让学生由自我意识过渡到他我意识，还有一个重要的途径，就是教师的评价。教师是学生在学校接触最多的对象，其评价方式直接关系到学生的成长，积极、正面的评价，可以帮助学生正确认识自己现阶段的发展情况，从中感知自己的不足之处，从而在后续的学习和生活中进行有针对性的改进。而消极、负面的评价，会阻碍学生身心的发展，让学生产生对语文阅读课堂厌倦的学习情感，不利于其成长。基于此，教师要善于使用激励式的评价模式，让学生意识到在自我意识主导的学习模式下，不能与外界建立联系，难以捕捉到文本中的深刻情感，要想构建一个多元、高效的学习体系，必须从自我意识走向他我意识，从对方的角度实现情感上的感知，强化学习效果。这本身是一个长期塑造的过程，教师要耐心地对待学生，时刻谨记激励评价的重要性，关注学生进步的点点滴滴，长此以往，将他我意识牢牢刻在学生的内心。

第四节　生活世界教学实践

生活世界教学实践一：以部编版小学语文四年级上册《夜间飞行的秘密》为例

（一）教学背景

《夜间飞行的秘密》这篇文章一共有8个自然段，可分为3个教学部分。文本整体的脉络比较清晰，具有一定的逻辑性。基于生活世界的教育理念，教师可以将文本中的内容和学生的实际生活结合在一起进行教学，通过逐步解答、讲道理等方式来完成教学活动。这篇说明文利用了仿生学的一些知识，通过对蝙蝠飞行的研究顺利找出其夜间飞行的原因，从中获得启发，研制出了飞机雷达，确保飞机在夜间也能够安全地飞行。结合生活化的教育理念，这篇文章能给到学生一些启发，使得学生明白研究生物对人类科技进步的重要作用。

（二）学情分析

四年级的学生处于小学中段，褪去了刚步入小学时候的稚气，具有一定的独立思考能力和生活经验。本课教学结合生活世界的教育理念，契合当前学生的身心发展状况，为学生的阅读学习打开了新的世界。这个阶段的学生同样有一颗好玩的心，喜欢探究一些新奇的事物，因此，教师通过引领的方式，培养学生善于观察、思考、积极生活的态度十分必要。在本节课的教育教学过程中，教师尽可能使用鼓励的方式，让学生养成热爱科学、热爱生活的态度，使其对自主探究阅读产生浓厚的兴趣。

（三）教学目标

（1）知识与能力：能够借助工具书，识记"蝙""锐""蝇""雷达""蚊子""即使""灵巧""科学家""横七竖八""绳子""苍蝇""证明""研究""显示""驾驶员"等生字新词。

（2）过程与方法：通过朗读课文，能够准确地把握住文章中的主要关键点，清楚地了解到飞机在夜间安全飞行与"蝙蝠探路"之间的关系，结合互联网搜集资料的方法，提高自主学习的能力。

（3）情感态度与价值观：通过学习，养成探究科学的良好习惯，树立结合生活进行阅读学习的理念，在优美的语言表达中，加强热爱生活、热爱科学的情感。

（四）教学重难点

（1）教学重点：通过对课文的学习，学会从内容、写法、启示三个方面进行质疑，并试着灵活使用解决问题的策略来加强感知。

（2）教学难点：在简洁、详略的语言中感悟了解文章表达的主要内容，培养热爱科学、热爱生活、乐于探究的品质。

（五）教学过程

1. 因题质疑，感知课文

师：我们都知道飞机除了在白天飞行以外，在晚上也能安全地飞行，这和蝙蝠又有怎样的关系呢？你们知道吗？

师：这个问题实际上是我们的一个同学在预习的时候提出来的。这个问题吸引着我们深入到文章当中去寻找相关信息。那么，结合你们自己的生活经验，用心读一读本篇说明文，想一想，夜间飞行的秘密到底是什么呢？它与蝙蝠之间存在着怎样的联系呢？

学生自由朗读。

师：老师在查看的时候发现大家在自主阅读的过程中遇到了不会的字词，这在一定程度上阻碍了同学们对整篇文章的理解，老师将大家遇到的新字词编排成了词串的形式，我们一起来学习吧。

词串一：绳子上横七竖八地系着一些铃铛。

词串二：嗡嗡的响声是没头的苍蝇乱撞发出的。

词串三：想要揭开这个秘密就得反复进行实验研究。

词串四：超声波障碍物荧光屏无线电波。

师：大家一边学习新的字词，一边从每组词串中找到与实验相关的信息。第一组，充分阐释了为做好实验做的充足准备。第二组，从简洁、生动的语言描述中加以感知。第三组，用科学、严谨的研究态度，揭示反复研究是科学家缜密研究的方向。第四组，理解无线电波和超声波的异同之处。

师：扫清了生字新词在阅读中的障碍以后，谁能为大家说一说蝙蝠与飞机夜间飞行的秘密之间的关系？

生：我知道科学家通过研究蝙蝠探路的方式，给飞机上装上了类似的雷达装置，使飞机在看不见的夜间也能安全飞行了，这便是它们之间的关系。

师：回答得十分准确，你能够用自己的语言进行总结，值得大家学习。

设计意图：上课初，教师通过问题引导的方式，将本节课所要教学的课题揭示出来，让学生对学习的知识有一个初步的认知，同时，以问题为链条，让学生在初步阅读的过程中了解了生字新词的含义，在一定程度上扫清了阅读障碍，为接下来更加充分地结合"生活经验"理解文本内容做好铺垫。这种引导方式也能够培养学生正确使用问题进行阅读学习的能力，帮助学生从小养成正确阅读的良好习惯。

2. 关注内容，学会提问

师：大家可以学习对文章当中的每个字词、语句、片段进行提问的方法。例如，我们来看文章中的第6自然段，左侧写着一个问题——"蝙蝠是怎样用嘴和耳朵配合探路的？"这便是根据文章中的某一个特定句子来进行提问的方法。

师：你们学会根据文章内容找出提问的方向了吗？可以围绕一个简单

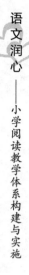

的词语，也可以围绕某一个句子或一段话。例如，围绕文章中的第3自然段，你们能想到什么问题呢？

教师板书内容。

学生围绕文章第3自然段进行自由提问。

生1：蝙蝠从来不会跟其他东西撞到一起，它是会"魔法"吗？（结合段落中某个字词来进行提问）

生2：蝙蝠这么厉害的原因到底是什么呢？我很好奇。（结合着整段话来找出问题）

……

师：同学们，你们寻找问题的角度都十分正确，看来大家已经掌握了通过内容进行提问、通过提问在文章中找寻答案的方法。接下来，大家阅读文章中的剩余部分，同样试着通过内容进行提问。

学生先默读，然后将自己的问题记录下来，小组将问题整合在一起，进行讨论。

教师一边查看一边进行点评。

设计意图：在这一教学环节中，教师为学生揭示了通过内容进行提问的方法，学生掌握了结合问题在说明文中寻找答案的方法。一般情况下，学生的问题都是结合自身的生活经验所产生的，在一系列问题引领下的思考中，学生能够更加准确地解读文本内容，从中寻找对解答问题有用的信心。在课堂教学中，提问可以加强学生对文本内容的感悟和体验，提升其潜心阅读的素养。

3. 填表助学，自主阅读

师：请你来朗读一下文章中的第3自然段，找出类似"即使……也……"这种具有关联性的词语，认真想一想它说明了什么。请用饱含疑问的语气进行朗读。

师：请同桌继续朗读第4～5自然段，其他学生在聆听的过程中，参照以下表格内容进行思考。

（表格中列出三次实验的序号，每一个序号都对应着实验方式、实验结果、实验结论三个需要填写的空格。）

实验次数	实验方式	实验结果	实验结论
1			
2			
3			

师：下面每个学习小组先自由沟通，共同研究表格中需要填入的内容。

师：老师发现大家讨论的声音逐渐小了下来，接下来请第二个小组派出代表来回答第一次实验对应的表格要填写的内容吧。

生：第一次实验的方式是将蝙蝠的眼睛盖上，让它在挂着很多铃铛的屋子里飞行，实验结果是没有一个铃铛发出响声。

师：说得不错，哪个小组来说一下第二次实验？

生：老师，我来说。第二次实验是将蝙蝠的耳朵堵住，结果是蝙蝠开始胡乱飞行，撞得铃铛响个不停。

师：很好，剩下最后一次实验了，请最后一个小组的代表来描述一下吧。

生：在第三次实验的时候，科学家将蝙蝠的嘴巴堵住，发现蝙蝠同样是到处乱撞，铃铛不停地响。

师（总结）：蝙蝠之所以在夜间能够自由飞行，靠的不是眼睛，而是在嘴和耳朵的相互配合下来完成探路活动的。

设计意图：教师通过填写表格的形式，培养学生深入文本寻找答案的思考模式，让学生在好奇心的驱使下，准确地把握住每次实验的方法，从中自然而然地得出蝙蝠夜间飞行的秘密。这种表格填写的引导模式，更能契合当前学生的探究心理，让学生能够全身心地投入到课堂学习当中，提高了学生参与课堂学习的兴趣。

4.合作阅读，拓展延伸

师：同桌之间共同朗读第7、8自然段，想一想蝙蝠是怎样实现嘴和耳朵相互配合的，以及蝙蝠和雷达之间有着怎样的关系。

学生自由探究。

师：同学们，我们一起来玩个游戏吧。我们通过演示模拟的方式找到蝙蝠探路的方法。

（教师指定三名学生，一名学生扮演蝙蝠，一名学生扮演蝙蝠嘴中发出的超声波，剩余一名学生则充当障碍物）

其他学生投入到这三名学生的情景扮演当中，有的笑得前俯后仰，有的表情严肃，认真观察。

师：趣味游戏结束了，看来同学们已经对蝙蝠探路有一个清晰的认识了，现在让我们画一画，描绘出蝙蝠探路与雷达之间的关系吧。

师：在学习了这篇文章以后，你们得到了怎样的启示呢？以"通过研究动物，我也想来发明"为主题，进行自由探讨吧。

学生自由发表意见。

师：大家在课后可以通过互联网搜集仿生学的相关资料，如果兴趣高涨的话，还可以进行实验。

设计意图：在最后的拓展延伸环节，教师以共同阅读的方式为学生揭示了飞机雷达与蝙蝠探路之间的关系。教师让学生通过画图、演情景剧的形式，自主探索出相关答案。同时，本篇说明文的仿生学知识启迪了学生的智慧，让学生产生探究更多仿生学知识的兴趣，从而培养了学生热爱生活、热爱科学的思维品质，有利于学生以后学习生涯的顺利开展。

（六）教学反思

在本次课堂教学中，教师主要为学生展示了通过提问来研究文本内容的方法，让学生在自主探究过程中明白了提问的方向，以及怎样围绕问题找寻答案的技巧。除此之外，教师通过组织对话交流活动、创设情境等，让学生能够在趣味学习当中自然而然地了解蝙蝠夜间飞行的秘密，以及蝙蝠探路与飞机雷达之间的关系。这种循序渐进的引导模式更加容易被学生接受，并且使得学生的注意力一直集中在课堂知识的相关探究当中。

生活世界教学实践二：以部编版小学语文五年级下册《祖父的园子》为例

（一）教学背景

在教学《祖父的园子》这一富有生活气息的文本内容时，教师应考虑到现阶段学生的思维模式、喜好等多种因素，将这篇文章剖开为学生解读，通过对文本内容和学生情况进行研究，找出文章教学的突破点，将文章中的情感淋漓尽致地表达出来，加强学生对文本内容、情感等方面的感悟能力。怎样用生活世界的教学理念将阅读文本进行输出，是当前语文教师需要着重考虑的问题。结合生活世界的教学模式，能够让学生在最为亲切的学习方式中进行领悟和体验，增强了学生与作者情感的共鸣能力，提升了学生阅读学习的效果。

（二）学情分析

五年级学生的思想已经较为成熟，能够用辩证的眼光看待周围发生的事情。这一阶段的学生能够通过自身的生活经验对好坏进行判断，在感悟过程中也会将新的领悟纳入到生活体系当中，不断充实着自己的心灵。在对这一阶段的学生开展教学活动时，教师更应该关注学生心理上的变化，尽可能用生活中比较熟悉的事物加以引导，让学生能够通过自主感悟领会文本中的情感起伏。

（三）教学目标

（1）知识与能力：通过学习，可以识记文章中的8个生字，对"蜜蜂""蝴蝶""蜻蜓""蚂蚱""樱桃树""李子树""大榆树"这些词语有一些了解。

（2）过程与方法：通过阅读文章，能够理解作者当时的心情，掌握作者在进行表达时所使用的方法。

（3）情感态度与价值观：在进入作者所营造的情境中时，能够感受到作者在童年时期是快乐、自由的，对作者的留恋之情有所感悟，感受到作者童年生活的情趣。

（四）教学重难点

（1）教学重点：通过阅读学习，体会作者在"园子里"自由自在的心情，学会作者抒发情感的写作方式。

（2）教学难点：对作者用心体验生活、仔细观察生活的精神加以感受，学会自由、真实地表达出自己的情感。

（五）教学过程

1. 谈话导入，揭示课题

师：在上节课的时候，我们学习了什么内容呢？有没有哪名同学自告奋勇地来说一说？

生：老师，我来说，上节课我们学习了《古诗三首》，跟着作者的脚步一起感受了童年生活的美好。

师：表述得十分准确，今天我们来跟随著名的女作家一起走进《祖父的园子》，来看一看她的童年生活又是怎样的。

教师板书：《祖父的园子》。

师：在进入文章之前，大家先看老师在大屏幕上展示的图片，这个人物便是作家萧红。对她，你们都有哪些了解呢？

生1：她是我国现代著名的女作家之一，以文笔质朴、厚重、清新为人们所喜爱。

生2：她创作一生为我们留下了将近百万字的作品，被鲁迅称作"当今中国最有前途的女作家"。

生3：《呼兰河传》是萧红最具有代表性的著作，也是她对家乡生活的回忆录，是其一生当中主要的作品之一。

……

师：看来同学们在预习的时候搜集了大量与作家萧红相关的资料，这个习惯非常好，希望继续保持。

设计意图：在课题引入环节，教师采用了解作者的方式，让学生对即将要学习的《祖父的园子》有一个清楚的认知；通过对作者生平文本的引入，让学生从整体上把握住作者的写作习惯、方向等，加强了学生对本节课堂知识进行探究的感知能力，提高了学生的探究热情，为接下来更加深入地体验文中情感做好铺垫。

2. 初读课文，整体感知

师：同学们，先用你们喜欢的方式来读一读课文吧，从整体上对本篇文章进行感知和体验。

学生自由朗读。

师：老师看同学们都已经用自己喜欢的方式朗读了课文，现在请你们将生字新词用铅笔勾画出来，并通过查阅字典的方式，联系文章的上下文来识记生字新词。

学生通过查阅工具书，将生字新词的含义标注在课本上，并结合上下文内容去体会。

教师为学生讲解每一个生字，让学生充分理解生字新词的含义，为更加充分地感知文章内容做好准备工作。

师：现在让我们以学习小组为单位进行讨论，找出"作者回忆童年时期在祖父园子里所经历的场景"。

学生自由讨论。

师：哪个小组代表来为大家分享一下？

生：老师，我来为大家分享……

师（总结）：第1～3自然段，描写的是作者记忆中的园子；第4～15自然段，描写的是作者回忆童年时期跟随祖父到园子里玩耍、干活的场景；第16～17自然段，描写了园子内的一切事物都是活的、自由的；第18～20自然段，写的是作者在祖父园子里玩耍，累了可以快乐地入梦。

设计意图：在这一教学环节中，教师通过小组合作、对话交流等方式，让学生初步对文章内容进行感知。在逐步引导的过程中，学生了解了文章的主要内容：在作者记忆中，祖父的园子里有丰富多彩的事物，在色彩鲜艳的园子里，祖父忙于劳作，作者跟随着祖父在园子里玩耍，文章描写的景物是自由的，作者也是自由、快乐的。

3. 研读课文，体验情感

师：祖父的园子里有这样一个女孩，她天真可爱、顽皮爱玩，请你们自主朗读文章中的相关内容，用""标出小女孩都做了哪些有趣的事情，并认真体会。

学生自由朗读。

师：看来大家都已经找出来了，你认为哪件事情最有趣呢？请你来跟大家分享一下吧。

生：我认为作者跟随祖父种小白菜的这件事最有趣，作者跟在祖父的后边，用自己的脚将土窝一个个地抹平，东一脚西一脚地瞎胡闹，甚至将种子都踢飞了。

师：没错，确实很有趣，这个小女孩哪里是在种白菜呀，根本就是在"捣乱"，假设你是文中的小女孩，来为大家将小女孩的调皮劲儿读出来吧。

学生带着调皮淘气的语气朗读。

师：请问你们认为最有趣的事还有哪些呢？

生：我觉得最有趣的是文中小女孩在铲地的时候，她胡乱地用锄头乱钩，分不清哪个是苗、哪个是草，把草当成谷穗留着，把谷穗当成野草锄掉。

师：是的，小女孩哪里是在锄地，根本就是在帮倒忙，有趣极了。

师：同学们请看老师在大屏幕上展示的这段话，你们结合自己的生活经验想象一下，小女孩大喊"下雨啰！下雨啰！"的时候，她的心情是怎样的？

生：激动、欢快、开心、纯真、烂漫……

师：同学们，请你们用品析的方式在小组内互相探究一下，注意把握住文章人物情感的变化，设身处地地加强对文章内容的领悟。

学生积极讨论。

设计意图：在研读课文、体验情感的这一教学环节中，教师采用层层深入的引领方式，从小的描写角度，教会学生把握人物感情的方法。这种对话、合作的教学环节，加强了学生心灵上的感悟，使得学生能够将身心投入到《祖父的园子》这篇文章当中，了解小女孩在园子里玩耍的趣事，并通过小女孩的眼睛看到一幅美好的生活画面，升华了学生整体的情感。

4. 回归全文，领悟写法

师：小女孩在园子里调皮、捣蛋，祖父对小女孩是怎样的态度呢？让我们一起回顾一下全文，来感受一下吧。

师：从"慢慢地"这个词语中，我们能够体会到祖父对小女孩的情感是"慈爱"的。

师：让我们品读一下祖父的三次笑，从"大笑起来""笑够了""还在笑"这三个"笑"当中，你们读出了什么？

生：读出了慈祥、和蔼、疼爱等多种感情。

师：大家说得都比较准确。可见，在祖父的眼里，小女孩的存在就像是一个"开心果"，祖父并没有因为小女孩的捣乱而生气，而是以慈爱的态度对待小女孩。

师：我们来思考一下，作者是怎样将祖父的情感表达得如此生动的？又是通过怎样的描写方式描绘出最真实的场景来吸引读者的呢？

师：大家以合作讨论的方式，结合文章内容进行思考，找寻答案。

师（总结）：想要将真实的情感传递出来，要有一双敏锐的善于观察生活的眼睛，以及有一颗认真感受生活的心。本篇文章中的情感之所以如此真挚，是因为作者是一位有心之人，可以细心观察生活中的人、物、事，并表达出来。

设计意图：这一回顾环节的设计，是对前面教学内容的补充，让学生能够以统筹的眼光看待所阅读的知识，从而产生更加深刻、生动的阅读印象。教师在对作者用心观察事物的分析中，为学生的写作指明了方向，

让学生清楚地知道想要创作一篇饱含真实情感的文章，必须从生活中的细微之处入手，融入真实的情感，才会让作品更加吸引人，呈现出真实的感觉。

5. 布置作业，拓展延伸

师：轻松愉快的一节课马上进入尾声了，让我们齐读一下本篇文章吧。在齐读的过程中，注意生字新词的读音，注意语气、语调的变化。

学生齐声朗读文章。

师：我们已经对"祖父的园子"有了深刻的感悟，你们知道还有哪些文章是写童年生活的吗？

师：老师听到有同学说高尔基的《童年》。很好！这确实是一本描写童年生活的书。课后，老师要求大家读一读《童年》这本书，将你们阅读的感受写出来。

设计意图：拓展延伸环节主要是基于现有的教学内容，让学生进一步升华情感，逐渐完善对自我阅读学习的认知。此外，教师将《童年》这本描写童年生活的书籍推荐给学生阅读，让学生对童年有一个更加清晰的认知，并通过写阅读感想的方式，将自己的所思、所想表达出来，对学生语言表达能力的提升有着至关重要的作用。

（六）教学反思

在教学《祖父的园子》这篇略读课文时，上课初，教师以介绍作者萧红的方式来引发学生对本节课深入学习的兴趣。接着，教师以问题引导的方式，让学生自主参与到对文本内容的研究当中，使其对文章中的情感、内容、写作特点等进行充分的感悟。《祖父的园子》这篇文章的语言十分幽默，又富有诗意，教师通过引导学生用心体会"作者对祖父的园子感情浓厚的原因"来激发学生的情感，使学生在阅读中能够结合生活经验融入一些自己的感想，激起学生对童年生活的热爱之情。

第四章

析语文美·润童稚心

——信息技术

第一节 信息技术与小学语文阅读教学

一、信息技术应用于小学语文阅读教学的价值追求

语文阅读教学，实际上是通过调动学生已有的知识和经验，在兴趣的推动下，让学生的思维进阶到更高的层次，完成对文本内容的深层理解。随着信息技术的发展，学生的阅读学习摆脱了只能依赖传统纸质书籍的局限。凭借投影仪、多媒体、白板等信息化的辅助教学工具，学生更加自在、深入和轻松地进行阅读学习，以"文"润心，传承中华民族优秀文化的瑰宝，以"字"启智，遨游于语文知识的海洋之中，不再受到传统教育资源难以获得的约束。在信息技术的背景下，各种各样的阅读素材唾手可得。

信息技术应用于小学语文阅读课堂教学，多以辅助教学工具的形式存在，强调的是辅助教师更好地完成教的任务，如通过多媒体直观地呈现文本内容，将故事情节生动、形象地展现出来；通过慢放功能，让学生更加清楚地理解瞬息变幻的景象；等等。后来，与信息技术相融合的课堂教学，强调的是为学生营造出轻松、新颖、欢快的教学环境，推动学生在学习中获得良好的情境体验。在信息技术支持下的阅读课堂教学，变得更加富有情境，不但启发着学生的思想，而且帮助学生便捷地获取信息，学生在交互、探究的阅读过程中，用心品读文本中的意蕴，欣赏文中的美景。

调查发现，多数语文教师认为，语文学科与信息技术的关系，与其他学科相比较，关联性较小，听说读写的教学，跟信息技术毫无关系。但

是，信息技术对教育事业的推动作用，要求教师具备与时俱进的教育思想，探究符合新时代教育理念的教学策略，让课堂变得更加丰富多彩。在以往的语文阅读教学中，教师很难通过直观的判断掌握学生对语文阅读的学习状况，一般认为只要学会汉字、熟读文章便是掌握阅读学习的精髓了。其实，阅读学习是一个繁杂和内隐的过程，单纯片面地对其效果进行评判，无疑是一叶障目、自欺欺人罢了，对促进学生提高阅读水平帮助不大。在这种情况下，融合了信息技术的阅读课堂，为学生构建了一个灵动的探究空间，让学生在教育与科技的结合下，快速抓住文章主旨，改变自身对语文阅读学习的态度。

语文阅读课堂的教育质量，不再简单地凭借"一张纸"上的成绩来衡量，而是注重观察阶段性的学习成果，对多方面的信息进行收集、整理和分析，基于具体的数据来对学生做出准确、全面的评价。在信息技术引领下的课堂教学中，教师可以通过信息技术的信息储存和运算功能，将精心收集的学生信息数据化，并将其植入过程性的评价当中，从而精准地对学生进行评价，使评价呈现出多元、开放的特点。除此之外，在进行过程性评价时，教师可以对每个学生的学习态度和行为进行监控，以新型的评价模式，构建一个个性化、多元化的课堂。

可见，信息技术融入课堂教学，是当前教育教学中的重要改革措施，有助于教师更加准确地判断何时加入信息、获取信息、使用信息。在庞大的社会信息系统中，阅读文本不再是枯燥、无趣的状态，而是通过融入大量的教育素材，将其以学生最为喜欢的方式呈现出来，进而开阔学生的视野，洗涤学生的心灵，启迪学生的智慧。这种融入信息技术的教育模式，不但能让阅读课堂变得丰富、有趣，还能让学生在阅读学习中投入更多的精力，在趣味品读和艺术欣赏中，品历史、长见识、润心灵。学生在认识到信息技术在阅读学习中存在的价值以后，会积极主动地自行探索信息技术的多种学习空间，能够批判性地从网络上获取有用的阅读资源，养成创新型的阅读学习习惯，进而影响其终身成长。

二、信息技术应用于小学语文阅读教学的主要表现

语文课堂教学是让学生产生思考的过程，需要让学生完成由抽象思维到形象思维的转化，从直接感悟和理解中用心体验。学生要想进入形象思维，完成心灵的浸润，必须透过语言文字的表层含义，精准找到深层次内容，抓住核心思想，向着更加深刻的精神领域进行建构。

例如，教师在为学生布置《墨梅》这首古诗词的预习作业时，让学生通过下载表格、填写表格的形式，完成对"砚""痕"两个字的学习，感悟诗人鄙薄流俗的情怀，以及诗人不向世俗献媚的高尚情操，并且让学生能够结合信息技术了解《青松》《梅花》《竹石》三首古诗的意境，欣赏"岁寒三友"的品格。在教师布置的预习任务中，学生通过互联网积极搜索与任务相关的学习内容，并能够自主完成任务表格的填写，为后续真正开展《墨梅》的教学做好知识和情感的铺垫。

通过完成以问题为主的预习任务，学生可以通过信息技术自觉地了解更多的阅读信息，将思想聚焦于问题探究之中，让思维朝着更深层次的方向拓展，使得语文知识在心中得到发酵。课堂教学仅仅教会学生知识和技能是不够的，更重要的是让文化内容、精神、意境深入学生内心，使其能够在对信息进行辨别、分析的过程中，透彻领悟语文学科的魅力。信息技术的融入，真正满足了这一教学需求，改变了传统教学中以写和说为主的教育形式，给学生提供了更加宽广的探究空间，加快了知识与思维建构的过程。

学生的学习效果与好奇心有着直接关系，而好奇心与课堂教学的时间呈反比例关系，即随着年级的增高，学生的好奇心逐渐减弱。结合这种现象，信息技术与课堂的深度融合，为现代化教育教学提供了新的机遇，促进了教育结构的根本性变化。诚然，学生的学习目标是统一的，但是实现目标的方法不尽相同，信息技术的融入，使得教师不再照本宣科地为学生解析文本内容，而是建立在学生实际的认知发展规律上，选择适宜的教学内容，改变传统教学的结构，将文本内容有针对性地输送到学生的心中。

具体呈现在阅读课堂上，教师可以通过信息技术为学生构建一个灵动的探究空间，根据学生喜欢的讲解方式，将知识深入、细致、贴切地表达出来，关注学生成长，尊重学生的独特体验。这时，教师的角色发生了巨大改变，教师不再是占据舞台中心的控场者，而是以引导者的身份，帮助学生甄选阅读内容，引导学生用心品析每一个字词、语句和段落。

例如，下面是部编版小学语文五年级上册《桂花雨》的教学设计片段：

（1）请学生自主朗读文章，以圈点勾画的形式，聚焦文章思想。

（2）学生通过小组讨论的方式，根据文章脉络，绘制属于小组内部的思维导图，教师对各个小组的作品进行拍照，整合到多媒体中。

（3）每个小组派出一个代表，根据教师播放的本组思维导图，为大家分享设计思路。

（4）教师通过教师评价、学生互评两种评价方式，强化这一教学环节对小学生阅读学习的影响效果。

对话是开启文本理解的基础，在自主学习与合作探究中，学生能够获得独特的阅读体验，通过思维的碰撞，一步步完成知识点的堆砌。教师结合信息技术将思维导图直观地呈现出来，加强学生积极分享和讨论的欲望，使其参与到深度对话当中，真正将析语文美·润童稚心的阅读价值落实到每一个学生。这种环环相扣的教学模式，因为信息技术的融入，迸发出新的生命力，促使学生在开放的学习环境中，不断去探究和发现，用心感悟和体验。

飞速发展的信息技术，为课堂教学提供了交互式的学习模式，突破了阅读教学的时空限制，增加了阅读教学的乐趣，真正丰富和拓展了阅读教学课堂。在融入了信息技术的教学环境下，阅读的氛围更符合学生的身心成长情况，帮助学生与文本和作者进行对话。信息技术融入阅读课堂教学的形式多种多样，如学生可以通过App的多种功能，在极具真实感的情境和体验中，完成对文本意蕴的提取；在视频、动画的直观呈现下，学生投入到阅读学习之中；学生利用各种移动终端，完成信息的交流和互动，及时上传作业；等等。

第二节　信息技术应用于小学语文阅读教学的探析

一、理论依据

教育部在2016年提出，信息技术融入教学的核心是通过信息技术实现教学的创新，引领教育体系不断地变革和发展。信息技术融合下的语文阅读课堂教学，与传统阅读课堂教学相比，主要有三个层面的变化：一是教育形式的优化。语文阅读课堂教学，需要教师与学生之间的紧密互动，师生在相互协调、合作下，完成最基本的教与学。信息技术融合下的教育环境中，围绕着学生身心发展规律，诞生了新型的教育模式。学生能够摆脱时间和空间的限制，在课内、课外、校园、家庭随时随地与教师和同学进行互动，这有利于学生个性化的学习。二是学习环境的建构。现阶段，很多学校都将信息技术设备、高端网络等纳入基础教学建设的范畴。这样，阅读教学的时间间接地得到了扩展，不再局限于课堂教学固有的四十分钟。结合信息技术，将教学资源整合起来，为无缝教学提供了技术和平台上的支持，让线上、线下教学形成一个整体。三是师生共同的进步。语文教师使用信息技术构建多元阅读课堂，在设计教学环节中不断增进教学经验，获得与时俱进的教育思想。学生作为信息技术融合下阅读学习的主体，可以充分享受信息技术的各种优势，不断地浸润心灵。

信息技术融入课堂要遵从建构主义。建构主义理论提倡的是，语文知识是在一定的情境建设中传递给学生的，而不是由教师直接告诉学生的，需要学生结合自身经验完成对知识的建构。简单来说，建构主义理论要求教师通过引导，围绕着学生个体的发展情况，构建一个情境式的阅读课堂，让学生在自我认知和探索中完成学习活动。在这一过程中，教师要尊重和认可每一个学生，鼓励学生用自己独特的理解方式完成对知识的建构，而不局限在某个特定的学习标准当中。根据这一理论，要想将信息技术融入阅读教学，教师就要结合信息技术创建一个个符合学生认知的阅读情境，并通过组织多元教学活动，指导学生通过交流、探究等形式完成对知识的建构。在小学生主动对文本内容进行建构时，信息技术的融入，可以让建构过程更加丰富和有趣，使得学生在浓厚的学习兴趣下，将知识内化到自身的学习体系当中，更加快速地完成阅读教学的目标。

信息技术融入课堂要遵从系统论。系统论的观点认为，将不同种类的要素融合在一起，建立彼此之间的关系，可以改变系统原有的功能，其原理是打破原有要素间比较封闭的关系，实现各个要素的优势互补，进而发挥出更加积极、有效的作用。信息技术融入阅读课堂教学，在系统论的思想影响下，教师可以用辩证的思维来研究多种教育要素之间的关系。这种理论强调的并不是用信息技术替代传统用手板书、用嘴讲课的组合模式，而是将信息技术的理念融合到分析教材、备课、上课、评价等多个环节当中，寻求阅读教学与现代信息技术最佳的结合方式。

目前，信息技术融合到阅读课堂的模式是多方法、多概念和多层次的。在二者动态的深层融合模式下，文本知识变得更加有趣，阅读课堂变得充满活力。在这种教学形式下，学生可以在思考、探究、运用中获得丰富的体验感，逐渐从被动认知过渡到感性认知，用心品味文本中的深层含义，完成系统化的阅读学习。这种教学形式强调的是实现学生的共同发展、长期发展、特色发展，即帮助学生在统一、整合的阅读学习模式下，提高语文阅读学习的综合素养，而不是短期的限制性发展。

二、基本原则

信息技术融合下的小学语文阅读课堂，虽然具有多种多样的教学模式，但都秉持着相同的原则。

首先，打破教学空间的局限性。在时代的不断更迭中，信息技术无声无息地发展着，逐渐进入了教育领域，影响着多种教育活动的发展。信息技术的融合，优化了学生在阅读学习中的探究方式，契合新时代对人才的要求，符合学生的认知特点。信息技术在阅读课堂上的融入，拆除了教室的"围墙"，让阅读教学不再局限于特定的场合，学生也不是只有教师这一个获得信息的渠道。信息化的教育模式，让时空的壁垒逐渐倒塌，突破了空间的限制，给教师和学生更多的思维碰撞的空间，在交互性比较强的信息化资源的拓展下，为小学生的个性化、多元化的阅读学习提供了新的机遇。

信息化的教育资源，是学生真正可以看得见的阅读内容，它与传统教材的文本内容不同，不受限于时间和空间，丰富了阅读资源分享的途径，对实现析语文美·润童稚心的教学价值起到了至关重要的作用。教师和学生都可以在信息技术的融入下跳出固有的"围城"，接触更加广阔的世界，在开放的学习环境中获得发展。例如当前比较提倡的微课教学，教师可以通过信息技术来录制课程，在网络上观摩和学习相关教学视频，搜索大量的信息资源，作为微课视频制作的支撑材料，将教学重点和难点整合到十分钟左右的小视频中。在完成教学以后，学生如果对课堂上的某个知识点理解得不够透彻，还可以使用多种移动设备对微课视频进行重复观看，在复习、巩固的过程中，加强阅读学习的效果。这样的教学方式，可以让阅读教学由课内延伸到课外，拓展了教学空间。由此可见，信息技术在阅读课堂上的融入，为学生构建了一个多元探究的学习环境，能够打破空间的限制，帮助教师和学生共同成长。

其次，阅读课堂教学过程的最优化。信息技术融入课堂之中，教师要根据学生的实际情况、教学内容、教学条件等，灵活地选择最佳方式。在符合学生认知规律和教学特点的基础上设计出来的教学过程，让阅读文本与学生的思维更加紧密地结合到了一起，提高了课堂教学效果。换一种方式说，信息技术与阅读教学的融合，应当从整体发展的角度来设计教学过程，通过对学科特点的分析，对小学生的实际情况的分析，在明确的问题引领的主脉络下，完成教师与学生之间的互动，通过多种促进感官协调的阅读活动，让语文文本中的情感、精神、意蕴流露出来，实现教育过程的最优化。但是，信息技术融合下的阅读教学，并不是对传统教学的全然否定，而是汲取传统课堂上的教学优势，进行课堂教学的改革、创新，用辩证发展的眼光构建高效阅读课堂。

最后，以培养学生的多维阅读能力为导向。新课改强调课程教学的三维目标是相互联系和渗透的有机整体，是提高学生多重素养的侧面影响方式。因此，从三维目标的实现和培养高素质人才的角度来看，信息技术的融入，应当以新课改中提倡的课程目标为基准，为社会培养具有创新能力的高素质人才。在实践的阅读课堂教学中，教师要充分结合信息技术丰富教学资源，拓展教学形式，坚持"以生为本"的教育理念，引导学生积极思考、认真想象，透过每一行文字，用心感受文本所表达的深层内涵，让自己的情感与作者的融合到一起，不断提升想象力与创造力。需要注意的是，在信息技术融合下的阅读课堂教学中，教师要避免盲目借助信息技术的直观、形象特性来替代学生的想象力和思考力，也不可盲目使用信息技术影响小学生的个性化判断能力，只有这样，才能真正发挥出信息技术在课堂上的积极作用，实现最佳的教学效果。

阅读教学的目标是让每一个学生都能用心读书、用心感悟，信息技术的融入也应当遵循这一目标，服务于学生的个性化发展，以及多维感知能力的提升。由于每个学生的成长环境、兴趣爱好、知识储备等不同，信息技术在融合过程中要兼顾各个层次的学生发展情况，让阅读课堂变得开放起来，用多元的评价标准促进每一名学生的成长。这样，学生可以在自己的"最近发展区"内，根据自己的实际情况积极、主动地获取文本信息，完成知识和情感体系的建构，更好地生活和学习。

三、主要思路

根据当前的教学目标，"教"是服务于小学生个性化的发展的，学生是阅读学习的主体，教师的"教"必须以促进学生的"学"为目的。在信息技术的融合下，语文教师的教学理念应该从过去只是简单地考虑"怎样教"转化为如何用信息技术启发学生的思考；学生也应从以往单纯地阅读学习转化成怎样应用信息技术的多种工具主动探究、思考和运用知识，实现情感上的升华。

为了将析语文美·润童稚心的教育价值落到实处，培养学生在阅读学习中的创新精神和实践能力，教师需要对教材进行分析，提炼有用的教学内容，完成整合，用符合学生认知水平的方法进行教学，帮助学生在阅读学习的过程中形成健康的情感及观念。此外，教师还要适时地在教学实际中渗透先进的教育思想，让学生改变以往只是单纯接受阅读知识的认知观念，能够运用发展的思维，积极、主动地投入到相关学习当中。信息技术与课堂的融合，不仅要关心学生对阅读文本的探索和发现，还要着重引导学生及时梳理阅读思路，探究文字之间的内在联系，不断挖掘语文的魅力。对此，语文教师要善于从教学设计入手，精心设计，为学生创设出适合发现问题和研究问题的教学情境，鼓励学生积极参与到探讨中，发现阅读文本的教育本质，在反思和重新建构中养成阅读学习的良好习惯。

新课程改革的核心是构建"以生为本"的教育体系，关心每一个学生的发展情况。语文学科是一门工具课，富有浓厚的人文教育内涵，实践性很强。信息技术融入语文课堂的教学之中，不是单纯地追求课堂教育形式的多样性，也不是让学生随心所欲地标新立异。语文教师必须用创新发展的眼光辩证地看待教材，不拘泥于特定的解读模式。每个学生对文本内容思考的角度不同，认知结构也有所差别，这就要求教师在课堂上兼顾所有层面学生的发展情况，运用开放性的教学理念实施教学活动，科学、多元地评价学生的表现，让教学过程和结果都具有灵活性，帮助学生用他们自己喜欢的方式完成对知识的建构，实现心灵的洗涤。品析语文，需要学生在一定的价值取向下将自己个人的情感与文本结合在一起，加强阅读学习的体验，丰富现有的认知结构。掌握信息技术融合下的阅读教学方法，最重要的是将直观性和发展性的阅读思维传递给学生，用创新的教学模式引领学生健康成长。

随着教育改革的实施，教学资源成为一个十分重要的改革突破口，逐渐进入语文教师的视野。课程标准中指出，尽量满足各个地区、学校、学生的发展需求，建立符合时代发展的课程目标，积极开发与之相契合的教育资源。反观现阶段提倡的教学思想，我们可以发现教师本身便是一种重要的教育资源，关系着语文学科教育资源的甄选、开发和使用。教师自身的知识储备、情感认知、行为态度、个人魅力和价值观念等，都影响着对教育资源的开发和使用，决定着教育资源发挥出的教育作用。对此，要想实现教育资源的强化，必须将语文教师的自主性和创造性激发出来。

学生是教育资源的使用者，也是教育资源开发的参与者，学生具备的知识、经验、习惯、兴趣等都可以成为教育资源。在信息技术融入课堂的教育背景下，学生获取信息的途径变得多样化，学生彼此之间的沟通和探究显得尤为重要，教师要着重培养学生自主、合作、探究的学习理念。在课堂教学中，教师要运用自己的教学经验，调动起学生对阅读知识学习的积极性，触动学生的多个感官，在开阔学生阅读视野的同时，增强其感悟水平，给予其多方面阅读学习的指导。

评价在与信息技术融合的语文教学中，具有非常重要的作用，评价的最终目的不是证明学生的学习情况，而是帮助学生提高其阅读学习水平。对此，语文教师要善于使用信息技术，结合现阶段语文学科的教学目标，对学生在阅读学习中各个方面的情况做出准确、客观的衡量，推动学生的前进和发展。在课堂评价中，教师要善于从多个角度聆听。评价过程是为了缩小教学现状与目标的差距，提高学生素养，以达成一致性发展方向的过程。

早期，语文教师主要通过考试的成绩来评判学生阅读学习的情况，这种评价模式让学生形成了错误的认知，一味追求高成绩来证明自己的阅读能力。现在，在信息技术的融入下，教师可以借助多种多样的先进评价工具作为对传统评价形式的补充和创新，更好地记录、整合和呈现评价数据。通过这种信息化的评价方式，教师可以深入学生内心，充分了解学生的身心发展情况，以便更加有针对性地激发学生的潜能，帮助其建立正确的阅读习惯。教师经常使用信息技术评价方式，通过信息技术的生成功能，快速、系统地处理庞大的观察数据。在语文阅读课堂上，教师最常使用的是信息化的"电子档案袋"。它完全呈现出了学生的相关信息、学习记录、学习考核、学生自评和教师评价。这一先进、多元的评价模式，能够有效弥补传统评价方式的单一、死板等不足，真正作用于学生的成长过程，使其阅读理解、感知和体验能力得到不同程度的提高，同时实现了教师对课堂教学的实时监控功能。

第三节　语文阅读融合信息技术的教学策略

一、构建情境教学课堂，驱动深度体验

阅读课堂的学习，不单单要对简单字词、语句和片段的含义进行理解，还要对文字表达形式，以及文本中的情境建立深度认知。最佳的教育方式便是在一定的教育情境中展开教学。在这种以情境作为驱动的教育形式中，教师可以积极使用信息技术，从教材内容出发，结合学生现阶段的学习情况，构建具有独特教学意义的课堂情境，为学生提供丰富的辅助性信息资源，不断激发学生的学习热情，使其在探究、感悟的过程中，主动建立情感上的认知结构，从而提高阅读学习的水平。

信息技术与阅读课堂的深度融合，可以充分体现出创新性教学的理念。教师通过多媒体、白板等教学工具，以及在网络上下载的丰富资源，可以为学生创设具有不同教育特色的教学情境，让学生在强烈的好奇心驱动下，自发地参与到对阅读文本的情感领悟与艺术审美当中。在以往的教学中我们不难发现，虽然部编版小学语文教材内容不难，但是有部分文本与学生的生活实际联系不大，这部分文本虽然能让学生理解，但是很难做到让学生从作者的情感出发，理解文本中的情感或情境。针对这种情况，教师通过信息技术的播放、演示等形式，为学生呈现出生动、形象的教学画面，集中学生的注意力，让其进入灵动的学习情境，完成与作者的

情感交流。当学生不能通过已有的经验透彻理解文本内容时，信息技术的参与可以让问题化繁为简，使学生产生想要快速理解的迫切心理，锻炼学生的阅读思维，完成对学生的心灵熏陶。在信息技术引领下的教学情境、师生互动等教学模式下，学生可以认真研究事物的发展特征、规律、关系等，在用心思考的过程中，对阅读情感进行有意义的建构。同时，学生在语文教师的指导下，可以使用信息技术来探索知识，在亲自使用工具解决阅读问题的过程中，能够发生情感的迁移，从而影响阅读感悟，充盈内心世界。

例如，在教学《鲁滨孙漂流记》时，为了让学生产生身临其境的感觉，用心体验文本中的巨大艺术魅力，能够赏析文本中的美词佳句，获得对自然、人生和社会的多重启示，语文教师通过使用信息技术为学生展示了一个直观、生动的漂流画面：以视频播放的形式，将鲁滨孙漂流中的部分画面呈现出来，带领学生冲破时空的束缚，使其仿佛站在鲁滨孙和星期五的对面，有一种置身于孤岛之上的感觉；同时，配合音乐节奏、韵律的跌宕起伏，让学生扮演鲁滨孙的角色，站在故事人物的角度，一边表演一边为大家解析文本内容。在视觉和听觉双重享受下，学生对《鲁滨孙漂流记》有了更加深刻的感悟，能够深入解读文本中的故事情节和人物命运，从鲁滨孙的身上学会了不畏困难、积极乐观和顽强生存的美好品质。在课后，教师可以安排学生观看《鲁滨孙漂流记》的故事情节，鼓励学生利用身边比较常见的手机、电脑等信息化工具，通过搜索的形式完成观看任务，从而对故事的发展和人物形象有更加深刻的感悟，从中获得启示。在这种信息技术融入情境课堂的教育模式中，教师不是为了"使用"信息技术而组织教学活动，而是要结合教材内容和学生特点进行分类、选择，让多媒体充分发挥出营造真实意境的功能，启发学生思考、激发学生兴趣、丰富学生认知、推动文本渗透等，让情境直达学生内心，让课堂教学呈现最优化。

二、引导多种感官参与，丰富认知体验

心理学家曾经指出，将学生的多种感官引入到学习当中，能够加深知识、情感等在学生脑海中的印象，使得学生根据信息在脑海中留下的印记进行思考，提高学生对学习内容的记忆能力。信息技术融合下的小学语文阅读教学，能够让静态的阅读学习变为动态，让抽象的文本内容变得具体起来，可以将微观世界放大成宏观世界，在声文并茂的阅读形式下，让课堂教学模式变得生动和活泼。在这种虚实结合、动静皆宜的教学模式下，学生可以充分调动起多种感官，积极参与到阅读学习的活动当中，不断强化体验和感知能力，对文本内容、精神、情感等有多角度、多层次的认知。

例如，《田忌赛马》的教学可以分为以下三个阶段：

阶段一，激发学生的好奇心，让学生产生对本文故事情节深入了解和学习的积极性。教师在这一环节中，借助多媒体呈现动态视频和图片的功能，为学生引入了多个赛马的视频片段，让学生对本篇文章故事发生的历史背景、人物角色、比赛形式有一个基本的认知。在结合多媒体的趣味教学驱动下，学生建立起学习本节课知识的基本框架，同时对"赛马"有了更加清楚的认知，为接下来更加深入品析《田忌赛马》奠定了浓厚的情感基础。

阶段二，在学生初步了解赛事、人物关系、发生时间等背景因素之后，教师带领学生通读文章，扫除阅读障碍，学会最基本的"扫兴""挖苦""轻蔑""讥讽""夸耀""垂头丧气""胸有成竹""目瞪口呆"等生字新词，紧接着，通过电子平板播放与本节课堂教学一致的动画视频，生动、形象地为学生展示整个赛马过程，让学生通过观看了解到由于不同水平的马匹出场顺序的不同，比赛结果也不同的道理。在观看过程中，学生的思绪跟着动画视频中的故事情节不断变换，能够清晰地解读出孙膑设计的高超的赛马计策对转败为胜的重要作用。可见，信息技术的融

入使得原本枯燥的课堂教学变得生动、活泼起来，能调动学生多种感官参与阅读学习的同时，还能引发学生用心思考、积极动脑、认真观察，使其由被动听讲的学习模式转变为主动，加深了其对文本故事情节的理解，使其对孙膑的足智多谋不由得发出赞叹之声。

阶段三，反思回顾。教师可以利用多媒体选取、移动等功能，用不同的图形代替不同水平的马，让学生通过亲自操作更加深刻地理解孙膑的计策，加深故事在小学生脑海中的印象。教师在准备好多媒体设备和投影设备以后，鼓励学生先以小组的形式自行进行模拟练习，掌握各个赛马场次不同马匹的出场顺序，然后以抽签的方式选出每个小组进行演示的顺序，让小组代表通过多媒体移动不同标记的图案，为大家进行演示。全班学生通过投影仪都能进行观看。在这个过程中，教师引导学生之间互相监督、评价，使这一阶段的教学氛围变得活跃起来。在这一教学活动的组织过程中，教师并不是旁观者，而是有耐心的指导者，即帮助学生的思维一直处于正确的思考方向上，并统筹管理课堂秩序，避免过于宽松的教学环境导致部分学生出现"浑水摸鱼"的现象。

通过对本次教学案例的回顾，我们可以发现，信息技术可以作用于课堂教学的多个阶段，让语文阅读教学从单一的教师讲解形式中脱离出来，改变了原有的教育模式，给学生全新的学习体验。与传统课堂上的被动学习相比，学生更喜欢在信息技术营造的趣味课堂上进行探索，从而调动起多重感官积极思考文本内容，用心品析每一个故事情节，建立起对语文阅读学习的自信心。基于此，语文教师要善于结合信息技术的多种先进功能，更加充分、系统地将阅读内容呈现出来，扭转以往阅读课堂学生参与度不高的局面，给学生提供更多可以自由参与探究的机会，提高其在品析文本过程中的学习效果。

三、以高阶思维为引导，促进深入理解

阅读课堂教学要有目的地培养学生的高阶思维。教师的责任是帮助

学生提高分析、评价和感悟能力，为其深入理解文本做好准备。高阶思维的具体表现是：在阅读学习中，学生可以呈现出高超的应用、鉴赏、评价和创新的能力，用心享受一种幸福、完整的阅读过程。阅读教学依托于教材，在现有的文本资源中，为学生展开以语言为主的教学活动，通过听说读写等训练方式，让学生的思维和文本内容紧紧地联系在一起，使其在兴趣的驱动下，自主投入到感知、理解、思考和吸收的过程当中，从而润泽生命、启迪智慧。以下以部编版小学语文教材四年级上册《一只窝囊的大老虎》的教学实录片段为例，展示怎样在实践教学中应用这一策略。

（一）提出质疑，研究文本

师：我们一起来分析一下大家对这篇文章存在的疑问。老师已经将大家的问题进行了简单的分类，整理出大家问到最多的六个类型的问题。这些问题里面哪些是你自己提出的？简单说一说，你是通过怎样的形式来提出疑问的？

生：我问的是第三个问题，饰演大老虎失败的原因是什么？我是从题目"窝囊"产生的疑问。

师：很好，其他同学还有别的想法吗？

生：我是根据文章中老师和饰演"哥哥"的小朋友之间的矛盾点产生的这一问题。

师：你认为的矛盾点是什么呢？

生：小朋友坚持认为扮演老虎要有"豁虎跳"，而老师却持有不同意见，认为没有"豁虎跳"也可以完成表演。

师：与这类似的矛盾点还有哪些呢？

生：一直听老师指导的"我"却演出失败了。

师：你们提出的质疑都非常好，老师在备课阶段与你们有着同样的问题——"我"正式演出时演"砸"了的原因到底是什么呢？

在这一教学实录中，教师结合信息技术，通过白板将六大类问题，直观地呈现在学生面前，一边印证的同时一边勾画记录。"问题"的出现

能够帮助学生找到引发思维的基本元素，是从低阶思考过渡到高阶思维的切入点。在课堂教学中，教师要善于启发学生思考"为什么""怎么样""是什么"等一系列问题。例如，读完文章让你印象最深的是哪句话呢？为什么？你能从中获得什么启发呢？如果你是文中的主人公会怎样去做呢？这些层层递进的问题设置，可以让学生从多个方向感悟文本，有利于其思维进阶。信息技术与课堂的深度融合，用问题作为驱动，贯穿整体阅读教学的脉络，让阅读内容变得问题化，可以提高学生在阅读学习中的参与程度，加快培养学生高阶思维的速度。

（二）尊重差异，创新引导

师：同学们，我们已经明确了问题，那就围绕这些问题开始学习吧。快速浏览一遍课文，你们认为"我"表演失败的原因是什么呢？把你们的想法通过在反馈器上投票的方式告诉老师。

师：选择"笨拙表演"的有23人，选择"情绪紧张"的有21人。看来大家存在不同的意见，现在让我们重新回到文章中，寻找能说服对方的依据吧。①用勾点圈画的方式，在重要观点旁边进行简单批注。②大声分享，加入自己的理解，让自己的观点更有说服力。

信息技术在这一教学环节的运用，能够提升学生进行自主阅读学习的兴趣，尤其是反馈器的使用，给学生一定的自主选择权，使其更加积极地参与到阅读学习当中。在教学过程中，教师要求学生在个性化的思维模式下积极参与探究过程，加强了学生对文本的理解和感悟。在传统阅读课堂上，学生的思维多被局限起来，学生按照教师的引领方向进行思考，毫无个性化可言，在这种封闭式的学习模式下产生的疑问，很难被教师捕捉到，这使得教师所选择的问题并不一定适合现阶段的学生发展。

（三）品文析字，深入感知

生：我认为"我"表演失败的原因是"笨拙表演"。我勾画出的词语是"哄堂大笑""脸上一阵热""窝囊"。我认为这些词语从侧面表现出我在表演时候的笨拙动作，引发了他人的哄笑，这是表演失败的直接原因。

师：你的总结十分到位。你能有感情地为大家朗读出这段话吗？

（学生按照要求读完文章片段。）

师：还有没有别的同学有不同的观点？

生：我认为失败的原因是"情绪紧张"。我标注出来的词语有"记不起来""满脸都是汗珠"。这些词语说明"我"是紧张的，完全不知道自己在做什么。因此，心理因素才是"我"失败的主要原因。

师：你的总结也非常准确。是的，每个人都有不同的看法，只要言之有理都可以。

教师在这一教学环节中，根据学生不同的表述，为学生通过多媒体展示不同的画面，让学生的思考更加连续和具有说服力，同时将学生的表达内容同步勾画在课件上，更加直观地呈现出来，真正挖掘到问题的本质。学生能够从固有的思维中跳出来，结合自己的生活经验进行理解，从不同角度解析问题，实现了学生内心与文本内容的建构，在思维碰撞中这一过程更具创造性。需要注意的是，语文教师在引导学生进入阅读以后，要成为助力者，帮助学生完成思维的构建，完成心灵与文本之间桥梁的搭建。在教师的不断推动下，学生感受到语文阅读学习的魅力，思维始终处于高速运转状态，从而更加深入、丰富地领悟文本内涵。

四、灵活运用翻转课堂，提高多维能力

信息技术的融入，颠覆了语文阅读课堂的传统模式，在翻转课堂中引发了教学结果、课程形式、师生角色等多种变革。在这种课堂学习模式中，学生掌握了阅读学习的主动权，可以在有限的学习时间内高效探究文本、解决问题，实现心灵的洗涤；而教师改变了以往一直讲课的做法，将精力节省下来，致力于管理学生、评价学生以及督促学生的教学方向。这与我们经常说的合作学习、探究学习、混合学习有着异曲同工之妙，但在组织教学活动上更加灵活，可以充分调动起学生的阅读热情，能从根本上改变阅读教学以教师为主、目标单一、学生被动的情况。融合信息技术的

课堂教学，更加符合学生的认知情况，其以直观展现的形式让学生的思维与文本建立起联系，有助于训练学生灵活的思维能力。语文教师提前对问题进行了梳理，选择更具有代表性的问题引入课堂做重点分析，结合信息技术更加准确地抛出问题，引发学生思考，扭转了以往学生过度"依赖教师"的教学局面。

课前的任务是对现有的学生情况进行准确分析、诊断，找准即将突破的教学目标。在传统的阅读教学模式中，语文教师往往会将精力更多地集中在课中教学设计的多个环节当中，以教师为主，用"教"推动学生的"学"。而在信息技术融入下的翻转课堂，更加强调学生的"学"，尤其是在课前阶段，让学生根据教师提前布置的预习、自主学习等任务要求，完成知识的储备，通过查阅、搜集等方式掌握基础的文本知识。在此基础上，教师使用交互性比较强的网络资源，对文本中不太确定的地方进行思考，产生疑问，为后续的课堂学习总结更具有学习意义的问题。基于此，语文教师对待教材中的每一篇文章都要积极做好准备工作，通过信息技术收集、下载大量有关教学资料，仔细研究文章内容，根据学生的学习情况合理制定现阶段的教学目标，为学生清楚地梳理课前自主学习的任务。例如，教师利用APP中汉字通关、朗读检测等多种功能，让学生通过趣味游戏活动学习文章中的生字新词；将提前制作好的微视频发给学生，让学生能够在观看中初步了解即将要学习的文章内容；通过各种终端设备的沟通功能，检测学生的预习效果，评估学生的学习情况，并通过学生搜集的一些与课堂教学相关的问题点来适当调整后续课堂教学的步调与形式。只有这样，信息技术融合下的课堂教学才可以有效地摆脱形式主义，让以生为主的课堂真正落到实处。

课中的任务是引起学生的探究思考，解决其阅读学习中的疑惑。在课前的预习环节，教师已经了解了学生的学习情况，收集了一些学生难以自主解决的问题。教师首先需要做的是，对学生反馈的疑问进行罗列、分类，将有代表性的问题引入到课堂教学当中，同学生一起探究，对于一些比较简单的问题，或者是学生通过自主学习能自己突破的问题，则可以采用对话分享等形式，让学生自行解决。课堂教学的关键是学生对阅读文本内容和精神的吸收，结合信息技术可以让问题直观展示出来，以问题作为驱动方式，引发学生的积极思考，使其进入深入学习的状态，在思维碰撞中加深对文本的理解，获得心灵洗涤和智慧启发。

课后的任务是通过梳理、练习、检测等形式收集相关数据，完成任务评估。课前准备和课中教学过程中都会出现一些与阅读教学相关的反馈数据，语文教师可以通过数据分析出哪些学生已经掌握了阅读学习的方法，哪些学生处于浅层阅读阶段，需要加深对文本内容的理解。教师通过对这些数据的梳理，有目的、有针对性和差异性地布置课后作业，适当地减少作业的数量，提高作业的质量，契合当前"双减"政策中提倡"提质、增效"的教育理念，避免盲目设计作业内容，给学生造成不必要的学业压力和负担。学生可以通过班集体自主创建的作业平台进行下载练习题目、线上答题、上传分享等，提升进行作业练习的美好体验，从而对阅读文本产生更加深刻的领悟，实现巩固知识与实践练习的目的。语文教师在共享平台上监督作业完成情况的时候，可以结合学生上传的信息，每天挑选出3~5人进行个性化的指导，以激起学生学习的兴趣。

在拓展阅读教学方面，学生可以在相关APP上选择适合自己的读物，在完成自主阅读以后，通过APP自带的闯关游戏，检验自己在阅读学习中的情况。教师可以通过"积分"的方式，对参与度较高的学生进行奖励，以此调动学生主动参与阅读学习的积极性。除此之外，语文教师还可以选择一些与教材文章类似的读物，通过微信、QQ、钉钉等交流工具推送给小学生，使其可以利用课后闲暇的时间进行自主阅读，也可以分享给学生一些与阅读学习相关的视频和图书资料等，让他们自行下载，使他们不断以拓展阅读学习的形式开阔视野，充实内心。同时，教师要建立一些管理机制，在学生完成拓展学习任务以后，引导学生将阅读心得、感悟体会等上传至班级群内，组织学生进行话题讨论，构建一种积极、高涨的课后拓展交流环境。

五、结合虚拟社区探究，加强学生互动

新课标强调要以合作、自主和探究作为转变学生学习方式的突破口，在教师的积极引领下，为学生构建一个特定的教学情境。信息时代的到来为教育领域带来了新的生机，网络上有大量的共享性教育资源，同时，多种多样的信息化教学模式为课堂的交流与探究创建了多种形式。虚拟社区成为师生和生生互动的主要手段，为师生提供了更加宽广、高效的交流平台。

学生用心学习一篇文章的过程，是将多种思维进行结合的过程，体现出个性化和社会化的特点。语文教师要根据学生的特点，结合其现阶段的学习能力，加工和改造教学内容，为学生创设出适合其阅读学习的探究情境，引起学生的思考，使其主动参与解决问题的过程，对文本内涵进行自主探究，萌生新的智慧。这不仅要求教师自身具备处理信息、分析信息的能力，还要求学生根据不同类型的问题找寻多元化的解决策略，加强合作与交流，在互帮互助中实现课堂教学的目标。

在阅读课堂的实践教学中，教师可以根据教材内容，使用探究性问题驱动学生完成任务，让学生以小组合作的方式，利用多媒体、互联网等信息技术，查找问题的答案，将探究结果呈现出来。这种教学模式主要是以学生彼此之间的合作、互动为主，给学生预留出足够的探究时间和空间，鼓励学生通过自主查阅、合作分析、信息共享等形式，深入理解文本内容，解决疑惑。在这种教学活动即将结束的时候，教师结合自身多年的教学经验，融入学生的探究当中，用总结、反思等形式对问题答案进行规范，以及对学生心灵的启迪。

这种结合虚拟社区建立的合作探究式的教学模式，突破了原有阅读课堂机械、单一的教学形式，但是也会衍生出各种各样的问题，如使用统一的教学形式，学生只会被动地接受，显得教学十分死板，而融入探究活动，则会扰乱课堂秩序，部分学生出现"浑水摸鱼"的现象。其实，只要

保持一个度，就能让阅读课堂变得灵动起来，既能达到育人的效果，又能维持课堂秩序，达到事半功倍的教学效果。以部编版小学语文教材三年级下册《陶罐与铁罐》为例，教师可以充分利用信息技术交互性功能，通过建立虚拟社区的方式完成教学任务。

在开始教学之前，教师对所有的学生进行分组，每组选出一个组长，由组长通过线上沟通渠道与教师完成任务对接。接到任务以后，组长实行分配权，为组员分配不同的探究任务，让其自主研究或者合作探究。组长需要将答案汇总并上传至虚拟社区，将研究成果分享给大家。所有的学生都可以使用平板在虚拟平台上进行借鉴学习，并可以通过线上补充的方式完善相关答案。例如，第三组的探究任务是：①故事的主角是谁？你更喜欢哪个主角？为什么？②从哪些词可以看出铁罐看不起陶罐？③铁罐和陶罐各自的命运是怎样的？六名组员两两结合，分别探究这三个任务。在这种结合虚拟社区设定的任务中，每个学生都有与文本进行思维沟通的机会，在这个新颖的交流空间里，学生可以彼此分享和学习，与传统课堂教学中浅议问题的形式完全不同，这种模式可以让文本更加深入人心。语文课堂上的探究不同于科学探究，没有统一、固定的答案，而是让学生通过自己的理解和经验与文本完成对话，从而获得新的感悟和体验，养成独立思考、用心阅读的良好习惯。

语文教师使用信息技术搭建的虚拟社区，为实现合作探究提供了良好的空间。在这一过程中，教师以引领者的身份审视学生的探究情况，鼓励学生大胆地自悟、互享，只需要在合适的时候给予帮助即可，不要以权威者的身份来对学生进行评判。如果出现具有争议、难以得到答案的问题，教师可以将此问题摘取出来，通过多媒体展示给学生，与学生一起进行深入的探究，最终达成统一意见。

第四节　阅读教学融合信息技术的
保障条件

一、构建"数字化"学习空间

信息技术进入课堂教学以后，改变了原有的教学模式，增加了多种"数字化"的教学元素，为学生构建了一个多元、交互的探究环境，其"数字化"的主要构成空间有以下几种类型：

其一，电子白板的使用。一般白板连接的对象是电脑和投影仪，它们共同组成具有庞大功能体系的交互式教学工具，以屏幕显示的方式将内容呈现出来。电子白板的具体使用方式是，将电脑上的图片、视频等画面通过投影仪投射到电子白板上，通过触控功能可以在白板上控制电脑或者进行文字批注等。电子白板可以将声音、影像、图片和文字灵活地融合到一起，是现代化课堂教学中使用得比较多的一种教学形式。学生的思维模式偏向于感性，电子白板所呈现出的直观画面更能够调动学生的阅读热情，让他们以最简单的方式理解文本内涵。此外，电子白板具有各种方便操作的功能，如隐藏、动画、暂停、拍照等，为教师提供新的教学思路和方法。例如，当在阅读课堂上遇到难以用语言描述的知识点时，教师可以通过电子白板的多种功能将抽象知识分解、转化为形象的知识传递给学生，与传统课堂上的黑板相比，电子白板具有更加强烈的视觉效果，有助于学生保持注意力的高度集中。

其二，反馈系统。有的学校也将这种系统称作"学生反馈系统"或"课堂反馈系统"，它是加强教师与学生之间沟通的一种信息化的教学模式，能推动课堂的有序开展。学生可以通过投票器，根据教师的提问，按下按钮，选择的答案会立刻呈现在大屏幕上，节省了大量统计的时间。同时，这种反馈系统会自动生成相关图表，方便教师了解学生的学习情况，从而根据当前学生的学习情况适时调整后续的教学计划，使得教学更加契合学生的身心发展状态。

其三，实物提示机。实物提示机是课堂上使用比较简便的一种信息技术，拥有强大的提取功能，能够将图书、实物、图片等材料通过解析后用讯号传递到电子白板或者投影仪等装置中。比起让学生结合教材直接学习，或将图片转移到统一的学习屏幕上，这种教学方式更能抓住学生的好奇心，使其注意力更加集中在所学的知识点上，对理解和探究文本内容有着极大的推动作用。

其四，笔记本电脑。笔记本电脑是信息技术时代的重要产物，逐渐成为一种必不可少的办公设备，具有方便携带、交互性强、操作快捷等多种特性，为课堂的教学提供了新的教学途径。使用笔记本电脑构建的先进阅读课堂使学生的好奇心被充分调动起来，使学生沉浸在有趣的画面、音频中，增加了师生和生生互动的机会，满足了学生多种阅读学习需求。一般学校为了避免杂乱的信息干扰学生的视野，会统一在学校配备的笔记本电脑中安装系统，笔记本电脑中只有特定的与学习相关的软件，辅助于阅读课堂的教育教学，同时保存大量的学习数据，方便学生的个性化学习活动。

其五，互动软件。互动软件以电脑作为载体，可以构建一个开放性的虚拟学习社区，实现教师和学生随时随地的线上互动，弥补了面对面沟通的多种不足。互动软件可以为教师的教学与学生的学习提供多元资源，还能够在虚拟社区发挥监控作用，帮助实现"以生为主"的教学模式，帮助学生做好学习规划，使评价呈现出科学、持续的特点。在打破时间和空间限制的学习模式下，学生会自觉地进行自我规划，更加积极、主动地进行阅读探究。同时，教师能用发展的教育思想，让教育科研活动从线下转移到线上，逐渐朝着"数字化"的探究空间发展。当前，互动软件的种类繁多，如智慧课堂、电子书包等，但无论何种形式，都是以服务学生为主。教师要具备兼容理念，将其应用于课堂教学，达到最优化的教学效果。

二、培养信息技术与阅读教学深度融合所需的基础能力

学生想要用心阅读，前提是具备一定的创新和实践能力，因此，学生在日常学习中要有目的地锻炼自己发现问题和解决问题的能力。在个性化的阅读学习过程中，学生既能通过自己的努力掌握基本的阅读内涵，也能在与他人的合作当中建立良性对话，与同伴共同成长。信息技术融入阅读教学，可以为学生构建一个平等交流的学习平台，学生可以利用课后时间反馈学习疑虑，避免了面对面交流的尴尬。

质疑是完成阅读教学的重要契机，为阅读课堂教学的开展提供了思考方向。在不断质疑和解决问题的过程中，学生强化了探索意识。教师作为阅读课堂教学的组织者和引导者，起到控场和监管的作用，防止过于宽松的教育环境让学生过度放松，避免出现嬉戏打闹或者探究的问题偏离到阅读主旨之外的状况。教师还需要注意让学生学会在文章中发现问题，通过表面字眼深究文章内容，真正让语文知识浸润小学生的心灵。在这期间，教师要处理好与学生之间的关系，以及文本与学生之间的关系；要放低姿态，改变权威者的身份，形成"以生为主"的教育观念，帮助学生进行知识的建构；还是避免用自己的理解来代替学生的理解，改变以往"满堂灌"的教育模式，引导学生亲自在文本中感知和体验，以获得独特的阅读学习感受，构建特色的阅读课堂。

在课堂上，学生可以通过反复阅读、梳理脉络、抓住主题等方式来思考作者想要表达的意思，利用身边的互联网学习工具，通过搜索相关文本信息、查阅相关资料等方式来进行深入的探究。学生在自主建构知识的过程中要不断拓展创新意识，提高自主解决问题的能力。教师要为学生创设

合适的情境，帮助学生获得阅读经验，提高学生在阅读课堂上深入探究的自信心。教师可以通过信息化的思维来引导学生，用主动分析、自发思考代替教师直接讲解，给学生一定自我思辨、释疑的探究空间。学生一旦通过自己的努力取得阅读学习的成果，便会由衷地产生强烈的喜悦之情，在自我认同的过程中，将这种情感内化为学习的动力，更加用心地去体验文本精髓。

信息技术与语文课堂的深度融合，需要学生具备合作、分享的探究意识。合作化的阅读课堂的优势在于，能够生成一个探究学习的共同体，使学生共享资源、共同进步。信息技术融合下的合作教学模式，改变了原有的课堂结构，能够充分体现出学生在课堂探究中的核心地位，确保每个学生都能获得发展的机会，重塑其阅读学习的信心。这种教育模式最具代表性的方法便是小组合作，下面以此为例详细分析一下需要关注的事项：首先，教师要把全班学生进行科学分组，即对学生经过一段时间的仔细观察以后，根据其性格爱好、行为态度、学习能力等合理进行分组。其次，各个成员之间能够按照个性化的发展情况明确任务，在相互配合下完成学习任务，优劣势互补，共同进步。最后，教师以完善的评价和监管机制对小组合作模式下的学习情况及时进行评估，让各小组成员始终都能保持高涨的探究热情。

教材是学生阅读学习的基本内容，也是完成课堂教学的重要载体。在信息技术融合下的小学语文课堂，教师要改变传统、范式的教学思想，辩证地使用教材内容，让阅读课堂变得活起来，真正调动起学生的阅读兴趣。教师对教材的解读能力与个人素养、文化储备和人生阅历有着直接关系，如果教师的解读经验不足，哪怕学生具备较高的思考能力，教师也难以实现引领作用。因此，教师在进行教学之前，要拥有进取的心和智慧的双眼，充分发挥出教材的"引子"作用，不仅要读懂文字里面的内容，还要读懂作者的写作意图，从中捕捉"言外之意"，形成自己独特的见解。只有这样，才能让学生实现心灵与文本的沟通，在创造性的学习过程中品味人生，汲取经验。

第五节　阅读教学中融合信息技术的教学实践

一、阅读教学中融合信息技术滋润视觉美：以部编版小学语文六年级上册《狼牙山五壮士》为例

（一）教学背景

立足于信息化飞速发展的时代，传统的以教师"讲"为主要形式的课堂教学已经难以满足新时代学生对阅读学习的需求。在《狼牙山五壮士》这篇文章的教学中，教师有机地融入信息技术教学手段，化单一、枯燥的课堂教学为趣味、生动的课堂教学，更能激发学生探究学习的热情。基于时代背景，在制订教学方案时，教师应当充分考虑学生的行为喜好、性格特点、学习习惯等多种因素，利用信息技术将教材内容以视频、图片等新颖的方式呈现出来，并对本节课知识进行学习探究。

（二）学情分析

新时代的学生在日常生活中频繁接触手机、电脑、平板等电子工具，已经对信息技术的使用轻车熟路。在课堂教学中，他们喜欢在教师创设的信息化场景中进行学习，乐于通过视觉刺激（如图片、音频等）对文本内容进行感悟。小学生的思维能力比较薄弱，对抽象知识的理解能力有限，通过直观的视觉观看，可以更加充分地领悟到课堂教学内容的本质，提高阅读学习的实效性。

（三）教学目标

（1）知识与能力：通过阅读学习，掌握"寇""冀""弹"等16个生字，对"进犯""奋战""转移""全神贯注""斩钉截铁""惊天动地"等词语有正确的理解。

（2）过程与方法：抓住文章中描写语言、神态、动作等细节的方法，能够饱含感情地朗读课文，对课文中描写的狼牙山五壮士痛歼日寇、英勇跳崖的事迹有一个清晰的感悟。

（3）情感态度与价值观：感悟狼牙山五壮士为了掩护主力部队、人民群众，与日寇英勇战斗的精神，体验狼牙山五壮士不畏牺牲的英雄气概。

（四）教学重难点

（1）教学重点：充分抓住文章中描写语言、神态、动作等细节的方法，对狼牙山五壮士奋力掩护主力部队和人民群众的牺牲精神加以感悟和体验。

（2）教学难点：学会"点面结合"的表达方式，对狼牙山五壮士的英雄气概、无私奉献精神加以感悟。

（五）教学过程

1. 谈话导入，揭示课题

师：在我国危难时期，中华儿女中有着许多英雄，他们不畏牺牲与日寇战斗，上演了一出出可歌可泣的不朽故事。

（教师出示课件）

学生按照课件中展示的图片，依次说出"董存瑞舍身炸碉堡""邱少云烈火中永生""刘胡兰舍生取义"……的动人故事。

师：老师要为大家讲一个真实的故事，在抗日战争期间，河北省保定市易县有一座山，名为"狼牙山"，这座山上发生了一件惊天动地、气壮山河的故事。

（板书：狼牙山五壮士）

师：同学们，我们都认识"士"这个字，那么，这个字到底有怎样的含义呢？利用你们手中的工具书来查阅一下吧。

（"士"这个字在古代是对男子的一种美称，只有受人尊敬的人才能得到"士"这个称呼。）

师：请同学们思考一下与"士"字相关的词语有哪些，自由地说一说。

（教师将有价值的词语板书在黑板上）

师：这些词语在含义上有什么区别呢？同学们以小组为单位借助工具书自行研究一下。

学生讨论。

设计意图：在课堂导入环节，教师出示备课阶段准备好的图片，让学生的注意力快速集中在要讲解的《狼牙山五壮士》这篇文章上，让学生的情绪因为英雄故事的引入变得高昂、激动起来，为接下来系统学习本节课内容做好情感的铺垫。紧接着，教师用"士"字为本节课教学奠定感情基调，进一步引发学生情感上的共鸣，帮助学生将情感融入课堂教学当中。

2. 初读课文，整体感悟

教师通过多媒体为学生播放"狼牙山五壮士英勇抗击日寇"的视频，并引导学生认真观看，让学生体会我们的英雄是怎样通过惊天动地的举动来谱写这一壮烈诗篇的。

学生深深沉浸在视频中，感情随着故事情节的变化而发生起伏。

师：同学们现在对照书本聆听这篇文章的录音，重点关注把握不准的字词，一边聆听一边思考，这篇文章描写了一件怎样的事情？是按照怎样的顺序来描写的呢？

学生通过聆听，将生字新词的读音标注在课文旁边，认真思考。

师：现在给大家五分钟的时间，大家进行自主朗读，读完以后跟自己的同桌交流一下感想，讨论在阅读过程中不理解的地方。

师：现在谁能为大家说一说，文章主要讲了一件怎样的事情？是按照怎样的顺序来描写的？文章可以分为几个部分？

生：本篇文章中的故事是按照发生、经过、结果三个顺序来写的，描述的是狼牙山五壮士为了人民群众的安全，以及掩护主力部队，选择和日寇英勇奋战，最后跳崖的故事。

师：同学们的概括能力非常强，老师相信大家已经对本篇文章有了很好的认识了，希望你们在接下来的课堂学习中再接再厉。

设计意图：在整体感知环节，教师结合信息技术播放录音，为学生扫清了阅读障碍，让学生能够自由朗读本篇文章，从而加强对文本内容的理解和感悟。在后半段的环节中，教师通过问题引导的方式，规范了学生的思考方向，引发学生自主阅读，使其在逐段练习的过程中，厘清了文章的脉络，从中清楚地知道了故事情节的发展走向，为接下来更加系统地细读文章奠定了良好的基础。

3. 精品细读，内化情感

师：同学们，通过阅读，你们能够总结出这五名壮士接受了什么任务吗？文章中又有哪些词语突出了日寇的猖狂？请为大家分享一下你们对这些词语的理解。

师：通过讨论，我们能够感受到五壮士的决心、壮志。敌人的数量非常多，而我方只有五个人，文章通过对比的方式彰显了五壮士的勇敢。

师：让我们跟随着作者的脚步，一起穿越到1941年的秋天吧，来到狼牙山前，看一看这五名壮士是怎样痛击敌人的。我们先来看一看五壮士是怎样将敌人引诱到山上的？请你在文章中找出句子，并有感情地读一读。

学生有感情地朗读。

师：五壮士又是怎样痛击敌人的？这里面哪个词语用得好？请你来说一说。

生：从"横七竖八地躺着许多敌人的尸体"这句话中可以看出五壮士一次次地痛击了敌人。"横七竖八"这个词用得非常好，能够从侧面体现出五壮士的英勇。

师：如果你能见到五壮士，你想对他们说什么呢？

生1：五壮士，我想对你们说，是因为你们不屈不挠、奋不顾身的精

第四章　析语文美·润童稚心——信息技术

神，我们才有了现在美好的生活。

生2：在生死抉择的时候，你们义无反顾地选择了舍生取义，我深深地为你们的崇高精神所折服，以后我要成为像你们一样有骨气的人。

……

师：大家描述得都十分动人，五壮士的大无畏精神会一直存在我们心中，让我们将这种果断、英勇的精神继承下去，共建祖国美好的未来吧。

设计意图：这一教学环节，主要是让学生的情感得到升华，从最初对文本的感悟，灵活地过渡到对文中人物情感的感悟。教师通过创设情境的方式，让学生的大脑始终处于运转状态，在比较连贯的思考模式下，更加深入地体验作者在文本中所抒发的情感，同时避免了因为过于轻松的交流环境，部分学生出现精神不集中的现象，让每个学生都能沉浸在美好的课堂探究当中。

4. 回顾全文，提炼精华。

师：同学们，请看大屏幕上老师为大家展示的图片，你们知道图片里的是什么吗？

生：是狼牙山五壮士纪念碑。

师：很好，这个同学都学会抢答了，你今天的表现让老师十分欣慰，希望你能够继续保持，再接再厉。

师：这块碑是为英勇跳崖的五位壮士而立的，你们看到这块汉白玉上的金色大字，有什么想要表达的吗？剩下的时间，老师希望你们能够静下心来，以"碑文"的形式将所要表达的内容写出来。

生沉静下来，仔细创作。

师：你写得非常不错，请将你写的碑文分享给大家吧。

生：浑浑天地，茫茫人间，无所畏惧，痛击日寇，世人落泪，痛惜哀哉。

师：同学们，他写得是不是很不错？他将可歌可泣的英雄精神全部诠释了出来，既有赞扬，又有惋惜，值得大家借鉴。

师：那么文章中是怎样将这五位壮士的人物形象、牺牲精神描绘出来的呢？请大家来说一说。

……

师（总结）：本文通过对人物形象、神情、动作、语言等细节描写来突出五壮士的英勇气概，以详略得当的形式讲述了狼牙山五壮士抗击日寇的动人故事。

（六）教学反思

在本节课的教学中，教师将信息技术充分融入课堂教学当中，通过图片、录音、视频等展示形式，给到学生一定的视觉听觉刺激，让学生的思想受到震撼。六年级的学生对文本情感的变化已经具备了一定的领悟能力，信息技术的融入将文本中的重难点内容更加直观地体现出来，让学生能够在生动、形象的课堂上，更加准确地把握住五壮士英勇抗战、不畏牺牲的革命精神，从而引发学生的思考，影响学生今后的学习和生活。

二、阅读教学中融合信息技术浸润心灵美：以部编版小学语文六年级下册《两小儿辩日》为例

（一）教学背景

学生刚开始接触文言文会有茫然、不知所措的感觉，看着这些抽象的语言文字，不知道从哪个角度入手，很容易失去学习文言文知识的自信心。在这种情况下，教师如果能够灵活使用信息技术，将抽象的文字、故事变得形象化，则能让课堂变得轻松、愉快起来，将教材内容以更加简单的方式传递给学生，提高学生的探究兴趣。在这种直观、形象的课堂教学中，学生能够更加用心品读文本内容，这在一定程度上提高了课堂的阅读效果。

（二）学情分析

小学生的年龄特点决定着他们更乐于在喜欢的领域进行探究，对于文言文这种抽象的文本内容，小学生一般秉持着排斥的学习态度，而对于童

话故事、趣味故事等，小学生则有着极高的兴致。要想从小培养学生对文言文阅读学习的良好能力，教师要想方设法地将抽象的内容变得简单、直观，调动起学生的探究热情，使其在兴趣的驱动下，自主投入到相关知识的探究中去，用心品读、用心领悟。信息技术的融入，能够很好地弥补传统阅读课堂教学死板、单一的弊端，提高课堂对学生的吸引力，激发学生的探究欲望。

（三）教学目标

（1）知识与能力：通过学习，具备背诵文言文的能力，能够比较出文言文与白话文的特点。

（2）过程与方法：结合课后注释，或者通过查阅字典的方式，可以自主疏通文义，流畅地朗读文章，对文章内容有一个整体的了解。

（3）情感态度与价值观：在理解文章内容的基础上，体会古人探索自然、追求真理、善于动脑、大胆质疑的精神，以及感悟孔子谦虚、谨慎、求实的科学态度，明白学无止境的道理。

（四）教学重难点

（1）教学重点：能够借助注释和工具书疏通文章大意，可以读出文言文的韵味，掌握正确阅读学习文言文的方法。

（2）教学难点：通过阅读学习，可以感受到孔子实事求是、严谨认真的探究态度，以及学习两个小儿大胆探索、积极动脑的精神。

（五）教学过程

1. 引题释题

师：同学们，请看老师通过多媒体向大家展示的这则漫画，观看完以后，请你们来说一说图片中描绘了怎样的一则故事。

生：老师，我来说。这则漫话讲的是两个小孩儿凭借着自己的感觉辩论什么时候的太阳离人最近，一个认为早上的太阳距离人比较近，另一个则认为中午时分的太阳离人近。他们两个人在争执不下的时候来请求孔子的帮助。

师：你总结得十分准确、到位，请坐。这则漫话故事就是我们将要学习的文言文内容《两小儿辩日》。

教师板书：《两小儿辩日》。

师：老师这儿有一个有趣的问题，你们想不想知道？

学生异口同声回答："想。"

师：有两个"辛"字，在中间加上什么能够让这两个字构成一个字呢？请你来说一下。

生：可以构成"辨"和"辩"两个字。

师：请你们使用手中的工具书来查一查"分辨"和"分辩"的含义吧。看一下，这两个词语的意思一样吗？

学生自行查阅。

设计意图：在上课初，教师通过多媒体播放《两小儿辩日》的漫画，将学生的注意力全部集中在课堂上，让学生对接下来要学习的知识点充满好奇心。接着，教师以学生比较喜欢的互动方式跟学生完成对话，通过交流让学生来进行探究，使其在查阅工具书的时候对本节课知识的学习有初步的了解。

2. 初读感知

师：同学们，请你们结合课文注释尝试读一读这则文言文。

学生自主朗读。

师：在读完这则文言文故事以后，你们对学习文言文有什么感觉吗？

生1：读起来比较拗口，有些地方读不通顺。

生2：如果没有提前看这则故事的漫话，很难理解这篇文言文想要表达的意思。

……

师：原来大家有这么多反馈啊，下面由老师来为大家范读一下吧，大家注意倾听，感受语气语调、字的读音和节奏上的变化。

（教师将原文以课件的形式呈现在多媒体上。）

师：老师读完了，大家能听出什么吗？下面老师来领读，大家一起跟着老师来朗读吧。

（教师在多媒体上出示有明显停顿提示的原文）

师：现在请同学们自由朗读，可以选择自己喜欢或者需要攻克的语句反复朗读，直到读通顺为止。

设计意图：这一初步感知环节的设计目的是，让学生能够通过自主朗读、聆听范读的形式掌握生字新词的读音，可以跟着教师出示课件上的节奏找准停顿的点，从而能够流利地将本篇文章读出来。语文教师作为引领者的身份，为学生指明了初步阅读的方法，让学生学会使用工具书查阅相关字词的技巧，并在逐层攻克的过程中建立对文言文学习的自信心。

3. 指导学法

师：有句老话说得非常好，读书百遍——

生：其义自见。

师：没错，我们刚才已经初步读了几遍文章，你们清楚这两个"小儿"在辩论什么了吗？你们又是怎样读懂的呢？

生1：我知道两个"小儿"在讨论什么时候太阳离人最近。在开始朗读的时候，我完全不知道这篇文章讲的是什么内容，结合刚才看的漫话，就很清楚地理解故事内容了。

生2：我在一开始阅读的时候，对很多字词的意思模糊不清，结合课文中的注释，在读第二遍的时候大概了解发生了怎样的一件事。

生3：老师，我也是通过反复朗读自然而然地理解文章内容的。

师：你们三个人说得都很好，文言文是古人写出来的，对于我们来说有一定的年代感，如果直接阅读学习会很困难，但是通过反复诵读、结合注释、参考资料等方式，我们就能很容易地把握住文章的主旨，发现学习文言文实则不难。

师：既然大家都知道了文言文与白话文有着很多不同之处，那么大家更要潜心阅读，攻克难关。

设计意图：释疑环节主要是为了让教师感知到学生在学习文言文时的心理感受、情绪变化、态度习惯等，从而根据学生的实际情况及时调整教学状态，让所有的学生都能感受到文言文知识的魅力。师生之间的对话能够有效活跃课堂气氛，让学生感受到教师对自己的尊重与关爱，同时能够对本节课所要学习的知识有一个更加清晰的认知，提高对接下来课堂内容探究的积极性。

4. 精读课文

师：同学们，请看这篇文章中的第一段，哪个同学能为大家读一读，并尝试着说一说这句话是什么意思，以及你对"游"字是怎样理解的呢？

生回答。

师：你的表述十分准确，能够将文言文转化成自己的语言，并融入了自己的真实感悟，非常不错。

师：现在给大家五分钟自主练习朗读的时间，小组之间通过"你读他译""他读你译"的方式来精读一下整篇文章。

师：老师听大家探讨的声音逐渐小了下来，想必你们已经充分研究了本篇文言文。现在老师要对大家提问了，做好准备。"探汤"中的"汤"在古代是什么意思？在现代又是什么意思呢？请你来说一下。

生1："探汤"在古代的意思是，将手伸进热水里面，"汤"是指"热水"。

生2：现代没有"探汤"这个词语，不存在意义，而"汤"在现代指的是煮完食物以后剩下的汤汁。

师：回答得很好，"汤"这个字有着古今两义。

（教师通过多媒体课件，出示"盂""盖"两张图片，指导学生书写这两个字。）

教师出示课件，将"此不为远者小而近者大乎？""此不为近者热而远者凉乎？"这两句话呈现给学生，让学生从内容和句式两个方向找出两句话的类同之处。

第四章 析语文美·润童稚心——信息技术

教师引导学生把这两个句子读出反问、自信的语气，并将两个小儿的辩日理由归纳为远小近大，近热远凉。

设计意图：教师通过引导学生精读文章的方式，让学生明白学习文言文不能只从全文上理解大概意思，还要对每个字、词、句子进行仔细的斟酌、思考，从文章中的细微部分着手，确保在阅读学习中不会有遗漏的地方。在这种精读引领的教学模式下，教师和学生共同品析文言文内容，一同扫清阅读障碍，并掌握了正确阅读学习的方法，有助于从小培养学生良好的学习文言文知识的习惯，对学生未来发展有着极大的推动作用。

5. 读后明理

师：请看大屏幕，这些是老师提前搜集的有关"太阳离我们远近"的一些科学知识，请你们读一读。

生自由朗读。

师：孔子一直以来都是我们学习的榜样，这些是别人对孔子的一些评价，请你们也来读一读吧。

学生自由阅读。

师：看大屏幕上，孔子在这篇文言文中所说的话到底是什么意思呢？

（教师通过师生互动的方式让学生明白，孔子回答不出实际上体现了孔子所说过的"知之为知之，不知为不知，是知也"的严谨态度。）

师：请同学们再认真思考思考：这两个小儿为什么要对着孔子笑呢？他们在笑什么呢？

（师生互动）

教师相信在学完这节课以后，每个人都有很多想法，对孔子实事求是的精神，对两个小儿善于动脑、大胆探索的品质，都有着很多话想说。课后，请以"孔子/小儿，我想对你说"为主题，写一篇300字的感想，下节课我们再一起分享。

设计意图：最后是对学生情感的升华环节，学生在学完本篇文言文以后，内心有着很多感悟，但是没有表达的机会。通过这一教学环节，学生可以将自己的想法自由地表达出来，明白不仅要学习道理，还要将道理说出来，这样才能达到学以致用的效果。在这一锻炼机会下，学生既能完善自我认知的思维，又能在积极探究中更好地抒发自己的情感。

（六）教学思考

《两小儿辩日》是学生接触的第一篇文言文，教师通过系统的教学，能够让学生初步感知到文言文在语言表达上的特点，提高学生对我国语言文字的品位和感悟能力。在这则文言文知识的教学中，教师通过信息技术全程引领课堂教学，将晦涩、难懂的文言文知识转化为简单、易懂的形式，让学生在直观的学习状态下掌握文章故事的含义。在这种现代化的教学模式下，学生能够提高对文言文学习的兴趣，从小建立良好的学习文言文知识的习惯。

析语文美·润童稚心

——言语体验

第一节　言语体验与小学语文阅读教学

一、言语体验的含义

想要弄清言语体验的含义，首先，要清楚言语体验并不是简单地将"语言"与"体验"叠加到一起，而是一个整体名词形式或者概念，有着自己特定的核心内容。其次，言语体验虽然是通过阅读学习产生的，但不是只有对学习效果进行呈现这一个功能，更主要的是可以用来分析现阶段课堂教学效果低下这一问题，贯穿于整个语文课程。再次，言语体验虽然有一定的研究理论作为支撑，但应当切切实实地从实践学习中生成，来源于阅读实践，同时作用于阅读学习。最后，想要获得言语体验，必须具备一定的对文字、语言的理解能力，在特定的文化意境中，通过思考的形式理解文本内涵的精妙所在。只有弄清楚这几点之后，才能明确言语体验的含义，从而得出言语体验是通过对言语中情感、意图、意义、技巧等进行感知，从中获得对生命的启示，形成自己独特的思想意识。也就是说，阅读课堂上的言语体验，是在特定的文本语境中，学生通过品词、析句等形式，让思绪转移到作者所创作的文本当中，在完成阅读学习以后重新回归到本心，实现情感上的升华。

言语体验的主体是语言和文字，在生成过程中会以作品的形式呈现出来，表达着不同的意义，让学生进行理解和学习。语言、文字除了具有承载信息的基本功能以外，还能在一定程度上将作者的情感融入其中，并延伸到心境、智趣、操守、人格和价值观等多种情感范畴。因此，言语体验不只侧重于研究语言或者文字本身，还重视通过入文传意、以文托志等形式完成心灵上的情感建构。在语文学科中，学生进行言语体验的最主要的方式是识别、理解和运用语言文字，在多个文字聚合而成的文本中，感受字里行间传递出来的情感、情怀、精神、价值观等。

明确言语体验实际上是以语言、文字等形式，让阅读对象从文章中完成语意的转化以后，对言语主体进行认识。阅读文本的作者是言语的创作者，在创作的过程中会融入一些主观意识，体现出自身的表达习惯、生活经验、独特理念、文学素养和思想感情等，所谓"文如其人"说的就是这个道理。另外一个主体便是阅读者，阅读者通过阅读作品，能够获得思想上的变化、心灵上的成长，这些都是经过言语体验产生的结果。人们经常说"一千个读者心中会有一千个哈姆雷特"，指的是阅读者个体的认知情况不尽相同，所理解的文本内涵也会存在一些差异，每个个体都有着独特的审美体验。

阅读文本的解读是通过言语体验来实现的，阅读者在对作品内容进行实践感悟的过程中，要清楚地知道是否所有的作品都可以进行言语体验，以及从哪个方向着手才能更好地进行言语体验。不同类型的文学作品因为体裁的不同，所呈现出来的表达方式也不尽相同，每个作品都有着独自存在的价值。当进行言语体验时，阅读者可以将阅读聚焦于对文本的研究当中，从烦琐复杂的文字之间，探寻符合人类认知的多个观念，明确思考的方向。通俗来说，阅读文本中很多是反映客观事实的内容，通过一些信息的传递将情操、意志情趣、道德修养传递出来，阅读者只要认真品读、用心领悟，就可以很快明白文本中所表达的意思。可见，言语体验是与真挚情感有着紧密联系的，强调的都是思想、心灵层面的感悟，以审美、鉴赏、品析等形式，从字里行间生成新的思想变化，从而促进主体意识的健康生成。

二、言语体验是语文阅读教学的本义回归

在阅读课堂上教师对言语体验做出明确的解释，体现出言语体验应用于阅读教学的重要意义，对学生的心灵成长有着至关重要的作用。阅读教学包括教学文本、教学过程和教学目的这三个部分，它们都影响着阅读教学中言语体验的实施和效果。我们在现阶段的语文阅读课堂的构成体系中，教师提取出最基本的教学内容、方法和规律，并将其融合到言语体验当中，从中获得适合学生身心成长的阅读范式，能够加强语文课堂教学的育人效果。

小学阶段的语文教学主要是以"教材范文"为主，教师通过一篇篇既定的文章来组织实施教学活动。通过对教材的系统研究，我们发现，教材选用的文本一般分为文学作品和常用文体两大类。常用文体的存在意义是让学生通过学习掌握基本的应用能力，注重优化学生的生活，其一般适用于对语言文字的积累阶段。文学作品是作者将自己的感性认知以文字作为载体呈现出来，用于分析人类关系、思想境界、情感认知等，可以称为一种特别的艺术表现形式。作品中承载着丰富的文化内容，传递着作者的情感，具有非常强烈的情感体验特性。文本中的文学意义决定了言语体验的可能性，好的作品能够带给读者更加深刻的阅读领悟，充盈着读者的内心。相反，不好的作品毫无内涵，没有可以吸引读者深入挖掘的机制，难以实现言语体验。

阅读教学，是对文本内容进行认知、欣赏、理解和体验的过程，既是教学的内容，也是最终目的。学生在课堂上通过品析语言的使用方式来唤醒自身的认知和感悟，在沉寂的文字中注入新的灵魂，从文字中了解情意，从语言中体会情感，用心学习文本知识。言语体验的成果，不能简单用"语感"这一词语来进行概括，应该是对文字的使用情况，以及对文本中所传递出来意蕴的多重领悟，是在朗读、吟诵等过程中所产生的心灵上的洗涤。对此，学生要具备从整体上把握言语特点的能力，从文章结

构、布局、用词方式、故事脉络中进行综合感知，整体体验作品中潜在的内涵，透过文字与作者实现无形之中的交流。同时，学生能够运用创新思维，体验言语中传情达意的表现力，在特定的阅读学习情境中，感受作品中的悲欢离合、喜怒哀乐等情感。

要构建高效的课堂，重要的是抓住教师与学生、学生与文本、学生与作者等的对话机制，让学生可以在轻松的阅读情境中透彻地理解对方所表达的意思，从而能够反观自身的思想，从对方的理念、精神和情感中完成自身内心世界的重塑。这种对话过程实际上就是言语体验，其贯穿于语文阅读课堂教学的方方面面，时刻影响着学生的身心。作为语文教师，要先从自身角度反思是否具备体验教材内容的能力，从而通过吸纳多元教学素材，引导学生进行感悟和体验，使其深入到文本的情感世界当中，并获得启发。

从阅读教学评价方面具体分析言语体验的指向。评价实际上是用一种特定的评判标准来对阅读学习效果进行价值判断。这些评价标准是基于现阶段阅读教学的目标和要求的，我们从评价标准中可以了解到言语体验在阅读学习中的要求。新课标明确指出，评价的宗旨是提高学生的综合素养，要立足于学生实际对语文知识的运用、审美和探究能力，从三维目标（知识与能力、过程与方法、情感态度与价值观）来进行教学评价。其中，语言、文字是情感、态度、价值观等的直接体现的载体，言语体验便是基于最基本的语言和文字所获得的精神理念、人格操守等，并且作用于学生个体的发展。文字中所承载的人文内容、审美经验和情感态度等，都是进行阅读教学评价的核心内容，也是言语体验的方向。

教师在阅读评价中还要注重尊重评价主体的多元化，也就是在实施评价的过程中，语文教师要尊重每个学生个体的差异化发展情况，科学制订评价方案。学生个体的成长情况不同，其所获得的阅读体验也不尽相同，阅读体验是独属于自己且别人不可替代的。教师要深刻理解这一差异化特点，并尊重学生的言语体验成果，成为学生成长路途中的引路人。可见，

言语体验在不同学生个体上所呈现的结果是不一样的，阅读素养的提升也是相对学生个体而言的，评价主体的多元化与尊重学生个性化的言语体验，两者之间并不存在冲突。

前文提到，言语体验的对象是阅读文本，阅读评价直接关系着言语体验，各个阅读评价的环节要体现出言语体验的重要意义。初步阅读评价环节着重强调对言语中声音的体验，要求读出言语节奏和韵味。深入阅读环节强调的是对语境的理解和体验。升华环节是对文本中蕴含的情感的体验。我们要从综合阅读水平上进行研究，将言语体验深入到情、意、声的融合体验当中。只有当阅读教学评价与言语体验融合到一起时，才能全面展开评价模式，回归到小学生心灵启迪的教育层面。

三、阅读教学中言语体验的影响意义

"阅读"是学生通过语言文字，结合自己已经获得的生活经验和掌握的阅读技巧，用心理解文本内容，在基本的汉字符号中建构心理的过程，是了解信息、拓展思维、认识世界、增强审美的关键途径。阅读水平影响着学生言语体验中的多重感官效果。社会和时代的不断进步，对学生的阅读学习提出了更多的要求。现阶段的语文阅读教学将提升学生的阅读能力和语文素养作为基本目标，从中增强学生对祖国文字的热爱之情，加强其对中华文化的认同心理，传承中华民族的优秀精神。此外，阅读教学是学生成长过程中浓重的一笔，可以为学生输入精神影响，用优秀的作品、真挚的情感和高尚的修养影响学生的内心世界。

从语文阅读教学的相关内容来看，阅读除了能让学生掌握基本的文字符号以外，还能影响学生的审美体验，提高学生的综合语文素养。言语体验的过程伴随着学生内心欢快、悲伤、紧张、放松、愉悦等多种情感变化，让学生在阅读实践中完成分析、创新、推理、判断等思维活动。在言语体验的过程中，学生能够将内心深入到文本当中，探究表层文字符号背后的意蕴，获得心灵上的阅读享受。这种体验过程，可以打破文本与学生内心之间的壁垒，让学生自由进入作者所营造的情感世界中，完成与作品的对话，从而实现情感交融、滋润心灵。用一句话来说，言语体验是让学生进入深层次阅读的必经之路，是进行高效课堂教学的最佳途径。

语文课堂的教学是教师用言语的形式将饱含中华民族优秀传统文化的语文教材中蕴含的高尚的人格、品质、情怀等传递给学生，让学生的心灵有所归属，使其生命更富有内涵，并在学习的过程中认识到自我的价值。可以说，言语体验对提高学生对中华文化的认同感和归属感有着重要意义，有助于学生在文本体验中通过他人的经验反思自己的成长。

言语体验如果脱离了文本和读者便失去了存在的可能性。言语体验这个词语的出现，是建立在具体的客观事物和主体之上的。在阅读教学中，教师应当重视言语体验对学生个体发展的重要意义，建立"以生为主"的高效课堂。在教学过程中，与关注学生的阅读学习成果相比，教师更应该关注学生在阅读学习中的体验过程。这一过程的评判方式是模糊不清的，不能用明确的标准或者数据来进行评估。众所周知，每个学生都是一个独特的发展体，有着独属于自己的"发展区"，教师在挖掘学生的言语体验时，要立足于不同类型学生的发展情况，根据不同学生的表现，提出不同的阅读要求。同时，教师要有意识地引导学生正确看待自己的言语体验，在阅读学习中不断反思自己是否具备充分的体验能力，以及对文本和作者情感的共鸣能力如何，从而在后续的阅读学习中有目的地加强。

此外，言语体验在阅读教学中影响着教师的发展。目前，很多教师仍然喜欢用传统的"立于三尺讲台"俯瞰学生的形式进行授课，整体课堂上仍然是以教师为主，全班学生端坐于课桌前面，被动地听课。这种教学形式，表面上看所有学生都能按照要求认认真真地听课，但是从小学生的年龄特性来看，小学生的思绪已经飘到阅读内容以外了，注意力更是放在喜欢的外在事物上了。言语体验的课堂教学，是对传统阅读教学形式的改善，强调给学生足够多的自主探究空间，实现学生心灵上的建构，使其能够与文本中的情感达成共识，学会用心学习。言语体验是独特的过程，通过对体验内容的分析可见，这一过程能够直击学生的内心，从多个层面影响学生的发展。想要给学生一碗水，教师要自己先有一桶水。同样，想要实现高效课堂的教学效果，教师需要对教材文本有一个透彻的体验，从言语中获得教学启发，通过观摩课程、搜集资料、试课等形式，不断加强自己的言语体验能力，从而更好地教育学生。

总而言之，言语体验影响着阅读教学的方方面面，对学生和教师都有着十分重要的影响，是语文课堂教学的关键所在。作为新时代的教育者，教师要摆脱以往固有的陈腐的教学思维，善于从学生的角度分析文本，营造意境，指导学生在阅读学习中的体验和感悟，使其健康、自由地成长。对于学生来说，言语体验是一种看不见、摸不着的东西，具体对阅读文本内涵吸收的情况怎样，需要自己不断地反思和总结，认识到自身在阅读学习中的不足，从而能够循序渐进地深入到文本当中，寻找更有价值的阅读学习元素。

第二节　语文阅读教学中言语体验的
实践特征

一、文本语境中的言语体验

"语境"，顾名思义就是文本语言在使用中所呈现出的环境。作者想要将自己的情感、思想、意图顺利地表达出来，需要使用特定的字词、段落或者篇章作为载体，由此会呈现出一定的语境。只有在语境中进行表达，才能让言语更富有价值，契合作者的思想，让读者更加深入地阅读作品。言语体验应用于小学语文阅读课堂的教学当中，必须关心语境的影响力，即在适合言语表达的具体环境中进行言语体验，才能更加突出地获得情感、思想和品性上的感悟。语境大致分为三种类型：场景语境、上下文语境和背景语境。围绕这三个语境类型探究言语体验，更具有教学参考意义。

从场景语境方面进行分析，言语体验强调学生在阅读实践教学中对文本内容中的语言和文字产生独属于自己的体验，运用自己的经验和联想生成新的领悟。所谓场景语境，是由与言语交流相关的元素，如地点、时间、事件、话题等，所组成的语境结构，是言语体验的主体能够真真切切感受到的语境环境。只有在场景语境中，学生才能将言语体验融入内心深处，触发情感认知，唤醒大脑中沉睡的意识，体验到文本背后隐藏的育人价值。小学语文阅读课堂上的场景语境，是教师与学生共同发挥主观能动性，在彼此沟通和交流中所产生的教学条件，是言语体验顺利进行的前提。不同的阅读教学氛围、情境等条件，会引发学生不同的心理变化。好的场景语境可以让学生在阅读学习中更加快速地理解文本的深层意蕴。小学语文阅读课堂有着固有的场景语境，要让学生快速进入对文本的言语体验状态，教师需要主导场景语境的创设，密切关注学生的情感变化，适时给予指导。场景语境并不是以教师的主观意愿为主，天马行空地进行创设，也不是生搬硬套他人的经验，而是立足于当前的教学情况，结合阅读教学指向的目标来帮助学生完成对文本的言语体验。

从上下文语境方面进行分析，要想正确理解一篇文本的内涵，必须以基本的语境理解为基础。一般文字中的意义是通过前后表达呈现出来的，上下文语境是学生进行言语体验的重要载体。上下文语境具有这样的特点：字面信息统领着位置信息，前面的信息引领着后面的信息，即文本中的情感走向与上下文有着多元关系。在进行言语体验的过程中，阅读者可以通过故事脉络或者行文特点来把握情感，从上下文语境中寻找适合切入的思想点，这样更加容易实现与作者跨时空的交流。言语体验在语文课堂上的有效进行，建立在理解上下文语境的基础上，学生通过对整体行文脉络的把握，探究情感上的契合点，建构新的认知角度。

小学生的思维结构比较简单，虽然具备一定的在抽象文字中感悟真谛的能力，但是由于社会经验不足，难以全面了解文字背后的深刻内涵。言语体验则是将整体的文本裁剪成片段文本的形式，降低学生的体验难度，而上下文语境的存在，为学生提供了更加宽泛的阅读契机，通过结合上文或下文的描述、表达、写作特点、故事情节等，能够让学生的思维得以延续，从而更加准确地把握文本的意蕴。对于上下文语境，教师要通过引领的方式，将文本内容生动、形象地呈现给学生，同时给学生指明言语体验的方向，让学生在系统的阅读学习中加强对文本内容的感悟和体验，实现心灵的成长。

从背景语境方面进行分析，小学语文阅读教学中的言语体验要在场景语境、上下文语境的研究基础上，接受最终的检验，即如何让言语体验不会偏离作者的创作本意，又能让小学生在体验过程中获得心灵的滋润。这里所提到的背景语境包括很多方面，如社会规范、历史背景、价值观念、时代特征等，受到社会、人文、历史等多种条件的影响。小学生的认知背景是基于现有的知识、经验产生的各种联想。言语体验必须在学生已有的认知背景上来开展，最终作用于学生的成长。

在学习过程中，学生无形中会用已经建立的知识、经验背景去理解文本，同时在已有的思维认知上去解读文本，不同学生面对同一言语内容，所产生的言语体验是具有差异性的。基于此，语文教师需要有计划地将言语体验的对象建构到学生已有的认知背景语境中，让学生的知识、经验与文本内容建立起联系，以行之有效地进行言语体验。在课堂教学中，教师在引导学生进行言语体验时，要深入了解学生的知识储备、认知模式、生活经验等，在尊重学生个体发展差异的基础上，从不同的角度引发学生的阅读思考，促进学生全面言语体验的生成。背景语境是保证言语体验达成的前提，能让学生进行主动的建构和体验，将文本精神、意蕴真正融入内心深处，督促自己更好地发展。

二、文本对话中的言语体验

将对话引进小学语文阅读课堂教学，具有十分重要的实践研究价值，提倡的是以交流、互动的形式完成对文本的解读，即实现学生的言语体验过程。对话可以促进学生将注意力投入到对文本的解读过程当中，通过静止的语言文字，挖掘背后动态的情感变化，掌握正确进行阅读学习的认知方式。但是，学生想要在对话中实现对阅读内容的转化，提高自身的阅读素养，则需要言语体验的介入。将阅读教学与言语体验教学整合到一起，将学生引入深层解读文本内容的层面，可以促使学生的思维在开放和创新的状态中进行运转，往静态的语言、文字中注入新的价值观念，从而体验言语背后的生命情态、情感意识。根据以上分析总结，对话的过程实际上就是言语体验的过程，能够让学生在课程目标下完成对文本情感体验的无缝衔接，避免"假对话""伪生成"的阅读弊端，形成别具一格的教学模式。

在对话中实现言语体验，需要通过创设情境、营造气氛等形式，激发学生在阅读探究中的主动性，提高其阅读体验的热情。学生在有效对话的基础上，能够将思维状态融入文本当中，对文本中的意义进行感悟，生成自己的审美，体验文字符号背后的潜在育人价值，使其真正迁移到自己的内心深入，完成知识与经验的建构。课堂教学强调学生自发地投入到文本情境当中，在学习知识、获得经验的课程目标下，积极进行体验，在深度对话中完成思想的启迪。言语体验是学生由浅层对话走向深层对话、理解文本意义和审美价值的重要途径。对话教学强调培养学生对言语和文字的敏感力，使其能够在看到文字的时候第一时间迸发出多种释义，能够结合上下文摘取出有用的信息，从而完成言语体验的过程。除此之外，教师要为学生建立体验语言文字的知觉背景，让学生能够在特定的阅读环境中完成对文本内容的拓展思考，用童稚之心品味文本中的情感、精神、修养、价值观等。

对话主体也会对言语体验产生影响。在小学语文阅读课堂上，所有参与对话交流的对象都被认为是对话主体，主要有教师、文本、学生和作者。其中，教师和学生是对话情境构建的主要对象，教师和学生平等、和谐的对话关系，能够促进语文阅读课堂有序、高效地开展。教师作为阅读课堂的主要领导者，需要建立一套行之有效的对话机制，制定完善的对话策略，帮助学生打开心灵，使其积极投入到师生对话、生生对话的交流当中。学生在主动参与对话的期间，会在质疑、释疑的过程中完成对文本内容的解读，在掌握基本阅读知识和技巧的同时，不断洗涤心灵、陶冶情操。这种深度对话的形式，促进了言语体验的生成，让学生在感知过程中感受到阅读学习的魅力。

教师与学生两个主体之间的深层对话，是构成语文课堂教学的重要形式。师生积极互动的过程，为言语体验有机地创造了灵动的空间，引导学生主动进入言语体验的状态，品味文本语言文字中的艺术表达以及深厚的人文情怀。这里所说的师生对话，指的不是教师与学生"白开水式"的浅层对话，而是在双方敞开心扉、互相尊重和接纳的同时，认真倾听、相互包容，共同深入地参与到对文本情意世界的探究当中，为言语体验做好充分的准备工作。师生对话存在的意义，是能够为学生深入言语体验状态提供氛围营造、情境创设和主体唤醒的作用，师生对话强调通过教师的引导，使得学生积极参与到交流互动当中，不断用精神养料滋润心灵。

此外，学生想要深入语文阅读课堂的言语体验状态，除了需要师生之间的对话交流以外，还需要生生之间的对话交流。年龄相近、学习环境相同的学生之间，具有类似的认知结构、行为喜好和学习习惯等，在面对相同的文本内容时，很容易引发情感上的共鸣。学生之间的对话，是围绕言语体验过程中的某个疑惑点，通过交换思想、合作讨论的形式，对某个情感认知达成一致的过程。在教师的鼓励下，学生进入对文本的言语体验状态以后，面对相同的语言文字，学生之间会产生差异性的体验和感受。但是在同一个学习空间内，面对同一种阅读文本，学生会很快接纳对方的思想，在彼此分享、互动的过程中，加强言语体验的效果。可见，生生对话的形式为深入解读文本内容创建了一个灵活的交际语境，在彼此接纳和敞开心扉的探究中，让言语体验的结果浸润每个学生的心灵。学生在彼此交流时，不仅能够掌握阅读学习的基本方法，还能够在欣赏作品、品析语言的过程中提升语文素养，从而共同朝着健全人格、陶冶情操的方向自由发展。

三、教学生成中的言语体验

小学语文阅读教学过程中会同步生成言语体验，两者共同呈现出动态发展的状态。随着现代化教育理念的不断发展，教学生成有着更加丰富的体验内容。言语体验本身是学生思想、情感、态度等动态发展的过程，结合多样化的教学生成，则更具有实践探究意义。探究言语体验在文本解读中的意义要从以下两个方面着手：一方面，言语体验的形成过程必须与当前教材的教学方向一致，符合学生的认知观念；另一方面，关注在学生对文本进行解读的过程中一些不确定因素对其言语体验生成的影响。我们已经知道了对文本的解读过程是影响阅读课堂教学中言语体验的重要因素，因此，我们要着重关注文本解读与言语体验之间的关系，减少其负面影响。

一般地，我们认为言语体验的对象为文学作品，因而课堂上的解读也要围绕文学作品的特点进行研究。文学作品具有多层结构，包括语体形态构成的形成层、语像世界展现的再现层以及语义体系呈现的表现层。对文学作品进行解读赏析不外乎围绕这三个层次来进行，因而，不同的解读赏析层次中所体现出的言语体验的特征也不同。总的来讲，言语体验与文学作品有着密切的关系，随着对文学作品逐层深入的解读而逐步加强体验的过程。阅读课堂上的"析语文美·润童稚心"价值观念，是让学生将自己的童稚心灵融入具有丰富意义的言语世界当中，以"形成层—再现层—表现层"的顺序体验文本中语言、文字的表达张力，品析作品中蕴含的美好情怀。这种具有明确方向的文本解读，为言语体验指明了道路，要求人们在基本的作品形态中融入学生的主体心灵意识，从言语表达技巧、意义、人文、情怀等多个方面，伴随着文本解读生成相应的品读体验。

在对部编版小学语文三年级上册《总也倒不了的老屋》进行分层解读时，教师结合专业教学素养，组织学生对本篇文章通过深入品味的形式，完成言语体验的整体过程。首先，教师让学生通过朗读的方式，尝试着一边阅读一边预测，进入形成层，体验言语所呈现出的"老屋"面对请求者的时候都是以相同的结构形式进行回答，通过找到谁在说话、确认说话者的身份以及老屋答应说话者的请求，能够预测故事发展的结果。其次，教师指导学生延伸到对文本解读的再现层，通过言语体验明白了老屋总也倒不了是因为它的善良，它心中一直有乐于助人的信念才会坚守下去。最后，依托学生已经形成的阅读体验，教师进一步引领学生挖掘老屋故事中深层的含义，将老屋期待被人需要，期待有人请它帮忙的潜藏意蕴呈现出来。这种逐层递进的解读过程，不但加深了学生的心灵感悟，也在言语体验过程中为学生建立了良好的认知习惯。

学生对文章的理解和体验，主要是通过师生共同参与课堂探究过程来完成的。以班级为主组建的教学课堂，能够整合多种阅读情境，为实现言语体验创造良好环境。言语体验强调的是学生参与学习活动中呈现的动态形式，随着课堂的开展，会生成不同的体验特性。当学生积累的知识、经验与文本中的意义碰到一起时，可能会出现心意相通的体验情况，也可能会因为主体间的差异性出现理解冲突。阅读教学课堂的存在便能将这些疑问推向一个新的探索高度。在生疑、释疑的过程中，教师将言语体验带向更深的层次，帮助学生更加充分地理解文本含义，通过多种意蕴解读，不断滋养学生的心灵，让学生享受多元审美、品鉴的喜悦感。

小学语文阅读课堂上的言语体验生成特征还体现在教师与学生的对话关系上。在相同的言语表达内容中，由于教师与学生的经验构成、知识积累和认知方式不同，两者会产生不一样的反应状态。两者最开始进入言语体验的思维意识是不同的。语文教师更多的是体验文本言语所呈现出的文化内涵，用丰富的知识储备了解文学背景，而学生则偏向于用自己生活中的经验体验言语中很容易被人挖掘到的情感。教师与学生进入言语体验的思维意识，决定了他们在后续课堂开展中会碰撞出怎样的思维火花，也正是这些差异性，为言语体验的丰富性生成提供了可能。基于时代教育的规范背景，言语结果的生成并不会偏向于教师或学生任何一方，而是在教师的积极指导下，让言语体验更富有深度，实现教师与学生言语体验状态的融合共生，完成最佳意义上的课堂教学。

第三节　语文阅读教学"言语体验"分层实践应用

一、浅层感知——言语语感体验

一般来说，阅读教学除了通过简单的"读"来理解文本的大致内容以外，还可以通过赏析、领悟、品味文本中的字词、语句、片段来理解文本的深层内涵。言语体验在阅读实践中初步介入的方式是通过"读"进入到对作品的感知、体验当中。"读"对于言语体验的参与意义，是能帮助学生的心灵进入到作品之中，呈现出以语言为主的特殊的体验形式，在言语体验中融入学生的主观学习感受，符合现阶段课程标准中对发展阅读能力的学习需求，即全面、健康发展。

清楚了解新课程标准对学生初步阅读能力的要求，有助于教师选择合适的引导方法让学生通过读完成对作品的言语体验。小学阶段强调"读"的能力，包括要具备一定的认读能力、理解语篇能力、诵读能力和评价鉴赏能力，旨在把握住对作品"读"的准确性，能够透过基本的语言、文字初步理解言语的含义，强调"以生为本"的原生态阅读。在读书的过程中，学生能够通过调动主观意识获得与作品相一致的言语体验，不一定要将读书的声音发出来，但必须在理解和吸收的过程中建立初步感知体验，真正让"心"融入文本之中，建立自己的言语体验体系。从这些基本的"读"的能力中可以看出，言语体验主要是通过"读"进入作品营造出的情感氛围，完成对作品情感、精神等多方面的建构，为习得文本深层含义做好铺垫。

学生对作品有了初步的认知以后，就要从语感中品析出特有的审美情趣。言语除了具有符号功能以外，还具有艺术特征，能够唤醒人们的审美体验。想让学生深入到作品之中，只让学生在作品整体意境中进行粗略体验是远远不够的，教师应该有目的地教会学生品味语感，能从语感中获得美感及情意。怎样才能让学生在细细品味中获得言语体验中的情意呢？教师可以从两个角度着手：其一，阅读方法的选择；其二，语感本身的表达形式。

阅读的方法多种多样，由浅入深进行，即略读—朗读—精读—诵读—默读。学生在接触一篇文章作品以后，先从最基本的字音规范着手，了解正确字音的表达，在不融入任何杂质的情况下进行原生态的言语体验。以此为基础，学生在语感中建立与主观世界的联系，根据以往的知识和经验，自然生成言语体验，进入初始感知环节。在这一过程中，学生要感情充沛、移情动容、抑扬顿挫地进行阅读，在语感激昂的部分，表现出声音上的亢奋、节奏上的急促；在语感缓和的地方，呈现出声音低缓、错落有致的特点。在这一阅读氛围中，学生跟随着语感的变化，不断变换着自己的情感，获得升华的认知体验。这也是课堂教学中教师引导的着力点。学生完成充分的初步阅读以后，便进入了精读细品的阅读环节，虽然这一环节仍旧是以"读"为主，但这是一个将作品情意内化的过程，包括理解作品中每一个语感段落所处的情意、氛围是什么，有着怎样的情感反应，具备怎样的表达效果，等等。学生在思考的过程中，结合语感、意境，能够清晰捕捉到作品中感情的发展脉络。例如，在《搭石》一文中，前面几句"我的家乡有一条无名小溪，五六个小村庄分布在小溪的两岸。小溪的流水常年不断。每年汛期，山洪暴发，溪水猛涨。"刚开始读起来平缓温润、亲和轻柔，学生能够根据"我"的口吻感受到家乡的景色。后面则发生了场景的变化，语感也随着发生改变，"暴"和"猛"字的出现，与前边轻柔的描述形成一个强烈的对比。结合语感品析作品韵律的变化，能够给学生情意转化中的言语体验。因此，在阅读教学过程中，教师需要将有特别语感的段落拿出来细细品，体会其中精妙的表达效果。在面对一篇作品时，教师引导学生在初步建立言语体验的基础上，融入自己的体验，从而构建一个灵动的联想空间，加强学生的体验、感知，获得独特的内心启发，最终让小学生做到眼睛看到文章，嘴里便能发出声音，耳朵能跟随文章韵律，获得心灵上的情意感受。在这一系列的体验过程中，学生既能体会到基本词语的含义，又能厘清作品的脉络，感知到作者的思想情感变化，从作品的韵味情境中生成自己的精气神。由此可见，教师要具备唤醒功能，鼓励学生将阅读与思想进行自然融合，以切实感受到作者的情怀，并将其融入自我心理感受，获得心灵上的感召和启发。

二、析文品意——言语语意体验

"读"为理解作品做好了基调准备，接下来我们就要探寻作品的意，开始真正解读作品。作品是作者将心中所思、所想、所感付诸外在形式的一种成果，这个时候的语意体验强调的则是通过外在表现形式中的言语向内去阐释文本、理解语意，完成对内蕴体验的过程。想要准确地掌握作品中的意义，最关键的是完成外在形态向内在意蕴的转换，体验其中微妙的关系，并且生出独特的自主审美意识。

语意体验，是言语生成和理解双向交互的过程，其中再纳入学生主观思想的因素。学生在对作品进行语意体验的过程中会结合生活中萌发出来的一些思想，将其融入"意"之中，感物生意、静思识境，自发产生对语意探究的欲望。借生活经验在语意体验中加入自己的主观感受，结合分辨作品的体裁结构和写作手法，将语意内化到自己的思想中，或者是在与作者具有相同的文化认同感的情况下，通过作品中叙事、明理或者寄情的表达方式丰盈自己内心的"意"。

生活经验是体验语意的源头，同时检验着语意的生成。当静止的文字与学生的生活经验聚合到一起后，文字表象背后的意蕴则会激活，进入到学生的思想感悟当中，成为体验语境的关键因素。学生对作品敏锐、准确、细腻的体验能力，也是根据生活经验的调动而获得的。叶圣陶老先生曾经说过，只有在生活层面上进行体验，将生活经验一点点积累到一起，才能更深切地理解作品、鉴赏作品，从而更加接近作品中的旨趣。教师在课堂上自然是创设相应的情境，唤醒学生用生活经验体验语意的思维，使其深入品味作品深层次的意境。

我们之所以要对作品中的语意进行体验，而不是依靠简单的分析去理解，一个很重要的原因是"意"的生成与作者心灵相通，而表面的语言文字却不能体现出其中的意味。《易传·系辞》中是这样描述的，子曰："书不尽言，言不尽意。然则圣人之意，其不可见乎？"子曰："圣人立象以尽意，设卦以尽情伪，系辞焉以尽其言……"这里面不仅道出了言语文字在表达"意"上具有一定的局限性，也明确了通过主体感知来理解作品情意的途径。在"言不尽意"的局限性下，想要准确地捕捉到语意，学生必须从自身的生活经验出发，根据自己的储备去还原、补充作者没有表达出来的"言外之意"，在空白点上用生活经验挥洒出更加深刻的意蕴。

在阅读课堂教学中，学生对作品的解读不能停留在对表面字义的理解上，也不能从只言片语中片面地猜想作者的意思。一篇完整的作品，讲究的是行文脉络与意理的渗透，是以一个艺术品的形式展示出来的，所有的文字符号都是为构建成完整的作品所服务的，与文章脉络有着紧密联系。如果学生只从片面的语言文字中理解作品，就会出现理解偏差，或者理解不完整的现象，会对体验语意产生消极阻碍作用。

一篇好的作品，除了具有优美的语言表达之外，在本义上也有着"言近旨远"的表达特点，即用含蓄的形式表达着作者的创作意图。因此，想要深入理解作品语意，便要从整体上进行把握，留心作品中的每个细微之处，从细节入手，最终回归到作品整体的意理之中。这样，在细节上找到理解作品的突破口，实现"析语文美·润童稚心"的价值便容易多了。例如，《搭石》一文先介绍人们搭石的原因是什么，然后介绍人们如何搭石，以及在搭好的石路上人们是怎样相互谦让、小心翼翼过河的。我们只从片面的语段很难感知到作者所要表达的情感，只有在分析每一段中的语意以后，才能建立整体的感知，理解作者想要表达的是乡亲们无私奉献的精神，以及彼此相亲相爱、友好互助的美好情感。小学生理解到这一个层次上，再回去阅读作品，就会感受到每一句话都指向了乡情，从而感受到作者所要表达的主旨。对作品中的语意体验，重点是让学生通过整篇语言的表达，结合自己的体验，深入作品的文本解读。学生在对整体的作品有了感知以后，再回过头来品味语句的表达效果，则会更加深刻地体会到作者的情感，以及其所创作作品的高超之处，同时能够用发展的眼光看待语文课堂中的阅读学习。

言语体验的对象是作品，作品之所以具有育人特性，很大程度上是由于它不以简单的文字符号来传递信息，而是将情感、思想渗透到字里行间，时时刻刻调动着学生的思想，从而唤起学生对作品用心品读的欲望。语意体验是完成言语体验的重要环节。语意之中，承载着激发学生进行体验感受的因素，具有浓厚的人文情怀、思想感情和审美意蕴。学生在对这些内涵进行体验的瞬间，完成了心灵的洗涤，在情感上建立起与作者和作品之间的联系。因而，通过语意体验，用作品中的意蕴来加强小学生内心的理解，是滋润学生心灵最好的方式，

三、析文触情——言语情境体验

作品中除了有传递信息的文字以外，还有着对生命的启迪，如人文、精神、思想、情感等。其中情感是作品中最关键的元素，学生只有在品读过程中获得内心世界的体验和感受，才能捕捉到作品中的情感意义；只有建立与作品之间的情感联系，才能做好真正意义上言语体验的准备。因为，作者在创作作品的时候，会加入自己的主观情感，通过艺术写作的手法，将情感融入语言文字当中，使其成为一个完整的作品，供大家阅读、

赏析。在教学中，教师通过析文触情的方式，能够让课堂更加顺利地开展，让学生对作品进行更加规范的言语体验。

教师在教学中强调，要让学生通过"情意结合"的方式理解作品内涵，进入作者情感的世界，从言语之间思考作者当时创作的旨向是什么。在情与景、意与情相互融合下的作品体验中，学生的情感与作者的情感交会在一起，从中感悟出最具有学习价值的理念。体验情感是学生根据主观思想，在作品文字中找寻情意，找出作者内心世界的思想观念。例如，《搭石》里的这段话："上了点儿年岁的人，无论怎样急着赶路，只要发现哪块搭石不平稳，一定会放下带的东西，找来合适的石头搭上，再在上边踏上几个来回，直到满意了才肯离去。"作者用旁观者的角度，生动描绘了一位老人默默无闻进行"搭石"的场景，字里行间蕴含着作者对老人默默付出、不求回报的赞叹之情。这段话只是整篇作品的一个片段，却将作者的情感彰显出来，推动着学生整体情感体验的生成。

我们已经很清楚地知道，意与境、情与景组成了作品的意境空间。所以，把握情感，在情景交融中获得的情感体验是课堂的教学重点。学生在这个过程中产生情感体验，结合情、意、景、境中的意识形态，完成思想上的建构。也就是说，情感体验是学生与作品世界融为一体后所获得的自身感受，其关注点不在于结果，而是在体验过程中所产生的感受。我们先来看一下作者是怎样在作品中抒发情感的。在文学创作中，作者有着一吐为快的创作冲动，在这种情况下的创作明显带有浓厚的感情色彩，结合独特的写作手法，将情感注入到语言文字当中。学生通过感知、移情、体会等多种方式接收到作者的情感，与作者所抒发的浓情厚谊达成一致，同时完成了自我心灵上的建构，获得思想启发。

学生在解析作品的时候，会有自己特有的情感准备，甚至会运用一贯阅读的心理来进行文本解读，即学生会用生活经验，结合以前的阅读方法来解析新的阅读作品。从这个角度来看，学生会将自己内心的观点渗透到作品中，赋予作品新的思想感情，这与作者的情感可能相同，也可能不

第五章 析语文美·润童稚心——言语体验

同，但都称为学生个体的情感体验，对学生内心有着洗涤作用。学生将作品中丰富的情感转移到自己的情感中，能够体验到作者想说的话与自己想的一样，有一种心意相通的感觉，在循环往复的彼此的情感交融中，完成心灵的浸润和思想上的升华。

课堂上对阅读作品的欣赏，要契合当前的现实教育思想，围绕着教育任务的进行而开展，出发点是提高学生的综合阅读素养，促进学生的身心发展。这也为指导学生进行言语体验提供了方向，即需要学生从情境出发感知文本，向着更深层次的文本不断探寻，从中习得促进自我发展的因素，完成体验过程。作品中除了基本的信息和情节以外，还有着深层次的意蕴需要学生慢慢品味，从中找寻言外之意、言语情意来感知作者的精神旨趣。教师作为课堂的引导者和组织者，首先要自己具备解析作品情感的能力，通过多方面的探析，准确地把握作者想要抒发出来的情感，从而再选择合适的角度传递给学生，在教师与学生的交互作用下完成语文阅读课堂教学。

四、以意逆志——言语意蕴体验

首先，体验作品的个性。作品是作者思想运作的结果，以文明成果的形式彰显着艺术特色，是作者精神的附着点，其中隐藏着丰富的意蕴。学生要品读出这些意蕴，最直接的方法便是进入到作品营造的意境当中，透过文字表面体验背后的主体意识，感受作品中的个性化艺术特点。在体验作品意蕴层的语言表达时，我们不能拘泥于个别字词的标新立异，而要从整体写作手法上进行感知和领悟，体验整篇作品的言语韵味。对此，教师在课堂上可以围绕同一作者的不同作品进行解析，也可以围绕同一类型的作品进行解析，给学生创设类比、分析的课堂情境。这种教学方式对学生深刻领悟作品主体中的意蕴有着十分重要的作用。

例如，在《搭石》这篇文章的意蕴教学中，教师可以选择合适的时机将作者刘章的其他作品引入课堂，通过剖析的形式，让学生清楚地了解刘章喜欢使用的写作方法是什么，以加深对作者背景的认知。例如，教师可以选择《刘章诗集》《刘章散文集》《北山恋》等书籍中的片段帮助学生进行学习。在这些作品中，我们总能找到作者创作的言语风格，这其中融合的意蕴，正是学生所要学习的内容。作品的主体个性指的是言语韵味，就像同一棵树上的两片叶子一样，即使纹路不同，但是基本形状、框架还是一样的，包含着诗人独特的创造个性特点，便于学生对作品意蕴的体验。

其次，体验作品的精神旨趣。我们明白意蕴是从作品中显示出来的，无论多么深入的意蕴都不能脱离作品实际，其中的精神旨趣便是学生在课堂上所要进行言语体验的内容。学生应当将自己的精神与作品相互贯通，感受作者在作品中融入的精神思想、情意旨趣，以多元探究的方式完成与作品的对话。在实践课堂的教学中，教师在组织学生对作品进行意蕴体验时，可以从教材章节进行分析，了解单元章节中的主要教学方向，清楚地知道它是讲人文、生活，还是讲育人道理。这样，在建立基本的教学方向以后，教师才能更加准确地把握作品的精神，再为学生进行教学讲解时，就会变得有方向可循、有方法可依。

以言语体验的形式来感知作品中的精神意蕴，还要兼顾学生的身心发展情况，学生的思维品质、性格特点、生活认知以及行为习惯，也直接关系着其对作品精神的领悟能力。教师在为学生明确了体验方向以后，将时间尽可能地留给学生，让学生根据自己的联想能力，通过积极构建的形式来完成思想层次对作品意蕴的体验过程。在一系列连贯的语文课堂上，学生的感知能力以及对作品深入领悟的能力会得到一定的提升，这不仅会影响学生当前的阅读学习效果，也会为学生后续更加从容地从意蕴层面进行言语体验奠定基础，推动着学生全面素养的形成。

最后，体验作品中的人格境界。作品中的人格境界实际上与精神旨趣有着一脉相承的特点，都包含在内蕴的整体范围之内，指向的是作者意识在作品中的体现。作品中的人格境界可以细分为人格操守、认知理念、人生追求、生命价值等多个层面，是作者在作品中融入的自身人格境界。通过对作品中人格境界的体验，学生能够从作者的价值追求中领悟到对自身发展有利的人格光辉，并以此不断影响着自身的发展，启迪智慧，引领发展方向。语文课堂本身的教育目的中便涵盖了塑造学生人格、培养学生心性的内容，将作品中的人格境界以意蕴的形式输送给学生，能为其用崇高的人格形象树立一个榜样作用，激励着学生不断地健康成长。

在作品中，这些人格境界并不是以文字的形式直接呈现出来的，而是以有趣的故事、具体的事件、对人生意义的慨叹、依托外物表达志向等多种形式表现出来的。这需要我们对语言文字进行充分的分析、品味，明确作品中的人格境界和价值追求，从中获得对自己具有激励意义的高尚品质。例如，在《搭石》一文中，作者通过对人物细节的描写，将家乡人民默默付出、甘于奉献的人格品质描绘得淋漓尽致，在"再在上边踏上几个来回，直到满意了才肯离去"这句话中，描写了家乡人民即便着急赶路，也要确保石头稳固以后才悄然离开，而不是只把石头放在水里不管不顾。这里强调的言语体验则是对文中人物的人格感知，以其丰满的人物形象展示家乡人民的"热心肠"。学生通过精细品读的过程，能够将这一人物形象刻到内心深处，使其成为时刻激励自己的榜样，让自己的行为向"默默付出，不求回报"的人物品格上靠拢，逐渐完善自己的心性。

下面以部编版小学语文五年级上册《搭石》这篇文章的教学设计来进行详细分析。

（一）教学背景

《搭石》是一篇富有生活气息、意境优美的散文。作者通过对家乡"搭石"的介绍，赞美了家乡淳朴的乡情，以及乡亲无私奉献的美好品质。五年级的学生在进行阅读学习的时候，已经具备了基本阅读和体验的能力，但《搭石》这篇散文中所描绘的场景与学生日常生活距离比较远，学生如果直接阅读学习会有些困难，需要教师适当进行点拨和引导。学生面对不太了解的作品，内心很容易受到外在事物的干扰，思绪会出现错乱，导致对作品情感把握不准确。因此，本次教学设计以"析语文美·润童稚心"的阅读价值理念为主，循序渐进地引导学生进行言语体验。

（二）教学目标

（1）知识与技能：通过阅读学习，识记"汛""谴""懒""惰"等10个生字。

（2）过程与方法：通过合作探究、多元阅读等方式，能够将注意力集中在文本当中，了解和学习文章中的主要内容。

（3）情感态度与价值观：有感情地朗读文本，感受乡亲们默默无闻、无私奉献的精神，并从中受到熏陶和感染，养成用心观察生活的良好习惯。

（三）教学重难点

（1）教学重点：深入文本内部，通过品析阅读，了解乡亲们的美好品质。

（2）教学难点：体会作者是怎样通过描写平凡的事物来让我们感受到乡亲们美好品质的。

（四）教学过程

1. 浅层感知：言语语感体验

师：同学们，我们今天学习刘章爷爷的一篇散文《搭石》。请你们通过快速默读的方式，想一想文中主要描写了哪些内容，注意遇到不会的词语可以跳过，阅读后一起讨论学习。

汇报交流：通过默读明白了"搭石"的意思以及人们运用怎样的方式挑选石头、摆放石头来进行搭石，从中感受到乡亲们互帮互助、友爱、善良、亲切、无私奉献的品质。

设计意图：教师通过默读的方式，让学生能够在浅层感知中了解《搭石》这篇文章的脉络，从语感体验方面了解作者在文章中想要注入的情感思想，引发学生想要深入阅读探究的兴趣。

2. 析文品意：言语语意体验

师：同学们，下面我们一起齐读课文。结束阅读以后，请你们谈一谈对题目的理解。

预设："搭石"实际上是家乡的石头，有着家乡独特的韵味，联结着故乡人民的美好感情，是通往故乡的小路。

教师介绍作者刘章，帮助学生通过了解作者的背景读懂文章，再次走进课文，了解刘章爷爷的家乡。

学生自主学习，对文中留下深刻印象的话进行批注，体会文中的美好情感。

教师带领学生学习生字新词，扫清阅读障碍。

设计意图：教师通过析文品意的阅读方式，从文章语意中引发学生的感悟与体验，使学生更加深入地对文本进行探究，同时学习生字新词，结合语意更加充分地理解作者赞美家乡人民美好品质的情感。

3. 析文触情：言语情境体验

教师出示教材中的插图，让学生通过观察图片，回想起这些普通的石头构成了作者家乡一道亮丽的风景。学生通过细读文章，从中找出能够描绘家乡人民美好情感的语句，跟大家一起分享。

交流反馈："秋凉以后，人们早早地将搭石摆放好。如果别处都有搭石，唯独这一处没有，人们会谴责这里的人懒惰。"从这一言语情境中，学生体会到天气转凉，人们搭石的场景，感受家乡人民的勤劳。

"上了点儿年岁的人……直到满意了才肯离去。"从这一言语情境中，学生感受到家乡人无私奉献、默默无闻的美好品质。

……

设计意图：教师通过图片展示的形式，让学生的注意力快速集中到课堂学习当中，并且通过回顾的方式重温文章内容，在细读中析文触情，围绕言语情境，引发学生自主思考和探究问题的能力，帮助学生加强阅读学习的感情。

4. 以意逆志：言语意蕴体验

师：文章最后，作者为什么不是赞美乡亲，而是赞美搭石呢？

引导：搭石是在乡亲们的默默奉献中诞生的，是乡亲们之间互帮互助、相互关爱的写照，这从侧面赞美了乡亲们的美好品质。

师：作者是怎样通过描写平凡的事物来烘托出乡亲们之间美好情感的呢？

预设：生动描写，以小见大，从细节出发进行观察，从平凡事物中见真情，启发学生思考。

设计意图：最后这一环节为情感的总结升华，从言语意蕴中引发学生的思考，让学生能够了解作者的写作方式，能将作者以小见大、仔细观察等良好写作特点内化于心，完成知识的迁移。这种以意逆志的设计，既加强了学生对言语意蕴的美好体验，又让学生掌握了丰富的写作技巧。

（五）教学反思

《搭石》这篇散文，语言质朴、情境优美，读起来让人有种沁人心脾的感觉。在本次教学设计中，教师通过言语感知体验、言语语意体验、言语情境体验和言语意蕴体验的设计顺序，让学生能够逐步细化地感悟到文章中所隐藏的美好情感，这比教师直接将对乡亲们的赞美之情教给学生更能引发学生的思考。通过逐层深入体验的形式，抓住文本的主旨情感，了解到作者家乡人民互帮互助、无私奉献的美好品质，不仅提高了学生的阅读水平，更能从深处滋润学生的心灵。

第四节　言语体验教学实践

言语体验教学实践一：以部编版小学语文六年级上册《草原》为例

（一）教学背景

《草原》是著名作家老舍先生的一篇散文。作者运用独特的写作手法，将草原上如诗如画的景色以及热情好客、能歌善舞的蒙古族人民描绘出来。整体文章以清晰的脉络讲述着故事，结构有序、层次分明。学生在理解本篇文章时，可以从言语上加以解析，通过字词来了解文章的大意，深入感知文本内涵，品析这篇文章的美好情感，从而产生要深入探究文本内容的积极性。

（二）学情分析

小学生的理解能力有限，对于文本中情感共鸣的能力比较薄弱，不完全具备自主感知文本的能力。但是，小学生具备"善学"的优良品质，通过教师的积极引导，能够快速将精力集中到相关知识的探究中，感受到文本内涵。《草原》这篇文章在语言文字的表达上比较通俗易懂，在描写一些活动场面时，富有激情、感情细腻，将民族之间互助的情感体现得淋漓尽致，能够给人一种身临其境的感觉。在进行教学时，教师可以将情感铺展开来，直接传递给学生，让学生在阅读以后对文本内容、情感回味无穷。

（三）教学目标

（1）知识与能力：通过学习，认识4个生字，会写10个生字，能将

"勾勒""骏马""无限""鞭子""飞驰""马蹄""奶茶""礼貌""拘束""举杯""摔跤"这些词语正确地读出来，能够有感情地朗读课文。

（2）过程与方法：通过有感情地朗读课文，在师生互动中结合文本中的"言语"展开想象，感受草原自然风光的美好。

（3）情感态度与价值观：在培养学生语言感悟能力的同时，让学生积累大量美好的语句；在草原人情美、自然美的感染下，萌发出对我国民族团结一心的自豪感。

（四）教学重难点

（1）教学重点：通过阅读，理解文章内容，体会出每个字词间的言语含义，加强对语言的感悟能力，通过品析的方式来积累大量优美的语句。

（2）教学难点：在带领学生感受草原的人情美、自然美的时候，让学生由衷地产生对祖国的热爱之情，实现对学生民族团结意识的教育任务。

（五）教学过程

1. 引疑激趣

师：同学们，上课前老师为大家准备了一则视频，请仔细观看，稍后请同学们说一说观看后有什么感悟。

师：视频播放完了，请第一组3号同学来说一下，通过观看这段视频，你对"草原"有怎样的想法呢？

生：通过观看这段视频，我有一种震撼的感觉，因为辽阔的草原、成群的牛羊离我们有点远。

师：是的，草原在地理位置上离我们有点远，偶尔接触会给我们一种动人心魄的感受，这种感觉是正常的。同桌，我看你跃跃欲试，你有什么想要补充的？

生：我感觉草原非常美丽，它是一个充满生命力、热闹非凡的地方。

师：你说得也很不错，草原本身就是美好的。接下来让我们跟随作者老舍先生的脚步来看一看他眼中的《草原》是什么样的吧。

（教师板书：《草原》）

师：现在你们可以用自己喜欢的方式，自由朗读第1～2自然段，同时思考，你从哪里感受到草原是"美"的呢？

设计意图：在课堂导入环节，教师以播放趣味视频的形式，将学生的注意力全部集中到课堂上，引发学生的思考；接着，以对话的形式，让学生表达观看视频以后对"草原"的感受，以此让学生产生对本节课堂知识进行探究的"主人翁"意识；最后，通过问题来激发出学生的探究欲，使其在浓厚的学习兴趣下，继续参与到接下来的课堂探究中。

2. 合作探究

师：我们齐读一下文章，将描写"野草"的句子勾画出来。

生齐声朗读，将描写"野草"的句子再次朗读出来。

师：同学们找的句子都十分准确，我们来看在这些描写"野草"的句子中，"满眼""一直"这些词汇存在的作用是什么呢？

教师让学生通过品析"蓝天下面，满眼绿色，一直伸向远方"这句话里面的"满眼""一直"这两个词语，体会野草是又多又绿的，感受草原的辽阔。

师：通过在学习小组内讨论的方式，大家来品读"平原上、山岭上、深谷里，覆盖着青青的野草"这句话，想象一下，如果你们处在这一景色当中，会有什么感受？

学生在小组内合作沟通、交流，得出草原上到处覆盖着野草的体验感。

师：结合句子中的"没过"这一词语，想象一下，如果你是一名十几岁的孩子，在野草最深的草原上，野草会比你高吗？

生1：我认为野草会"没过"我，肯定比我高。

生2：在这么高的野草中玩耍一定很有趣。

师：是的，草原上的野草非常的多和高，也是十分有趣的，我们每个人的生活经验不同，理解、感受也存在差异，接下来，请你们用同样的方式来感受一下草原上"湖水"的神奇吧。

设计意图：品析言语，在这一环节教学中，教师通过抓住词眼，通过比较、揣摩、体会等方式，实现了阅读课堂教学的"以读代讲"教学目标。除此之外，在这一教学环节中，教师通过让学生自由表达观点的形式，拉近了与学生之间的距离，让学生可以在灵动的课堂上自主感悟，提高了学生自主参与文本探究的积极性。

3. 品读悟情

师：同学们，你们可以用默读的方式来找出描写"湖水"的句子，并通过默读将你们不懂的地方以问题的形式列出来。

（比起教师直接解决问题，从学生的角度引起质疑能够更加深入地激发学生的探究欲，使其在提出问题—分析问题—解决问题的过程中，增强探究精神。）

生1：文中为什么将水面比作童话故事里面的宝镜呢？

生2：句子中的"嵌着"是什么意思？

师：这些问题提得非常好，老师将问题写在黑板上。下面我们通过小组合作、结合上下文、联系生活、借助工具书等方式，来讨论一下这两个问题的答案吧。

师：看来同学们心中已经有了答案了，请你来为大家说一下。

生1：我认为将水面比作童话故事中宝镜的样子，能够深刻地体现出湖水的清澈、神奇和美丽。

生2：通过图片和生活经验，感受到"嵌着"是一种美好的意蕴，丰富了文章中作者抒发的情感。

师：同学们回答得都不错。那么请你们放飞想象的翅膀，想一下，神话般的宝镜除了映出太阳七彩的光芒以外，还会映出什么呢？结合老师在大屏幕上展示的句式，来自由地写一写。

（屏幕展示：高低不平的草滩上，嵌着一洼洼清亮的湖水，水面映出……映出……映出……还映出……就像神话故事里的宝镜一样。）

生作答。

第五章　析语文美·润童稚心——言语体验

设计意图：教师通过品读悟情的方式，让学生在特定的词语、语句当中，融入真挚的情感，真正体会到了作者在描写草原景色时欢快、轻松的心情，加深了学生对文本内容的领悟能力。在这一环节中，教师采用"填空"的方式，能够让学生将对语言的感悟与实际课堂训练结合到一起，从而实现"以说促悟"的教学效果，让学生在不断练习过程中，积累大量的文学知识，在读和说相互配合下健康发展。

4. 探索发现

师：我们在学习完本篇文章以后，可以跟着作者的脚步感受到草原犹如一幅美好的画卷，它是美丽的、奔腾的。

师：请看大屏幕上为大家展示的图片，请你来说一说，图片上呈现出了怎样的景象？

生：图片上展示的是我们的校园。

师：请你用仿写的形式来描述一下我们的校园吧。

生：我们的学校不仅是美丽的，还是一个欢腾的地方。

师：你的观察力很强。

（教师引导学生抓住描绘事物的特性，结合在课堂上所学的知识，以及平时积累的词语，将校园的动态"美"表达出来。）

师：接下来，老师将刚才这名学生所描述的内容分成两个部分：一部分是，校园是一个美丽的地方；另一部分是，校园是一个欢腾的地方。课后，请大家仿照《草原》这篇文章，从这两个方面来描绘一下"校园世界"，下节课再一起交流。

设计意图：教师以探索发现的形式对学生的思维进行引导，帮助学生将思考角度从原有的认知观念中跳脱出来，真正地将知识"学以致用"。通过前面教学环节中对语言、文字的品析，学生已经掌握了大量描绘事物的方法，同时积累了大量的词语，在拓展延伸中，能够促使学生将所学的知识灵活地表达出来，提高学生的感悟和表达能力。

（六）教学反思

在本节课的教学中，教师将课堂真正回归到学生本身，让学生以自主探究的方式对《草原》这篇文章中的字、词进行感悟，从细微的描写情节上，丰富了学生的阅读情感，让每一个文字都变得灵动起来。教师通过"言语悟情"的方式，将作者的情感潇潇洒洒地呈现给了学生，提高了学生的阅读水平，同时，在循序渐进的言语体验过程中，不断洗涤着学生的心灵，使学生感受到阅读学习是充满魅力和欢乐的。

言语体验教学实践二：以部编版小学语文四年级上册《观潮》为例

（一）教学背景

北宋诗人苏东坡曾用"八月十八潮，壮观天下无"这句诗来咏赞钱塘江秋潮的景象。古往今来，钱塘江以其卓绝非凡的江潮吸引了一批又一批的看客。《观潮》这篇文章以记叙的形式将观潮的盛况描绘出来，将大潮整个过程描得淋漓尽致。本篇文章能够让学生从言语之间感受大潮奇特、壮观、雄伟的景象，体会我国语言文字的魅力，产生自主探究语文知识的欲望。

（二）学情分析

小学四年级是学生从低年段向高年段过渡的关键时期。新课标对这一学段学生的培养方向提出了明确的要求：要从比较重点的词语、句子、段落之间，发展学生深入感悟文本内容的能力，让学生通过学习，学会用心观察事物，掌握用词造句、连句成段、连段成篇的能力。结合课程目标以及四年级学生的身心发展规律，教师引导学生在理解《观潮》这篇文章特点的时候，要对文本中重点言语进行感悟，以加强学生对阅读文本的品析能力。

（三）教学目标

（1）知识与能力：通过阅读学习，认识文章当中的7个生字，会写

13个生字，可以将"宽阔""笼罩""薄雾""若隐若现""昂首东望""风平浪静""水天相接""沸腾""横贯江面""齐头并进""奔腾""漫天卷地""依旧""恢复"这些词语正确读写出来。

（2）过程与方法：通过一边读一边想象的方法，重点品析词语、句子和段落，学习本篇文章在表达上的一些特点。能够有感情地朗读全篇文章，熟背第三、四自然段。

（3）情感态度与价值观：通过阅读学习能够感受大自然的神奇、壮观，享受自然美景的熏陶，可以自由地将自己的感受表达出来。

（四）教学重难点

（1）教学重点：通过教学引导的方式，感受钱塘江大潮的壮丽景观。

（2）教学难点：品析文章中的重点语句，想象大潮的美丽景象，产生对大自然的赞叹之情。

（五）教学过程

1. 激趣导入

师：同学们，请看大屏幕，老师将这一单元导读中的两句话摘抄在课件中，大家结合旁边的背景图来思考一下，本单元的文章内容是指向哪个方向的？

生：描写自然风光的。

师：没错，这一单元都是描写"自然之美"的文章。文章从现象、景象等不同角度诠释了大自然的美。我们在接下来的学习中要一边想象画面，一边从文本"言语"中品析大自然的美。

师：现在我们来了解本单元的第一篇文章《观潮》，一起来欣赏一下文章中描绘了一幅怎样的自然美景吧。

（教师板书：《观潮》）

师：老师有一个问题问大家，什么是"观潮"呢？请你来为大家解释一下吧。

生："观潮"，顾名思义，是观看潮水的意思，本篇文章写的是观看潮水这一美景。

师：拆字组词去理解，真棒！这篇课文描写的是作者观看潮水的一件事情。那么，作者是在哪儿看的潮水？潮水美在哪里？我们学习完生字新词，扫清阅读障碍以后，一起来欣赏一下吧。

设计意图：在导入环节，教师通过将单元介绍融入课堂，让学生从学习方向上进行整体把握，知道本单元要学习的是"自然之美"的文章。在明确了学习目标后，学生能够将思维着重放在对大自然"美"的感悟之中，避免因为过于发散的想象力，学习重心发生偏移。教师通过与学生对话互动的形式，让学生明白接下来要从字、词、句的角度来品析"言语"，从而加强学生对本篇文章学习的感悟。

2. 梳理课文

师：请同学们有感情地朗读《观潮》这篇课文，将不认识的字词圈出来，朗读完以后通过小组合作、查阅工具书等方式来认识这些生字新词。

师：老师听到大家已经全部读完课文了。现在请大家跟着老师的思路思考一下，文章中写的是"谁"在观潮？在什么时间、地点进行观潮？观的是什么潮？

（学生通过回答老师的问题，能够粗略知道课文大意。）

生1：课文当中描写的是"我们"在观潮。

生2：在农历八月十八，站在海宁市盐官镇海塘大堤上观潮。

生3：观看的是钱塘江大潮。

师：同学们回答得很好，我们一起来看看作者是怎样观看钱塘江大潮的吧。

师：请同学们用默读的方式快速浏览一遍文章，从中找出哪些地方是具体写观潮的，用虚线标出来；同时找出哪些内容是描写钱塘江大潮奇观的，用实线标出来。

生1：在文章中，"农历八月十八……"到文章结尾详细地描述了观潮的场景。

生2：课文第2～5自然段中都有描写钱塘江大潮奇特景观的句子，概括为江面平静、两丈多高、山崩地裂。

师：你们两个总结得非常好。大家通过自主阅读的方式已经扫清了阅读障碍，厘清了文章脉络，值得表扬。

设计意图：在梳理课文这一环节中，首先，教师通过让学生将不认识的生字新词找出来，以小组合作、查阅工具书等方式扫清阅读障碍，接着，通过问题引领的方式，让学生从文章中找寻答案，提高了学生阅读的速度。同时，学生通过教师的指导，掌握了正确厘清文章脉络的方法，受益终身。

3. 熟读成诵

师：接下来，请同学们有感情地朗读文章的第3～5自然段，在读的过程中，想象一下文章描绘了钱塘江大潮的几个画面，这些画面是怎样的？

学生采用喜欢的方式进行朗读，通过小组交流的方式来找寻问题的答案。

（教师一边查看，一边为学生给予指导，让学生能在正确的思路上进行探讨。）

师：请第3个小组的学生代表为大家分享一下自己的理解吧。

生：这3段一共描绘了4个画面。画面一是潮头将要到来的画面；画面二是潮头已经涌来的画面；画面三是潮头过去以后，余波涌来的画面；画面四是潮水完全退去的画面。

师：很好，非常全面！你们对这4个画面中哪个画面的印象最为深刻呢？可以用自己的话简单说说，在描述的过程中注意语句的连贯，与文章大意一致。

（教师随机指出3名学生进行回答，对学生的回答内容进行点评，指导学生掌握良好的口语表达能力。）

设计意图：在这一环节的教学设计中，学生立足于文本，结合具体句子联想钱塘江大潮的画面，产生一种身临其境的体验。在回答问题的环节，教师为学生指出了正确的表达方式，让学生有意识地凝练自己的语言，通过对教材内容的感知，将自己的想法更加精准地表达出来。在这一环节的育人模式下，学生能够获得全方位的发展，不仅提高了阅读品鉴能力，而且能够有效锻炼自身的语言表达能力。

4. 交流感悟

师：请大家带着感情朗读第4自然段，并思考一下，钱塘江大潮给大家留下了怎样的印象呢？尝试着说一说。

学生先自行朗读，然后以小组为单位进行交流。

生：钱塘江大潮给人留下了气势恢宏、景象非凡的印象，我是从大潮潮头的样子、山崩地裂的声音、飞奔而去等内容里体会到的。

师：请同学们再阅读一次这些句子，将能够体现出气势非凡、景象壮丽的词语圈画出来。

生1："横贯""白浪""翻滚""水墙""两丈多高""千万匹马""齐头并进""山崩地裂"……

设计意图：最后一个教学环节设计的目的是让学生能够对文章中所描绘的恢宏景象有一个更加清晰的认知。教师引导学生关注重点句子、词语，从中感受钱塘江大潮的气势恢宏、景观壮丽，给学生以心灵上的震撼。此外，教师在这一教学环节中，对学生加以引导，能够让学生在文本的"言语"之间将自己的情感和文章内容交融在一起，提高学生阅读水平。

（六）教学反思

《观潮》是本单元教学的第一篇文章，首先通过让学生对"单元导语"有所了解来明确学习目标；然后通过梳理文章大意的形式，让学生对课文所描绘的景象有一个初步的认知；接着通过熟读成诵、交流感悟这两个环节，提炼出经典的词语、句子来让学生加以品读，从文本的言语之间加强学生的领悟能力；最后通过逐层递进的教学方式，顺利完成了"育人"与"授知"的双线教学任务。但是唯一不足的一点是，学生因为缺乏生活经验，在表达中组织语言的能力稍微欠缺，需要以后注重培养。

第六章

析语文美·润童稚心

——儿童本位

第一节　儿童本位与小学语文阅读教学

一、儿童本位的内涵

儿童本位基于儿童发展的优势和特性认为，儿童是一个完整、自主的发展个体，凸显童稚个性，根据儿童的愿望和追求，帮助儿童追求童稚生活中的无限快乐。周作人就"儿童"曾经这样说过：儿童虽然在身心上与成年人有着不同之处，但儿童仍然是一个完整的人，有着内在、外在两面的生活。十多年的儿童期生活，一方面为迎接成年生活做好准备，另一方面具有儿童期独立发展的意义。周作人在这里主要强调的是，儿童是独立、完整的个体，有着自身发展的独特意义。

儿童本位要求我们将发展儿童个性作为培养儿童的目的。鲁迅先生在《我们怎样做父亲》中提道："本位应在幼者，却反在长者；置重应在将来，却反在过去。前者做了更前者的牺牲，自己无力生存，却苛责后者又来专做他的牺牲，毁灭了一切发展本身的能力。"成年人要尊重、爱护儿童的本性，其所有的努力都应是为了儿童的发展。鲁迅先生在这里强调了以发展儿童的个性为最终教育目的。

儿童的年龄比较小，与外界接触的时间短，不具备完全分辨事物好坏、是非的能力，需要成人的引导。美国著名教育学家杜威提出，"兴趣"是人们对即将发生的事情所具备的一种态度，而不是针对已经有了结果的东西，它有着让儿童获得心动感觉的巨大功效。除此之外，杜威指出儿童是处于发展过程中的，具备的生活经验不是终极、明朗和定型的，需要在后期发展中不断经历转化，在兴趣驱动下，朝着成型的方向持续变化。也就是说，所有活动的开展都要基于儿童现阶段的发展情况，在儿童本能的基础上加入兴趣作为引导，让儿童逐渐具备能够适应未来社会的多种能力。

综上所述，我们对儿童本位的理解是不能将儿童看成一个没有加工完成的作品，随意按照成人的意愿和预设去教育儿童，也不能从成人的精神需求方面去利用儿童，而是要立足儿童的发展个性，在这一前提下再融入成人思想，确保儿童始终保持人性中可贵的发展品质。在以上所有对儿童本位内涵的解释中，我们可以将儿童本位看作小学语文阅读课堂教学的出发点和归宿点。

二、儿童本位语文阅读教学中的童心回归

小学语文教材中有着丰富的文学体裁，有着童趣，关注记人叙事方式上的多样性，凸显故事情节的曲折变化，等等。在这些体裁特征中，我们不难发现其在审美和艺术方面有着丰富的美学教育意义，充满艺术教育元素。教材中的文本之所以被选择为小学阶段的教育内容，是因为其中具有快乐、美好、神奇等育人元素，接近儿童的心灵发展模式，在阅读学习中能够深受儿童喜爱，与"析语文美·润童稚心"的价值理念相一致。

首先，不管是成年人还是儿童，始终走在追求快乐和幸福的道路上，从另一个角度来看，追求快乐是人类的发展本能。弗洛伊德是奥地利专门研究心理学的专家，他在对"人格"进行系统研究时将其分为本我、自我、超我三个部分。本我是人类最原始的无意识层面，也是人类发展中最强而有力的部分，本我最能受到快乐感觉的支配，向外传递着人类最基本的心理需求，一个人的年龄越小，越会受到本我的影响。基于此，我们可以分析出成年人在经历了一些事情以后，在追求快乐的时候被加以些许外

力的束缚，而儿童的内心是纯洁无瑕的，始终表里如一，很难掩饰自己内心的原始想法，一味地追随着内心的想法，寻找能够让自己满足的部分。追求快乐是儿童的原始动力和准则。

在阅读中，儿童在选择阅读内容时，更喜欢选择能给自己带来欢乐、愉悦的作品。成年人在选择阅读书籍时，会带着一种目的或者理智的思考。但是儿童一般是以兴趣作为内驱力，如果阅读文本难以让儿童产生兴趣，他们就会义无反顾地更换阅读内容。小学语文教材中的内容是结合儿童的身心发展规律精心挑选出来的，其中不乏一些有趣的童话故事、记人叙事、优美散文、优秀诗词等，能够为小学生营造一个轻松、愉悦的学习环境，不断充盈着小学生的心灵。教材文本中有着丰富的想象、有趣的故事、诙谐的语言等，十分契合小学生的年龄特点，能够调动他们想要积极进行阅读学习的情绪。例如，部编版小学语文四年级下册的《巨人的花园》通过趣味的故事，描绘了巨人花园中景色的变化过程，从而让学生明白快乐要和大家一起分享的道理。故事中描写的妙趣横生的任务、丰富的故事情节，让小学生在阅读学习中有一种轻松、愉快的学习感受，释放日常学习中的压力，从故事情节的起伏感受到文本中的艺术魅力。可以说，小学教材中的文本都是建立在儿童本位的发展观点上选择的，不仅对小学生具有思想启迪作用，还十分契合小学生的认知模式，符合小学生的发展天性。

小学生涉世不深，有着较少的外在思想观念的束缚，更容易将自己的状态投入到阅读学习当中。例如，在阅读五年级上册《落花生》这篇文章时，成年人第一视觉便读出来其中蕴含的育人道理，不仅了解了文章的故事脉络，还明白了要追求内心世界丰盈的人生道理。但小学生则会用儿童的眼光，先感受文章中的人物和故事，通过细节分析，逐层深入地体会到其中蕴含的育人道理，从而让育人思想洗涤自己的心灵。总之，想要实现小学阶段的最佳教学效果，便要使阅读回归到小学生最原始的本性，以兴趣为源泉愉悦课堂教学，实现育人目的。

其次，儿童拥有着丰富多彩的想象力，可谓是天生的幻想家，其生活中处处充满着幻想，源源不断，取之不竭。这些幻想不仅充盈了他们的内心世界，也给他们带来了很多欢乐。课堂教学是对小学生精神世界的"物质构造"过程，利用好小学生喜欢"幻想"的特点，通过营造小学生比较喜欢的虚拟教学情境，让小学生徜徉在特别的学习世界里。这种幻想，无疑为小学生打开了一扇通往阅读学习的窗户，使其迸发出自由自在的阅读学习的力量，在阅读的时空中遨游，运用丰富的想象力，不断完成阅读知识的内化与建构。

例如，在教学《草船借箭》这篇文章时，故事中诸葛亮这一人物形象与学生的认知距离比较远，如果没有对《三国演义》系统的了解，难以从第一感官上知道诸葛亮足智多谋的人物形象。针对这种情况，教师在教学这篇文章的时候，可以调动小学生的幻想和想象能力，通过播放视频片段，让小学生在直接观看中感受"借箭"场景的壮阔。小学生在一边观看的同时，一边融入自己的想象，从故事发展的过程中，充分感受诸葛亮的有胆有识、足智多谋。总之，课堂的教学离不开学生的幻想，幻想精神是小学生回归阅读课堂的关键点。

由此可见，想象力和幻想能力的存在，是小学生内心通往文本世界的渠道，如果缺乏想象，学生难以从草船借箭的故事情节中想象出当时画面的宏大，也不能从宏大的场面中联想到诸葛亮的足智多谋。丰富多彩的想象力是小学生回归本真的重要途径，无论对于何种体裁的教学文本，教师都应该利用好小学生丰富的想象能力，将知识化作学生思想建设的基石，使其在精神世界里获得满足。儿童本位的教育观念，强调了想象能力是小学生内心世界与作品世界相交的关键，学生从内心出发，真正进入作品所描绘的故事、情节、精神当中，产生独属于自己的学习感悟。

再次，阅读文本中的诗意情境，反映出小学生发展中"诗意智慧"的回归。教材中的文学样式多种多样，小学生在阅读学习时，经常会感受到清新爽朗、温柔细腻的诗意，不断唤醒着心灵中的诗意智慧。古代人们对

客观事物的认识不足，相对于今天的人们来说，记忆力、想象力都较为强大，古人凭借感觉来抒发情感的方式称为诗意智慧。小学生同样是极富想象力的，经常凭借第一感觉来对外在事物进行认知，保持着好奇心和新鲜感，在进行阅读学习时具有直观性、具体性和情感性的特点。因此，学生的阅读世界充满着幻想和想象，有着诗意的生机和活力，有着美好的阅读体验。

阅读教学以儿童的发展眼光，营造一个生动、形象的教学场景，有利于满足小学生的身心发展需求，使其在自由、轻松的阅读课堂上，发挥出自身最大的能动性。意境描写能让小学生体验到身临其境的感受，趣味形象的描写能让小学生闻其声如见其人，感受到文本中所传达出来的情感，与作者产生共鸣。可见，阅读教学要想真正调动起小学生的兴趣，这种充满诗意智慧的教学发挥着至关重要的作用，其深深影响着小学生的思维。

最后，阅读教学中的游戏精神折射出小学生的本能。儿童可以通过游戏来获得心理的满足，同时发展创新能力。英国哲学家罗素曾经说过，人类与动物最明显的区别便是游戏，人类在参与游戏过程中能够满足自己的欲望，感受到无穷尽的快乐。儿童也不例外。他们在各种各样的游戏活动中能够暂时忘却各种压力，采用自己喜欢的方式毫无束缚地编排着周围事物，从而创造一个有趣的世界，获得心灵上的补偿。这一过程不仅仅是一项简单的游戏活动，更是儿童发展的命脉，能够使其释放情绪，感受到欢快，推动着儿童健康成长。

受应试教育的大环境影响，传统阅读教学一般以传授基本语文知识和技能为主，很少重视发展小学生的天性。而语文阅读课堂的教育模式，则是更加注重宣扬文本中的真、善、美，让学生能够从内心深处体验到进行阅读学习的美好，不断完成心灵的浸润。教师可以组织多种多样的游戏活动，将知识灵活地转移到游戏活动当中，让学生在参与游戏的时候亲自感受，提高学生的阅读效果。总之，课堂上的游戏与小学生的认知心理十分契合。在这种教学课堂上，小学生与生俱来的幻想能力能够被充分激活，心灵上得到相应的补偿和慰藉，小学生可以在趣味游戏活动中无限地释放天性，不断在阅读探究中获得审美的快感。

三、阅读教学：儿童本位的呈现形式

小学语文阅读教学与儿童本位有着紧密的联系，儿童本位是衡量小学阶段语文教材选文与课堂教学质量的关键指标，对开展课堂教学有着极强的指导意义。通过阅读教学，能够提高小学生的阅读理解、感悟、体验等多种能力，促进小学生朝着健康、全面的方向发展。教师在课堂教学中，以小学生可以接受的方式，将呵护童心、发挥童趣作为育人的最终目的，并结合多种趣味教学手段来丰富小学生的阅读体验。

儿童本位在阅读课堂教学中有以下几个显著的特点：一是童稚性。小学生在接触文学作品时以兴趣为前提，其探究思维与生活实际比较贴近，教学应当使用夸张、有趣的教学模式生动形象地调动小学生的童趣。二是联想性。小学生因为年龄较小，对外在事物富有想象力，具有喜爱幻想的天性。三是生动性。阅读文本中有些故事或景物描写具有形象的特点，能够深深吸引住小学生的注意力，教师在教学过程中充分利用这一点，能够有效增强小学生彼此之间的阅读体验，营造出一种灵动、轻松的课堂氛围。四是口语化。小学语文阅读教学面向的群体是小学生，这决定了教材内容在语言上是通俗易懂的，教师要用几乎平实、浅显的表达形式来为小学生描述出文本中的世界，强化小学生的语言表达能力。五是人文性。语文教材中的阅读内容所涉及的范围十分庞大，教学目标往往同小学生的生活目标相一致，字里行间所透露出来的审美性、常识性和文化性的特点，能够让小学生切身融入文本世界当中，增强人文关怀的感知能力，近距离地了解外在人文社会。六是多元性。对于与社会接触时间较短的小学生而言，教师不能用成年人的思维来进行教学判断，而应当立足于小学生的发展本身，引导小学生用多种思考角度来解析文本内容。

儿童本位的小学语文课堂教学，强调以小学生为中心，在尊重小学生

的生活经验的基础上，鼓励小学生积极参与到对作品的理解和体验当中。基于此，小学生比较喜欢的课文内容都是以儿童化的视角来精心设计和选排的，在各个章节都体现了培育小学生身心的特点。小学生阅读的文本，以小学生的思维能力为基点，营造的是一种天真、快乐的阅读世界。总之，只有建立在这些基础要素之上，才能真正将小学语文教材选文的儿童本位的特点体现出来。

儿童本位强调，以小学生的身心发展为起点和终点，要求在语文课堂上的教学符合小学生的认知能力，将小学生的身心发展放在首要位置，并以此为目的开展"语文润心"课堂的教学。在教学过程中，语文教师要结合自身多年的教学经验和素养来制订教学方案，充分发挥课堂的多种功能，尊重小学生彼此之间的个性和差异，对症下药，帮助每个小学生都能从容地走进语文世界，感受阅读文本的稚拙美、天真美、质朴美、艺术美、欢愉美等，从而激励小学生在语言、文字、文学上不断创新和发展，不断彰显自身人格魅力，在潜移默化中提高综合素养，从而实现课堂教学中的儿童本位的目标。

综上所述，小学语文课堂上应当坚守儿童本位的教学理念，在尊重、了解、关爱和服务小学生的基础上，积极开展趣味教学活动，体现出小学生在阅读课堂上的主体地位，增强小学生的阅读语感，提高其接受人文熏陶的能力。小学语文教材的选编，不仅要关注小学生的身心发展特点，还要发挥出小学生的人格特性。这样，教师在开展阅读教学的时候，才能将小学生的生活与文本内容有机地建立起联系，不断拓展小学生的阅读情感，提高小学生对语言文字的感知能力。在这种儿童本位的教学理念下所开展的阅读课堂，能够充分激发小学生进行阅读体验和对话的兴趣，达到事半功倍的教学效果。

第二节　儿童本位下构建小学语文阅读课堂的要求

一、具备游戏精神，回归儿童本心

在对儿童本位的含义与阅读教学关系进行系统分析以后，还要进一步考虑基于儿童本位，构建小学语文阅读课堂都有哪些要求，也就是怎样进行教学，才能将儿童本位体现出来。语文教材之所以能够深受小学生的喜爱，是因为其文本内容本身具有趣味性，如教材中的体裁包括趣味故事、远古童话、古诗词等，能够充分满足不同审美类型的小学生的需求。

除了外在已经成型的教材选文的趣味性以外，课堂教学中立足于教材文本真实内容所展开的教学活动也具有幻想性和游戏性等趣味特点。教材中的文本内容，对小学生而言，是由文字堆砌而成的游戏场。小学生以文字为媒介，可以与世间万物进行沟通、交流、做游戏、对话和玩耍，在这个游戏世界里，或许只能由小学生自己进行感知和体验。游戏也是小学生成长过程中的标志性活动，能够满足小学生心理、生理两个层面的探究需求。但是，在现实生活中，不能时刻都有真实的游戏场景来让其进行游戏玩耍，所以，小学生比较喜欢将情感附着于假想的"游戏伙伴"身上。在这一思维运作的过程中，小学生的想象力和主体精神可以完成投射，也就构成了儿童本位的接受文学作品的过程。在内心游戏精神的驱使下，学生会积极在教材内容中寻找可以组成游戏元素的形象，努力挖掘这些文字背后的教育内容，从而获得与作者、作品同步感应的情感内容。

但是经过一段时间的教学研究，我们发现，当前一些语文阅读课堂教学中的说教意味太浓，甚至将语文课变成了思想教育课，导致小学生一味听从教师讲解，无法发挥自主能动性。因此，语文教师在进行阅读教学时，要多关注文本中趣味、童真的部分，将其积极转化为有效的课堂教学元素，来调动小学生在课堂上亲自体验和探究的兴趣，发展小学生的想象能力和思维创造力。在"游戏精神"带动的课堂上，教师能将作品灵活转换成趣味输出的内容来加强与小学生之间的交流和探讨，在多元对话的过程中，与小学生的学习实际情况融合到一起，快速察觉到现阶段小学生的学习态度和行为变化，从而根据小学生的表现和喜好改变教学策略，通过调整教学步骤的形式，满足所有小学生的发展需求。此外，小学生在"游戏精神"的影响下，会逐步改变以往认为语文阅读课堂无趣、单一的想法，主动将精力投入到语文阅读学习当中，从中建立起独属于自己的学习模式，促进自身更好、更快地发展。

例如部编版小学语文《猴王出世》，其教学目的是让小学生认读生字，能有感情地朗读，从整体上梳理文章脉络，清楚地了解石猴出世的过程，把握住石猴的性格特点。其中，深层次的教育宗旨是让小学生通过阅读学习，能够感受经典名著的魅力，产生对阅读经典名著的浓厚兴趣。如果教师采用平铺直叙的讲解方式，小学生只能按照教师的解析方向，从表面语言文字中把握住故事的情节变化，很难造成小学生内心世界的起伏。对此，教师要将"游戏精神"引入到课堂教学当中：首先，通过播放《西游记》主题曲的方式，让小学生将注意力全部集中在对孙悟空这一故事形象的探讨当中，初步明白孙悟空是神通广大、疾恶如仇和英勇无畏的。然后，伴随着小学生高涨的探究热情，教师自然而然地引出了本篇文章的教学内容，通过与小学生进行对话的方式，与他们一起扫除阅读障碍，识记生字新词。接下来，在小学生对文本内容有一个系统了解的时候，教师组织小学生开展"课堂情景剧"的游戏活动，分组进行"石猴出世"的角色扮演，在小学生诙谐幽默的语言、动作表演的间隙，教师将美猴王的形象进行总结和传递，不断丰富小学生的认知体验，使得小学生建立起良好的阅读学习习惯。最后，教师布置学生观看《西游记》中的任一片段，在下节课与大家分享，进一步激发小学生对古典名著进行探究的兴趣，使其对我国优秀传统文化建立美好的情感，提高学生在课堂上探究的自信心。

二、突破审美单一，注重意蕴多元

想要强调在课堂上的意蕴多元性，教师必须充分利用好教材中的多种文学体裁，用与儿童相关的形式来进行多方面的解读和传授，让小学生在儿童本位的童稚课堂上，将思想情感与文学作品融合到一起。现阶段，小学语文在教材上仍然存在审美形态单一的问题，多以抒情式、说教式童诗、童话、儿童故事或者散文的形式出现。语文教材应当充分体现出多元性和包容性的特点，不断丰富小学生的感知世界，用极具丰富性的教学内容，将情感精神、人生理念传递给小学生。

要想实现课堂的目标，教师就要结合"儿童本位"的教育理念，提高幻想性文学在教材内容中的比例与地位。部编版小学语文教材中能够称得上具有幻想性特点的文本内容只有寥寥几篇，大多还属于"边缘性"的课文内容，很容易被教师和学生所忽视。这种教材选编中的缺口，既是当前教育教学的损失，也是小学生课堂教育的可惜之处。小学生的年龄普遍比较小，对外在世界的探究充满了好奇心，有着独特的想象力和创造力，喜欢用自己喜欢的方式来感知外在的事物。可见，小学阶段是培养学生幻想能力和创造能力的关键时期，如同"农事节气"，错过了很难再进行弥补。而幻想性的文学作品则能够为小学生开辟一个超现实主义的教学世界，以非常态的教育方式来让小学生遨游在语言文字所创作的幻想海洋中，使小学生在自我个性化的思维中，不断对文学作品展开想象，拓宽着思维和眼界，激发起更多想象力。

民间特有的文学也是丰富小学语文教材的重要内容。我国拥有着多种多样的民间文学作品，其中蕴含着丰富的优秀文化，将其融合到教材内容当中，能够作为儿童本位教学的有效补充。比如，民间所特有的童谣、儿歌、诗词等，都可以作为选编内容，以丰富小学语文阅读教材的内容和形式。例如，"小老鼠，上灯台，偷油吃，下不来，喵喵喵，猫来了，叽里咕噜滚下来……"类似的民间的儿歌，本身具有语言文字上的奇妙之处，用精练的表达形式，将一只非常淘气的小老鼠形象生动、形象地刻画了出来。小学生在看到这种儿歌时，肯定会发自内心地笑出声来，这种活泼、淘气的老鼠形象，与小学生的性格十分相像。除此之外，这种朗朗上口、通俗易懂的民间儿歌体裁，能够让小学生更加感受到中华文化的博大精深，在母语的光照下，感受到语文学科的魅力。同时，在耳濡目染和循序渐进的学习模式下，能够有效地提高小学生语言表达能力。

在小学语文教材中融入更多的幻想性文学和民间文学以后，还要不断拓宽国际化的选文视野。经过统计发现，部编版小学语文教材中，国外选文多偏向美国或者苏联的作品。对此，教师应当开阔国际化阅读视野，从拓展国家、体裁类型等方面，尽可能地拓展小学语文阅读教材的选文范围。伴随着信息技术的高速发展，国际间交流的频次逐渐增多，国际化的文化交流也应当提上日程，这有利于培养小学生用完善的眼光看待世界的能力。小学语文教学，不但要培养小学生对各类文化的理解能力，也要关注其国际化文化意识的形成。当小学语文教材的选文面向国际时，小学生可以在包罗万象、丰富多彩的文化海洋中更加积极、快乐地接受相关文化，从各种经典文本中，体验真善美、假恶丑。在以儿童本位的课堂教育范畴内，教师要顺应小学生发展的天性，让语文阅读教学更加富有张力，让课堂教育呈现出积极的活力。

三、护养儿童天性，发展言语个性

在分析护养儿童天性，发展言语个性之前，先为大家分享一则故事。一位教授拿着装满大石头的杯子，为大学生做了一个实验。教授先问学生："我手中的杯子满了吗？"大学生异口同声地回答："满了。"教授将小石子倒入装满大石子的杯子中，以此代替回答，并再次问学生："满了吗？"这个时候学生中出现了犹犹豫豫的回答声音，有的说满了，有的则说没满。教授同样未进行作答，将一杯细细的沙子又倒进了杯子里面，又问了相同的问题。这个时候所有的学生都不发声了。教授露出了满意的笑容，将最后一杯水倒了进去。教授让学生讨论这个实验说明了怎样的道理。有的学生说实验说明人的潜能是无穷尽的，有的学生表达主观上的思维并不一定就是对的……对于这些回答，教授皆以微笑点头表示了认可。

对于这则故事，我们可以换个角度思考：如果在实验开始之初，先将细沙放进去，还能放入大石块、小石子吗？如果先放进去的是水呢？这个实验的结果就会大有不同。在改变了故事走向以后，我们所明白的道理或许不会比原故事少。这也说明，一个人在最初所接受的事物会影响着自身的发展，将这一道理应用于小学课堂的教学当中，可以将教材中的文本比作大石块，将教师讲解比作小石子，将习题练习比作细沙，等等，从中可以反思出：小学阶段的语文学科具有萌发性，像胚胎种子一样能够给小学生人生上的启迪，具有返璞归真、为小学生增添生命颜色的作用。对此，语文教师要基于儿童本位的教育观点，护养儿童天性，发展言语个性。

儿童在他们的世界有着特立独行的发展特点，在儿童世界中，不能用成年人的思维和语言进行表达。每个小学生都是独立存在的个体，用独属于自己的发展模式来诠释生长轨迹。基于此，在课堂教学中，教师必须将尊重每一名学生作为培养学生的第一本位，耐心指导学生，用心聆听每个学生的观点，认真对待学生的课堂反映，真正俯下身子、侧过耳朵和学生打成一片。这样，语文教师和学生共同品析阅读文本，从中感受语言文字的魅力，在文化的滋润下，共同为"乌鸦用自己聪明才智喝到水"而开心，为"小壁虎长出新的尾巴"而感到高兴，为"卖火柴的小女孩"而感到伤心，等等。如此，才能够和孔子在两千多年前所提到的"因材施教"理念相契合，也只有这样，才能让学生在体验、感悟文本知识的过程中获得自豪感和自信心，萌发出将自身想法表达出来的欲望。这样的学会了、会说了、说得不错的良性循环的课堂，能够充分凸显出学生的主体地位，将儿童本位的教育观念深入课堂。教师要对学生的言语天性、人格特性表示认可、赞赏和理解，时刻检验自己是否与学生站在同一条发展路线上。

此外，教师作为课堂的组织者、引导者，在尊重、护养学生的言语天性的基础上，还要肩负起"立德树人""引领规范"的使命，完善学生的言语天性的发展方向。学生这种与生俱来的言语天性，是在初始状态下自由发展的产物，其中蕴含着丰富的发展潜能、创造力和言语个性，散发着耀眼的光芒。在这一积极、向上的言语发展状态下，不可避免地还掺杂了一些未经加工的杂质，需要语文教师有耐心地挑选，不断规范学生的言语，使其朝着健康、全面的方向自由发展。儿童如同一块璞玉，需要经过教师的精心雕琢，才能更好地展现其价值与精美。需要注意的是，无论教师采用怎样的引领和规范方式，都不能偏离儿童本位的教育观念，要坚持一切教育教学活动都围绕学生的身心发展来进行，适时地在学生的言语发展个性上提供参考方向，让语文文化真正浸润学生的心灵，使其不断接受"语文美"的熏陶，因势利导，逐步渗透。

四、关注阅读期待，尊重感悟体验

"阅读期待"这一概念是从"前结构"和"期待视野"当中诞生出来的。德国著名的哲学家海德格尔首先提出了"前结构"的概念，认为阅读者在接触一篇文学作品之前就已经有了前有、前见、先设这些内容。后来，作为德国接受理论学家的姚斯在"前结构"的概念基础上引申出"期待视野"，并将其与"接受美学"融合到一起，指出在面对一幅作品时，读者自身具备的阅读经验决定了其在阅读中探究的思维定向。从中我们可以看出，"阅读期待"实际上就是读者在赏析文学作品之前已经具备的心理图式，是读者在用心感受一篇作品内涵时在心理上所秉承的一种状况。"阅读期待"这一概念的产生，代表着全新阅读教育模式的诞生，即由传统语文阅读教学中过度关注文本内容转移到对学生个体的重点关注上，更加重视学生在接受文本知识、技能、情感等方面的心理和过程，是课堂上儿童本位的重点体现。

因此，在教学中，语文教师要十分重视学生的"期待视野"，从这一观察过程中，了解学生的行为喜好、性格特点、阅读能力和知识水平等元素。每一个学生因为生长环境不同、生活经验不同，对同一事物有着不同的看法。这使得学生在欣赏同一文学作品时会产生不同的"期待视野"。在这一过程中，语文教师要一直将"以生为主""儿童本位"的教育观念谨记于心，并将其付诸教学活动。教师只有在了解每一个学生的阅读期待以后，才能更好地引导学生进行赏析文本、思考内容、体验情感，让学生通过语言文字，形象生动地领悟文本中的美好意蕴，从而将每一个学生的活力和创造力激发出来，培养他们良好的语言表达能力。

小学语文教材内容包含着大量小学生童稚世界的文学作品，有着比其他文学作品更多的感性因子，在文本内容和情节上精妙绝伦、丰富多彩。基于此，在教学中，教师应当以引导体验为教学方向，鼓励学生将身心投入到对文学作品的感悟当中。如果只注重课堂教学的条理分析，将阅读教学看作对学生进行语言训练的工具，注定难以实现真正意义上的语文育人，只会在应试教育的束缚下越走越远。对于低年龄段的学生来说，他们更喜欢用形象的思维来解读文本中的情感。对此，语文教师在组织课堂教学活动时，可以使用音频、图片、影像等多种形式，创建一个趣味的教学情境，不断激发学生的阅读探究兴趣，使其在轻松、自在的课堂上，充分感知文本中的内容，在充分的想象下体验文本情感。

第三节 "儿童本位·童心回归"的阅读教学实施

李振村是《当代教育家》杂志的总编辑，他曾经感触颇深地说道：教育的使命是让学生对未来充满梦想和激情，这比教多少知识都重要得多。梦想是学生进行学习的原始动机。他们在对未来的幻想和憧憬中，不断积攒力量。在学生的人生发展道路上，不管遇到怎样的荆棘坎坷，都能用饱满的情绪和坚定的信念前行，因为在不远的地方，有着美好的事物在吸引着他们。在这种驱动前提下的学习则是一种志趣、自觉和追求。怎样在课堂上发挥出儿童本位的教育观念，激发出学生阅读学习的动力和激情呢？"立本""艺术""游戏""多元"都应该是课堂教学中的关键词。以下围绕部编版小学语文三年级上册《卖火柴的小女孩》从教学目标、教学方式、教学资源三个方向来细分研究，探讨"儿童本位·童心回归"的阅读教学实施模式。

一、制订教学目标

语文阅读课堂教学目标不外乎三点：养护"真性情"、护养言语个性和创造力、积累文学知识。养护"真性情"是指通过阅读课堂的教学，能够将学生内心世界中的"童稚之心"激发出来，不仅能够保持学生的童心，还能在一定程度上发展学生的天性，提高其审美、品鉴能力。人性不是与生俱有的，而是在文化的熏陶下逐渐养成的。因此，课堂的教学不能够只停留在教材上所呈现的表面信息上，而是更应该重视文学作品中精神部分的教育内容，为学生输送更有价值的教育信息。护养言语个性和创造力，是通过教材中的文学作品，以培养学生对作品的综合感知能力为目标，建立儿童本位的教育观念。语文综合素养一般表现在言语上，分为听、说、读、写四个部分，其中的重点内容便是说和写。一年级的学生与教师进行对话的时候，具有高涨的热情，十分活跃的思维，而随着年级的增高，其思维越发朝着单一的方向发展。经过教学反思，我们可以总结为言语方面的沉寂，主要变现为学生在言语个性和创造力方面越来越受到外在事物的阻碍。对此，教师应当尝试着走进学生的心灵，用童稚的教学模式，为学生构建一个童真、富有情趣的教学场景，养护学生的言语个性和创造力，结合文学作品鼓励学生，为其纯净的心灵编制美好的梦想。积累文学知识是课堂教学目标中的知识目标。这一目标的树立并不是最主要的，只能称作阅读课堂教学中所衍生的副产品，为学生的心灵成长增加一抹浓郁的颜色。知识层面包括作家知识、文学知识、发展史知识等多种层面。积累这些知识，不仅能有效增强学生的文学鉴赏水平，还直接影响着学生的情感价值观念、行为态度等多个方面。学生能从不同类型的文学题材中构建独属于自己的理解策略，还能在不断的想象中提高自身的文学创造能力。

例如，在《卖火柴的小女孩》这篇文章的教学中，教师要想树立明确的教学目标，就要从护养"真性情"、护养言语个性和创造力、积累文学知识三个方面进行研究。首先，教师要站在教材选文的角度进行分析，之所以将《卖火柴的小女孩》编选到三年级语文教材之中，其目的是让学生除了了解我国优秀的文学作品以外，还能通过国外的作品来增加学习感悟。这篇文章的选择是从多个角度来引起学生体验和感知的欲望，对学生实现心灵的浸润。从教学的角度来进行分析，教师制订教学目标应当契合当前我国社会的教育理念，从新课程标准目标中借鉴有效信息，合理规划课堂内容，明确教学目标。从小学生的实际情况进行分析，小学生具有一个童稚之心，对童话故事的感知能力十分强大，通过引入《卖火柴的小女孩》这篇文章，能够充分调动起小学生在阅读课堂上主动探究的积极性，使得小学生无形之中建立与故事人物共情的能力。

从以上三个角度制订本节课堂的教学目标：目标一是通过学习，能够学会使用工具书或者其他信息化搜索方式，学习文章中的生字新词，积累大量的基础知识。目标二是从言语发展个性和创造力的角度进行制订的，可以有感情、有目标地熟练朗读文章，加强言语感知方面的能力，并结合创造力，完成对文本知识的理解。目标三是在"真性情"方面的能力强化，即在理解《卖火柴的小女孩》的文章内容基础上，能够了解小女孩悲惨的命运，并对小女孩悲惨命运产生深刻感受，引发更多与自身发展有关的想法。这样，在明确的教学目标上再进行教学方法和教学资源的研究，使课堂教学更具有指向性。

二、选择教学方式

经研究发现，小学生普遍喜欢教师配合音频、游戏、表演的讲解方式，在这种多形式的教学方法中，他们的身心能够得到适当放松，充分感受到语文阅读学习的魅力。因此，在实际教学中，教师要用以提高小学生的综合素养为原动力的模式，借助文学作品本身的独特性对小学生进行引导和浸润，让小学生真正喜欢上阅读文学作品，而不是为了应付考试而学之。

在教学中，最能吸引小学生注意力的是生动、有趣的故事情节，其次是蕴含在故事里面的育人道理，而教材内容中的语言、画面等，对小学生的吸引力并不大。究其原因，是因为小学生的理解能力与感知水平还不具备完全欣赏作品的程度，缺乏相应的悟性。这为教学方式的选择指明了方向。最主要的是教师在教育教学活动中，要俯下身子成为与学生共同成长的亲密引导者，借助优秀的教学内容，带领学生一起在神秘的知识海洋中进行遨游，完成心灵净化之旅。

例如，对于《卖火柴的小女孩》这篇文章的教学，教师可以将教学分为四个阶段：导入环节、初步感知、深入领悟和拓展延伸。这四个教学环节在教学方式的选择上不尽相同，根据教学环节之间层层递进的关系，教学方式的选择也应该呈现出明显的差别。同时，教师要考虑课堂的整体框架，从教学内容出发，研究学生在整节课堂上的表现，从而让教学方式在每一个环节都更具有针对性。在主体性、审美性、愉悦性、情感性、艺术性等多方面情境引领下，让学生始终保持注意力集中的学习状态，强化学生在阅读课堂上进行自主探究的美好体验感。

导入环节：以谈话的形式进行课题导入，揭示文章的主要教学内容。例如："同学们，我们印象中的大年夜是怎样的一番景象呢？"教师通过谈话的形式，引发学生进行思考的同时，让学生能将所思所想明确地表达出来，为后续引出课题做好准备。在学生纷纷表达了自己的看法以后，教师紧接着说："我们在大年夜一家人围坐在一起吃年夜饭、看电视节目，是多么温馨幸福。""但是有一个小女孩，在寒冷的大年夜光着脚，走在大街上叫卖着火柴，她会经历什么呢？"以此类型的对话形式来将安徒生《卖火柴的小女孩》这篇童话引出来。在这一导入环节，教师以齐读课题的形式，让学生初步了解故事情节，并能从中产生自己的感想，然后进行对话探讨，为即将进入的阅读教学做好情感铺垫工作。

初步感知：播放《卖火柴的小女孩》这则童话故事的动画视频，让学生的注意力全部回归到课堂学习，在声音、画面的双重刺激下，提高学生对"小女孩"的同情之心，鼓励学生在完成观看以后，用自己最为简洁的话语描述故事内容。观看视频的方式毕竟太过于直观，要想更加深入地了解这个出自丹麦大师笔下的精彩故事，必须仔细地阅读课文。对此，教师引入了自由朗读的教学方式，引导学生在阅读的过程中注意生字新词的读音，以及语气、语调的变化，将课文读通下来。接下来，教师引入小组合作的探究方式，让学生在语文学习小组之内，围绕"从文中找出令你最为感动的地方，通过小组讨论的形式，谈一谈你觉得小女孩怎么样。用'我认为小女孩'来谈谈自己的感受"。通过激烈的讨论和互动，学生能够得出"我认为小女孩很可怜，她的命运十分悲惨"的结论。

深入领悟：以交流汇报的方式让学生在阅读中感受小女孩的悲惨命运。

生：我从课文中"天冷极了，下着雪，又快黑了。这是一年的最后一夜——大年夜。在这又黑又冷的晚上，一个穷苦的小女孩，没戴帽子，赤着脚在街上走着"，仿佛看到了小女孩可怜巴巴的样子，在阖家团圆的日子里，小女孩孤单地走在大街上，多么可怜呀！

生：我从"她的旧围裙里兜着许多的火柴，手里还拿着一把。这一整天，谁也没买过她一根火柴，谁也没给过她一个硬币"，感受到小女孩十分悲惨，在这个冷漠的社会里，甚至没有一个人伸出援助之手，帮助一下小女孩。

生：我从"她不敢回家，因为她没卖掉一根火柴，没挣到一个钱，爸爸一定会打她的"能够体会到小女孩内心世界是孤苦的，唯一疼她的奶奶死去了，爸爸也不疼爱她，小女孩的境地十分凄凉。

生：我从小女孩躲在墙角，在擦燃的火柴中看到了幻象，感受出了小女孩的凄凉，作者使用的是侧面描写的方式。

师：你们同意这种看法吗？说一说你们的想法。

生：我同意这种看法，大年夜很冷，小女孩想要温暖，于是幻想出温暖的火炉；因为没有吃东西，很饿，于是幻想出了食物；因为圣诞节马上就要到了，于是幻想出了圣诞树；现实中她需要被疼爱，于是幻想中出现了奶奶。就是因为现实和幻想的差别很大，小女孩才会显得更加凄惨。

拓展延伸：组织学生一起表演趣味情景剧，拓展学生的阅读思维。"卖火柴的小女孩的命运十分悲惨，你们愿意看到这种结局吗？是的，大家都希望小女孩能变得幸福，让我们一起改写小女孩的命运吧。"按照分组的形式，每个小组结合自己的想象，改写《卖火柴的小女孩》这篇童话故事，并通过表演的形式，将故事情节生动、形象地展示出来。在经过激烈的讨论以后，学生跃跃欲试，教师通过抽签的方式确定上台表演的小组顺序。看着台上学生积极的表演，台下学生有时候笑得前俯后仰，有时候则深深沉浸在故事情节当中，这些表现无疑代表学生的情感已经和文本融为一体，对拓展学生的阅读思维有着至关重要的影响作用。

三、开发教学资源

小学语文教材，虽然是阅读教学重要的课程资源，但绝对不是唯一资源。语文教师想要达到优化课堂的教学效果，就要具备开发教材资源的能力，在充分发挥教材原本内容的教育功能的同时，积极探究课外的补充资源，在教学设计上呈现出"以课本为中心"的教育模式。这里所提到的课外资源，并不是教师随意搜索以后呈现给学生的，而是根据课程教学目标仔细筛选以后的材料。在此基础上，教师要对学生进行耐心指导，结合阅读教学目标，帮助学生明确阅读学习的方式，并结合一定的评价机制，形成阅读教学的完整体系，避免学生进行盲目、无序、零散的阅读学习。

语文教师不仅要突破教材的限制，还要将学生带出狭窄的课堂，走向校园以外的广阔世界，让他们能够在更加富有生活气息的社会中进行阅读学习。例如，教师可以组织学生参观历史博物馆、文化馆等，让学生在浓郁的文化意蕴熏陶下更好地发展，让这些文化场地成为课堂教学的源头活水。苏霍姆林斯基曾经对教师提出过这样的建议：要将学生带进周围的世界里面，让他们自己去摸索和发现，来锻炼学生的语言和思维能力。因此，语文教师要利用好社会课堂，让学生的童稚之心回归到生活当中，通过亲自实践更加贴切地了解教材内容中的画面、情感、道理和故事，搭建一个全新的感悟平台，让学生在生活中用心学习。

此外，校园和教室是学生进行玩耍和学习的主要阵地，就像鲁迅先生所描绘的"百草园与三味书屋"，每当回忆起来总是温暖和美好的。学校应当重视校园环境的营造，利用学生比较喜欢的童真元素，将校园和教室打扮得靓丽多彩，呈现出充满童趣的文化内涵。例如，在学校的走廊和墙壁上，可以开辟一处充满童真的天地，将童话故事以连环画的形式画到墙上；为校园内的每个建筑起一个充满童趣的梦幻名字；而班级里的教室，则可以将布置权给学生，让他们充分发挥想象力，在学习园地上勾画一新，在空白的墙壁上张贴趣味的美术作品，成为童话世界一般的小天地。学生在丰富多彩的校园场地里，能够充分感受到语文的魅力，将心灵浸润在美好的童真世界里，享受着文化的美妙之处，从而健康、快乐地成长。

例如，在讲解《卖火柴的小女孩》之前，教师可以通过交互性比较强的互联网，搜集大量与童话故事相关的音频资料，作为课堂教学的补充形式，让学生脑海中的童话世界变得丰富多彩。例如，学生可以围绕小女孩身着破烂衣服这一画面形象，加强对小女孩这一人物的理解。此外，教师可以引入凄凉、哀切的音乐，作为课堂讲解的背景音乐，让学生在音乐营造的氛围当中，更加深刻地感知故事情节。在课堂情景剧的表演环节，教师可以将学生带领到操场上，利用更大的场地空间，给学生自由表演的机会。比起在教室狭小的空间内进行情景剧表演，学生更喜欢在空旷的场地上表现自己，这是因为更大的场地空间能够相应地减少学生束缚感，使其全身心地投入到故事情节当中。在本节课结束以后，教师可以将装扮教室的权利交给学生，让学生在文艺委员的带领下，利用课后空闲时间，将教室装扮成《卖火柴的小女孩》的主题形式，通过学生积极参与，加强学生对本篇文章回顾、反思，提高学生学习语文知识的自信心。本课教学打破了原有教育资源的限制，真正走出了教室，将学生带领到更加广阔的学习天地之中。在此基础上，系统地开展阅读课堂的教学活动，能够契合小学生的身心特点，为其营造一个轻松、自由的探究空间，使其在欢愉的探究模式下，享受文化知识的浸润，完成心灵的成长。

第四节 "儿童本位，童心回归"教学实践

"儿童本位，童心回归"教学实践一：以部编版小学语文二年级上册《小蝌蚪找妈妈》为例

（一）教学背景

《小蝌蚪找妈妈》这篇课文极具童趣，以学生能够接受的方式，讲解了一个趣味的故事。在"童心回归"课堂的教学中，这篇文章能够切实站在学生的身心发展角度上，将故事情节铺设开来，引发学生的思考。在本课教学中，学生不仅能够掌握基本的识字知识，还能在自主探究中理解一些道理，从而产生对阅读学习的美好情感，喜欢上阅读。

（二）学情分析

小学二年级的学生，在思维认知上还处于初级阶段，思想比较天真，性格活泼，喜欢在具象的故事中领悟一些人生道理。《小蝌蚪找妈妈》这篇课文，能够很好地适应二年级学生的身心发展状况，课文以小蝌蚪为主人公来贯穿整个的故事情节，充满童真、童趣。在这种有趣的故事教学下，学生可以更加清楚地理解文章中所描述的故事情节，掌握文章大意，从中获得成长感悟。

（三）教学目标

（1）知识与能力：通过对故事的理解，清楚地了解小蝌蚪找妈妈的整个过程，知道小蝌蚪在成长中，要经历多少次形体上的变化，提高对事物的观察、认知能力。

（2）过程与方法：通过阅读学习，感受小动物的心理、语言，能够有感情地将文本故事朗读出来。

（3）情感态度与价值观：通过阅读学习，能够知道青蛙可以捕捉害虫，是人类的好朋友，明白要保护青蛙的道理。

（四）教学重难点

（1）教学重点：通过阅读文章中的故事，知道小青蛙顺利长大需要经历几次形体上的变化。

（2）教学难点：凭借插图，学会观察，提高观察能力以及对外在事物全面认知的能力。

（五）教学过程

1. 趣味导入

师：同学们，老师为大家播放一部有趣的动画片，想不想看呢？

生（异口同声）："想。"

师：这部动画片叫作《小蝌蚪找妈妈》，在观看的时候呢，每当小蝌蚪的身体发生一次变化，你们便可以用笔在本子上画一下，最后一起数一数，小蝌蚪一共发生了几次身体上的变化。

（教师板书：《小蝌蚪找妈妈》）

师：看完这部有趣的动画片，想一想，这个小蝌蚪到底找了几次妈妈呢？它都遇到了哪些动物？

生：遇到了鲤鱼、乌龟、青蛙，一共找了三次妈妈。

（教师板书：三次，鲤鱼、乌龟、青蛙。）

师：看来大家观看的都非常仔细，等下我们一起结合书中的插图，一起来跟随着小蝌蚪找妈妈吧。

设计意图：在导入环节当中，教师首先为学生播放《小蝌蚪找妈妈》这部动画片，非常契合当前学生童稚、天真的心性，并且可以将学生的注意力集中在有趣的故事情节当中。接下来的问题引导又体现了将课堂归还给学生的特点，让学生在问题情境中按照教师的思路积极探究，有效地提高了学生参与课堂学习的主人翁意识。

2. 童趣感知

师：请你们默读课文，想一想，课文中的哪些内容与插图有关系？

师：请你们三个分别读一读第2～4自然段，读完以后将老师手中对应的图片贴在黑板上。

生积极朗读课文，并将图片正确地贴在了黑板上。

师：这三名同学表现得都很好，现在请你充当一次小老师，站在讲台上，结合黑板上的图片，来给大家讲一讲《小蝌蚪找妈妈》这则故事吧。

生：小蝌蚪在找妈妈的路上，自己的身体不断地发生着变化。它在鲤鱼妈妈的口中得知，自己的妈妈是宽嘴巴，有四条腿。过了几天以后，小蝌蚪长出来了后面的两条腿。在遇到乌龟妈妈以后，它知道自己的妈妈披着绿色的衣裳，头顶上有两只大眼睛，会"呱呱"地唱歌。就这样又过了几天，小蝌蚪的尾巴变短，成了小青蛙，最后在荷叶上找到了自己的妈妈。

师：大家为他鼓掌，故事讲得非常生动、有趣。同学们，这篇课文是通过动物的语言和动作来进行描写的，看老师在课件上为大家圈出来的"迎""追""游"这三个字，细细品味一下。

设计意图：在这一教学环节中，教师引领学生的思维从视频回归到课文当中，结合有趣的插图，调动起学生对本节课堂趣味故事的学习兴趣。教师用讲故事的形式，让学生站在讲台上，以教师的身份为大家描述图片上的故事情节，真正将"以生为主"的教育理念展现了出来，体现了儿童本位的教育。师生积极互动的过程在一定程度上降低了教师的威严，让学生感受到教师的尊重与关爱，提高了学生积极参与课堂探究的主动性。

3. 问题引导

师：同学们，你们思考一下，小蝌蚪是怎么找到妈妈的呢？它又是怎样变成一只小青蛙的？

（鼓励学生通过多种方式来进行表达，可以结合文本内容生动地描绘出来，也可以用笔将小蝌蚪的变化过程画出来，还可以用自己的话语来进行讲解。）

生在学习小组内，结合问题相互交流。

师：老师在查看的过程中，看到大家已经有了不少总结。现在同学们按照小组顺序派出代表来为大家展示吧。

第一组同学按照教材中的插图，为大家讲解故事情节。

第二组同学根据小组讨论的情况，将小蝌蚪找妈妈和成长过程在一张白纸上勾勒了出来，通过走动的方式，让全班学生进行欣赏。

第三组同学四名同学全部上台，分别扮演小蝌蚪、鲤鱼妈妈、乌龟妈妈和青蛙妈妈，将小蝌蚪的变化和找妈妈的过程表演了出来。

……

师：大家的表现真的很出乎老师的意料，尤其是第三组同学，在表演的时候非常认真，其他同学都被你们逗笑了。

设计意图：教师通过问题引领的方式，让学生在保持童真的学习态度上，积极参与到课堂互动中。在教师的一问一答、一导一动的教育模式下，每个学生都在积极思考，将自己的看法表达出来。可见，这一教学环节的设计，让学生对本节课的学习有了更加清晰的认识，也认识到自我存在的价值，建立了自主阅读的良好意识，为以后更好地进行阅读学习做好了铺垫。

4. 生活体会

师：在今天的课堂上，我们学习了《小蝌蚪找妈妈》的故事，那么，你们知道青蛙对人类是有益还是有害的呢？

生1：小青蛙不会伤害人类。

生2：小青蛙是对人类有益的。

师：对，小青蛙是人类的好朋友，它能成为我们的小帮手，让我们一起来看看老师为大家准备的图片吧，看看小青蛙到底是怎样帮助人类的。

（教师将青蛙在田地里捕捉害虫的图片展示给学生。）

生1：小青蛙帮助人类捉害虫。

生2：小青蛙是人类的小帮手，我们要保护它。

师：你们说的都对，因为有了青蛙，大自然的生物链才得以平衡，害虫才不会猖狂，青蛙是人类的好朋友，我们要保护青蛙。

设计意图：教师结合生活中的实际情况，引发学生的思考，让学生在这一环节中认识到青蛙对人类的帮助，了解到青蛙是人类的好朋友，应该保护青蛙的道理。在这一环节的整体设计中，教师主要引导学生进行回答，让学生结合图片说出答案，将"童心回归"的本质诠释了出来，有利于"润童稚心"课堂的顺利开展。

（六）教学反思

在本节课的教学中，教师借助《小蝌蚪找妈妈》这一充满童趣的故事来启迪学生的思维，让学生能够在童真课堂上，将内心回归到课文当中。教师通过情境建立、谈话导入、观看视频、角色扮演、小组合作等多种方式，提高学生参与课堂探究的积极性，让学生感受到阅读学习的趣味。教师多元引领、学生自主参与的课堂学习的教学模式，提高了学生的探究热情，帮助学生完成了"童心回归"，提高了其在阅读课堂上学习的实效性。

"儿童本位，童心回归"教学实践二：以部编版小学语文二年级下册《小马过河》为例

（一）教学背景

《小马过河》是一篇具有育人意义的童话故事，告诉我们在遇到事情以后，要想办法克服，找到解决问题的答案。本篇童话故事的文本篇幅稍长，里边涉及了很多有趣的故事情节，具有浓厚的哲理性，通过事物美、情节美和构图美充分调动起学生自主探究的兴趣。在课堂教学中，教师通过积极引领的教学方式让《小马过河》这一童话故事深入学生心中，让学生感受到童话故事中深刻的育人理念，将童稚之心回归于课堂学习当中。

（二）学情分析

小学二年级的学生对童话故事情节已经有了一定的自我认知能力，

可以通过阅读明白故事情节。但是二年级学生的语言感知能力比较薄弱，虽然能够读懂故事情节，却难以有深刻的理解。针对这种情况，语文教师要实现"童心回归"的课堂，就需要对学生进行层层点拨，让学生在感悟趣味故事的同时，获得语言上的锻炼，能够体会到故事背后所蕴含的深厚道理。

（三）教学目标

（1）知识与能力：通过阅读学习，能够识记14个生字，会书写8个生字，理解"为难""吃惊""难为情"等词语，并能够将这些词语运用到语言表达之中，能够在有感情地朗读文本的基础上，将《小马过河》的故事复述出来。

（2）过程与方法：凭借文本图片，思考老牛和松鼠说的内容为什么不一样，能够准确解读老马的话。

（3）情感态度与价值观：认识到在遇到困难问题时，不要只听别人怎么说，还要亲自试一试的道理。能结合生活实际，加以运用。

（四）教学重难点

（1）教学重点：学会生字新词，可以有感情地朗读文本故事，从对话中体会故事当中各个人物形象的性格。

（2）教学难点：思考老牛和松鼠说的话为什么不同，思考在生活中如果遇到实际困难该使用怎样的方法去解决。

（五）教学过程

1. 设疑激趣

师：今天我们学习一篇有趣的童话故事《小马过河》，同学们开心吗？

（教师板书：《小马过河》。学生齐读课题。）

师：对于"小马过河"这四个字，你们有什么想法吗？

生：我想知道小马为什么过河。

生：我想知道小马怎样过河。

……

师：同学们真的很不错，可以想出这么多的问题来，现在把书翻开，让我们读一读，通过故事来解决这些问题吧。

师：听老师为大家准备的录音，用笔将不认识的字词圈画出来，并一边听一边思考"小马为什么过河"这一问题。

师：好了，录音播放完了，请你们说一说小马为什么要过河吧。

生1：小马在帮妈妈干活。

生2：小马要到磨坊去。

生3：小马要把麦子给妈妈驮到磨坊去。

师：你们说的都很好，如果将"河对岸"加在答案里就完美了。你们觉得应该加在哪个地方呢。

生：加在"磨坊"的前面。

师：很好，让我们一起看一看圈起来的生字新词吧，共同学习一下。

（教师对生字新词进行讲解）

设计意图：在课堂刚开始的这一环节，教师通过设疑激趣的方式，让学生快速将精神集中在相关知识的探究中，感受学习《小马过河》这一故事的趣味。

2. 理清脉络

师：从你开始，开火车朗读课文，注意在读的过程中，读准字音，读通句子，读出感情。

生朗读课文。

师：现在读完了，请你们说一说，本篇文章一共有几个自然段呢？小马从家到河边几次呢？这几次的结果又是怎样的？

生回答问题。

（教师板书：过不了河 蹚了过去）

师：接下来，请看老师在多媒体上呈现的内容。请你们将括号里的内容填写完整，说明小马过河的原因、经过，并告诉老师老马教小马、小马尝试过河分别是在哪个自然段里出现的。

多媒体呈现内容：故事先写了小马要过河的原因，接着描写了小马（　　）的情况，老牛对小马说河水（　　），才刚没过小腿，能够很轻松地蹚过去，小马（　　）跑到河边。松鼠对小马说河水（　　），在前不久的时间刚把它的小伙伴淹死，不能蹚过去，小马（　　）收住脚步。最后写老马（　　），小马（　　）。

设计意图：这一教学环节的设计，首先通过学生自主朗读故事的形式帮助学生掌握故事内容，了解具体发生了一件怎样的事情；接下来通过填空的方式，带领学生梳理清楚故事脉络，让学生对故事有一个明确的认知。这一教学环节，除了为学生建立了良好的阅读思维之外，也为学生深入探究文本内容做了铺垫工作，还让学生的注意力始终集中在课堂探究上，提高了学生的专注力。

3.朗读表演

师：请你来看课件呈现的第一段的1、2两个小节，说一说，是什么事情让小马高兴的"连蹦带跳"呢？

（出示动画课件引读）

生回答。

师：怎样才能将小马当时的心情表达出来呢？你可以为大家朗读示范一下吗？

生带着天真、活泼、高兴和肯定的表情，用欢快的语气将相关内容读出来。

师：看来大家已经对这则故事已经有了清楚的了解，能够准确把握故事人物的情感变化。接下来，请你们以小组为单位进行表演排练，然后上来表演。

生通过学习小组，互相探讨、沟通，积极踊跃地排练。

师：按照小组顺序依次上台表演吧。

（在学生夸张的动作和神态中，一片欢声笑语。）

师：同学们，你们表现得既有趣又有灵魂，老师十分欣慰，给你们每个人都增加一个积分，在期末的时候凑齐十个积分，可以来老师这里兑换一份礼物。

设计意图： 在朗读表演这一教学环节设计中，学生能够从基本的阅读学习灵活地过渡到积极探究的学习状态，将童稚之心回归到课堂，通过亲自演练、操作的方式，感受到学习童话故事的魅力，认识到主动学习对自身发展的重要性。教师作为课堂的组织者，引导学生深入感悟故事，以旁观者的身份指导学生掌握正确探究的阅读方法，让学生能够更加充分地融入课堂学习。

4. 拓展延伸

师：同学们，我们已经清楚地知道了《小马过河》这则故事，请你们充分发挥想象力，说一说，小马去到河对岸以后，它会说些什么呢？

学生积极发言，以下为部分发言内容。

（1）小马来到河对岸以后，说道："在遇到拿不定主意的问题时，可以咨询别人，但也要自己动脑想一想，亲自试一试，来验证别人说的是否正确。"

（2）小马过河以后，兴奋地说道："我终于来到河对面了，感谢老牛、松鼠和妈妈对我的帮助。"

（3）小马开心地一边跳一边说："我可以凭借自己的力量，帮妈妈做力所能及的事情了，也明白了不要惧怕困难，敢于尝试的道理。"

师：同学们，你们说得都十分有趣，绘声绘色地描绘出了小马的心声。

师：那么，你们从小马过河的表现中，能够感受到小马是怎样的性格呢？你们怎么看待它呢？

生回答。

师：如果在现实生活中，你们遇到类似的问题，该怎样解决呢？这是今天的作业题目：请结合生活经验，想一想，你们有没有像小马一样遇到类似的困惑呢？应该怎样来解决呢？

……

设计意图：最后的拓展延伸环节主要是为了加强学生思想上的感悟，给学生充分的自由表达时间，让学生将自己的想法表达出来。教师根据学生的表达，及时调整引导方向，让学生的思维一直朝着深入的方向进行探索，提高学生主动参与课堂发表意见的积极性。开放式的作业设计真正顺应了学生的童心，让学生提高了做作业的热情，同时深化了自身的情感表达。

（六）教学反思

阅读学习是提高学生语言表达能力的关键举措。在这节课堂的教学中，教师为学生安排了大量的自主探究实践，充分调动了学生的积极性，让学生结合文本内容、生活经验，将童心回归到课堂本身，探究故事蕴含的道理。教师通过情感层层推进的朗读活动，让学生能够体会到故事中人物的内心活动。学生从自主探究的阅读过程中，升华自身情感，完成心灵的净化。这种"童心回归"的润心课堂，从另一个层面来说，既彰显了教师教学的智慧，又给学生提供了一个真实的锻炼机会，能够促进学生的健康成长。

优秀传统文化润童心

——《北京的春节》教学设计

一、教学目标分析

（1）掌握文章中的生字和生词。

（2）流利、有感情地朗读文章。

（3）了解老北京春节的习俗，感受传统节日中蕴含的文化。

（4）分析文章的表达顺序，了解文章的写作方法。

二、教学设计与实施

（一）设计方案

　　教师收集与春节相关的视频，并在课堂上进行播放，使学生的记忆又回到春节的气氛中，感受春节的热闹，让他们明白春节是一家团聚的日子，也是新一年的开始，以此调动起学生的情绪，促使他们兴致昂扬地参与到课程学习中。完成导入环节后，教师以PPT的形式开展生字和生词教学，在引导学生掌握生字生词的同时，还可以通过点击的操作，播放生字的标准读音，帮助学生掌握生字的字形和读音。随后，学生开始进行自主阅读，并且在其中找出北京春节的习俗，感受老北京春节的特色。在学生完成阅读后，教师提出问题进行引导，让学生分析出文章的写作顺序，使他们明白优秀的文章在写作的时候已经有了合理的安排，遵循一定的方法。这有助于发展学生的写作意识。此后，教师组织学生围绕阅读教材的收获，共同讨论老北京有哪些春节习俗，这些习俗又有哪些特点，让学生在不断的讨论中对文章有更加详细的认知，同时能够了解不同习俗形成的原因。在深入的讨论中，学生还能够感受劳动人民的智慧，体会优良的传统文化。

（二）学生活动

学生观看视频，回忆自己在春节中的经历，思考春节的含义，总结春节的习俗有哪些；在教师的引导下，掌握文章中出现的生字和生词；通过自主阅读，分析文章中出现的老北京习俗有哪些，并且依据文章的内容分析各种习俗的由来；在完成阅读之后剖析文章，梳理文章的写作顺序和应用的写作手法。

（三）设计意图

在之前的小学语文课程中，由于受到教学资源的限制，教师基本上都只能够围绕教材中的内容进行分析。而且在应试教育理念的干扰下，很多教师教学的重点集中在了考点上，即重视学生生字和生词的掌握、文章内容的背诵，忽视了对学生能力的培养。在语文课程中，教师分析文章的时候基本是照本宣读，没有引导学生进行分析，以至于学生在课程中只能掌握固定的知识，其他方面得不到发展。针对这种情况，新课改提出了新的要求，教师需要在课程中培养学生的语文核心素养。由此，教师转变教育理念，开始在课程中渗透传统文化。但教学形式却没有太大的变化，仍然是以灌输式教学为主。同时，传统文化的内容主要以文字为主，使学生在长篇大论中逐渐产生了厌烦的情绪，起不到推动学生发展的作用。教师在教学时融入信息技术资源，进行动态化的呈现，能够使语文课堂变得更加灵动，也符合学生的认知规律，让学生在学习的时候更加投入、更加主动。此外，发挥信息技术的优势，能够加深学生对语文教材中文章的理解，使教师在融入传统文化的时候更加自然，让学生发现隐藏在语文教材中的传统文化，以此提升他们的文化修养。

（四）教学过程

教学片段一

教师：锣鼓喧天辞旧岁，爆竹声中迎新春。在每年的寒假期间，我们都会经历一个最重要的节日，也就是我们的传统节日——春节。在春节的时候，大家可以穿新衣、收红包，还可以走亲戚，和许久不见的亲人团聚在一起，每天还有各种大餐等着我们享用。因此，春节受到了我们每个人的喜爱。在长久的发展中，春节也有着团圆、美好的寓意。下面，我们就来看一看各地是如何过春节的。

教师呈现春节的视频，学生在视频中看到了人们在春节的时候穿上新衣服聚集在一起，还有的地方举行了盛大的迎春晚会，这些都会成为人们最美好的记忆。

教师：北京是我国的首都，下面，让我们跟随作者的脚步，了解一下老北京的春节有哪些习俗吧。

学生翻开教材，阅读文章中的内容，迫切地想要知道首都的春节是如何度过的、有哪些新鲜的习俗，有极大的学习热情。

教学片段二

教师：今天我们要学习的这篇文章篇幅较长，其中会出现很多生字和生词，为了能够让大家顺畅地完成阅读，在正式开始阅读之前，我们先来学习一下其中的生字和生词吧。

教师以PPT的形式呈现教材中的生字和生词，在讲解生字的时候，通过点击的操作，播放生字的读音，让学生在掌握生字字形的同时学会如何正确发音。而在教学新词的时候，教师通过联系上下文、找近义词等方法，帮助学生理解词语的含义。在完成了生字和生词的教学之后，教师引导学生进行自主阅读，让他们可以在不受干扰的情况下对文章产生个人的

附录

看法。

学生1：一般我们认为春节是从除夕开始，但是在老北京，人们在腊七腊八的时候就开始着手准备了。

学生2：放寒假的习俗在古时候就有了，从腊月十九开始，也是放一个月。

学生3：小年的时候，大家会用糖供奉灶王爷，防止他将家里不好的事泄露出去。

学生4：除夕的时候，春节的气氛就更加明显了，无论是老人还是小孩都穿上了新衣服，家家户户门口都贴上了春联。

学生5：元宵节是老北京一年中的高潮，整条街都像是办喜事，非常热闹。

学生6：在正月十九的时候春节就算是结束了，大人们去忙，孩子们也去上学了。

教学片段三

教师：大家通过阅读，对老北京的春节有了一定的了解，也感受到了热闹非凡的场景。那么，下面大家合作分析一下文章的写作顺序吧。

学生以小组的形式围在一起，共同进行讨论。由于之前已经熟悉了文章的内容，他们快速进行阅读，并且将关键词标注出来。完成阅读之后，小组内的学生分别发表自己的看法，最后进行总结，得出了统一的结论：文章是按照时间顺序写作的。

学生1：文章一开始描写的是腊八时候的事情。

学生2：然后写了小年的内容。

学生3：之后是除夕时热闹的场景。

学生4：随后是正月初一。

学生5：紧接着是最为热闹的元宵节。

学生6：正月二十九春节结束。

教师依据学生的发言，用思维导图的形式呈现出老北京春节的顺序。

学生直接明了地看到了春节中各种活动的顺序，也掌握了文章的结构，从而对文章有了整体的把握。

教学片段四

教师：通过共同分析，大家已经掌握了老北京春节的顺序。下面大家将各个节日中存在的习俗补充完整吧。

教师在原有思维导图的基础上开展教学，让学生结合文章中的内容将思维导图补充完整，将各种节日和习俗一一对应。

学生1：腊八的时候人们要熬腊八粥，泡腊八蒜。

学生2：小年的时候人们开始放鞭炮、送灶王爷上天。

学生3：除夕人们要穿新衣服、贴春联。

学生4：正月初一男人们拜年，女人们待客，小孩逛庙会。

学生5：元宵节时，商铺街道都是人，处处张灯结彩。

教师：为了能够提现出老北京春节的特色，作者在写作的时候运用了什么样的写作手法呢？

学生：有详有略。

教师：对于一些重要的节日，作者会运用大量的笔墨进行描述，那么哪些节日描写得较为详细呢？

学生：腊八、除夕、正月初一、元宵。

教学片段五

教师：通过阅读，我们了解到了老北京春节时的各种习俗，也掌握了文章的写作顺序和写作手法。那么，大家知道文章中提到的习俗的由来吗，下面就请大家再次进行分析，找出答案吧。

学生1：腊八粥将各种豆、各种干果都加入其中，展现了劳动人民在这一年中的收获。

学生2：过小年的时候家家都要燃放鞭炮，将灶王爷送上天，还会供奉各种糖，想要用糖粘住灶王爷的嘴，防止他上天的时候向玉帝报告家里的坏事。

学生3：初一到初五不动刀，这是迷信的说法。人们认为在此期间动刀是不吉利的，也体现了人们爱好和平的想法。

学生4：除夕要穿新衣新鞋，寓意着新年新气象，是人们对未来生活的美好祝愿，也反映了古时人们的朴素思想。

教师：由此我们可以看出，每一个习俗都有其独特的道理，都反映了古代人们对美好生活的祝愿。这些节日在我们国家都传承已久，逐渐形成了特色的传统文化。在往后的生活中，大家要理解传统文化、传承传统文化，对未来充满信心以及祝愿。

三、活动评析

考虑到学生在以往长篇大论式的教学中已经产生了抗拒学习语文的情绪，教师在课程导入环节中应用信息技术进行创新，通过展现视频的形式进行动态化导入，以此带给学生新的感受，让他们学习语文的态度产生变化。为了发展学生的个人能力，也为了使他们在不受干扰的情况下发现学习语文的乐趣，教师将课堂时间留给学生自主进行阅读。学生在阅读中感受到了自由，并且站在自己的角度掌握了文章中的内容，产生了独特的理解，感受到了学习语文的乐趣。随后，教师提出问题，引导学生进行分析，并且借助信息技术以思维导图的形式呈现出学生的学习收获，将文章的写作顺序直观化地呈现出来，帮助学生掌握文章的脉络，使学生更方便地分析文章中的内容。最后，教师引导学生分析各种节日的由来，同时呈现在思维导图中，发挥信息技术的优势，将优秀传统文化与小学语文教学融合，让学生在掌握语文知识的同时，也受到了传统文化的熏陶，有助于学生实现协调发展。

四、教学反思

运用信息技术开展教学，能够使原本枯燥的语文课程重新焕发活力，使教学的形式更加灵活。教师在课程中以视频的形式动态呈现知识，带给学生强烈的感官冲击，使他们对传统节日产生浓厚的兴趣。同时，教师给学生自主阅读的时间，使学生在不受干扰的情况下享受阅读的乐趣，对文章产生自己的理解。此外，教师应用信息技术将文章中的内容以思维导图的形式展现出来，更便于学生进行理解，还能够直观地呈现出语文知识与传统文化的联系，从而促进二者的融合，让学生在掌握知识的同时接触传统文化。可以看出，信息技术在当前的语文课程中发挥着不容小觑的作用。在未来的教学中，教师要积极研究信息技术，创新教学方法，使其成为推动语文教学改革的助力。

中国节　中国心

——《端午粽》教学设计

一、教学目标分析

（1）认识立字旁、米字旁两个偏旁；认识"端、粽"等13个生字。

（2）学习会写字：午、节、豆、叶、米。

（3）把课文读通顺，能读好文中长句子，做到停连得当。

二、教学设计与实施

（一）设计方案

首先，设计课前教学游戏。教师通过设计课前教学游戏，实现了学生对课堂学习内容的有效认识与理解，同时能够让学生在参与学习的过程中感受到趣味。

其次，结合课件为学生提供有效的教学。教师通过这一方法的应用可以让学生对抽象的内容具象化，同时，对于延伸学生的思维以及提高学生的学习能力具有重要的帮助作用和引导意义。

最后，对学生进行生字生词的教学。教师通过这一方法奠定了学生学习知识的基础，提升学生学习知识的能力，让学生能够实现对课文内容的深入理解与掌握，同时有效促进学生的语文素养提升。

（二）学生活动

（1）参与课前游戏，实现对课堂学习内容的有效理解与掌握。

（2）参与课件学习，基于教师提出的课堂问题以及设计的课堂教学内容按部就班地进行学习与感悟。

（3）参与生字生词的学习，以此来提升自己的语文知识学习基础能力，为后续的深入学习做好保障。

（三）设计意图

教师通过对学生进行传统节日端午节的教学，能够让学生在学习文章内容的过程中实现对中国传统文化的有效理解与掌握，这对于改善学生语文知识学习习惯与学习方法具有重要的帮助作用和引导意义，同时，对于降低学生的语文知识学习难度，提升学生的语文知识学习兴趣以及构建生活化的、特色化的、现实化的教学情境具有重要的驱动作用。

（四）教学过程

1. 游戏导入，激发兴趣

（1）导语：同学们，上课前我们先来玩一个游戏吧。这个游戏叫"看美食，猜节日"。

① 出示"汤圆"图：圆圆的汤圆又糯又香，什么节日吃汤圆呢？对，就是元宵节。

② 出示"月饼"图：赏明月，吃月饼，合家团圆就是——中秋节。

③ 每到中华民族传统节日，我们都会吃传统美食。到了端午节我们吃什么传统美食呢？

（2）引出课题：是的，吃粽子（出示"粽子"图）。粽子还有一个好听的名字，叫"端午粽"。

（3）出示课题：跟老师读课题。

（4）"端午粽"这三个字，我们要记住。

① 怎么记住"午"字呢？（课件出示"牛"：看，牛不出头就是"午"。）

② 端字和粽字的偏旁是我们今天要学习的新偏旁——立字旁和米字旁。请你仔细观察，立和米做偏旁的时候和原来的汉字有什么不一样？出示偏旁和汉字：立字在做偏旁的时候，最后一笔要变成"提"；米字在做偏旁的时候最后一笔要变成"点"。我们记字的时候一定要关注细节，才能写正确。

③ 人立正站直为"端"；粽子是糯米做的，所以是米字旁，旁边是老祖宗的"宗"。端和粽都是形声字，同学们记住了吗？

④ 米字旁的字还有哪些？你能说说吗？（出示：商店招牌图）大家快来找一找：蛋糕店的糕，粮油店的粮，面粉袋的粉……看，只要我们在生活中做个有心人，就能认识更多的汉字。

2. 学习生字，扫清障碍

导语：端午粽是什么材料做的？味道如何？请听老师读课文，请你一边听一边认生字。

（1）出示会认字：请大家借助拼音读生字，每个生字多拼读几遍。

（2）没有了拼音的帮助，你还能读出这些生字吗？看，粽子宝宝来考考大家。（读生字游戏：摘粽子）

（3）生字都会读了，你能用我们学过的记字方法记住他们吗？赶快开动脑筋想一想吧。

① 这三个字你会用什么方法记住呢？（出示：间分据。引导用加一加的方法）

② 出示："总""念"。同偏旁的字我们可以放在一起记，但是要注意区分不同点，谁来说一说？

③ "肉"和"米"：出示"肉"和"米"的图片、甲骨文、小篆、简体字。（通过汉字的演变记住象形字"肉"和"米"）

④ "带"：出示文中句子——"我们在外婆家美滋滋地吃了之后，外婆还会装一小篮粽子要我们带回去，分给邻居吃。"

a. 在句子中，带是什么意思呢？对，是拿的意思。

b. 出示："皮带"图，用皮做的长长的带子叫"皮带"；"带鱼"图，长而细的鱼叫"带鱼"；"鞋带"图，捆鞋子长而细的带子叫"鞋带"。

⑤ 小结：同一个汉字在不同的词句中有不同的意思，这就是汉字的奇妙之处呀！

（4）生字都记住了，相信大家也能读好这些词语。（出示词语，读词语）

3. 朗读课文，读好长句子

（1）出示句子：除了红枣粽，还有红豆粽和鲜肉粽。

这个句子写了几种粽子？我们可以在这些词语前后稍做停顿，快来练一练吧。（指导朗读）

（2）出示句子：粽子是用青青的箬竹叶包的，里面裹着白白的糯米，中间有一颗红红的枣。

遇到这样的句子，我们可以先读好短语，然后读句子。（指导朗读）

（3）出示句子：长大了我才知道，人们端午节吃粽子，据说是为了纪念爱国诗人屈原。

看，停顿符号也来帮助大家。注意做到停连得当。（指导朗读）

（4）长句子读好了，我们来读读课文吧——读全文。

4. 理解字义，学以致用

（1）豆：①谁来书空一下生字"豆"，注意从上到下的笔顺规则。②看图组词：土豆、豆芽、红豆、绿豆……看图组词是不是很有趣呢？

（2）米：①写米字的时候要注意先写"点""撇"，再写"木"字。②猜词语：大米煮熟了叫——"米饭"；大米酿的酒叫——"米酒"。

（3）午：①"午"字可以组成哪些词语？②再来猜猜词语：中午用餐叫——"午餐"，中午休息叫——"午休"。

（4）叶：树上的叶子叫"树叶"，竹子的叶叫"竹叶"，刚长出来的叶子叫"叶芽"或者"嫩叶"。

小结：组词的时候我们用这样的联系思考的方法就会说出更多的词语。

（5）节：①组词：节日、季节、节目、节约。②同学们，你最喜欢哪个节日呢？你觉得哪个季节最美？你欣赏过哪些精彩的节目？你有节约用水用电的习惯吗？请你选一个词语说一句话吧。

5. 指导书写，传承文化

（1）出示生字"节、午、豆"。请大家观察这三个字，你们有什么发现？（这三个字都有"长横"，只是长横的位置不一样。）

（2）指导："节"的长横在上面，写的时候要注意"盖下方"；"午"的长横在中间，要压在横中线上，一定要"摆稳当"；"豆"字的长横在最下面，写的时候要做到"托上方"。

（3）学生练习书写：①提醒写字姿势，做到三个一；②展示、指导、评讲。

6. 课堂练习，巩固提升

（1）"节"字是（　　　）结构，第四笔是（　　　），组词（　　　）。

（2）"豆"一共有（　　　）笔，第六笔是（　　　），组词（　　　）。

三、活动评析

（1）语言建构与运用：在教学中，教师先是指导理解"带"字在文中词句里的意思，然后进一步通过生动的图片引导学生理解"皮带""带鱼""鞋带"中的"带"指的是"细而长的物品"。

（2）思维发展与提升：在教学中，教师指导学生用"联系思考"的方法组词，如"米"组成"大米"，"大米"煮熟是"米饭"，酿成酒是"米酒"；"中"组成"中午"，"中午"用餐叫"午餐"，"中午"休息叫"午休"。

四、教学反思

在此次教学活动的开展中，由于将课堂教学重点放在了如何基于传统节日对学生进行教学上，课文的讲解方面存在一定的不足，从而无法在阅读教学以及文章的阅读理解方面对学生进行深入的引导和培养。所以，在后续的教学活动开展中，教师需要将这一教学问题作为关键来看待，同时需要对学生开展更加深入、更加有效且更加健全的课堂教学活动。

祖国宝岛风光

——《日月潭》教学设计

一、教学目标分析

（1）正确、流利地朗读文章，背诵自己喜欢的部分。

（2）结合图文感受日月潭的秀丽风光。

（3）认识到台湾是我国不可分割的一部分。

（4）热爱祖国，盼望祖国统一。

二、教学设计与实施

（一）设计方案

小学二年级的学生学习的时间较短，学习能力还在发展的阶段。因此，在小学语文课程中，学生的文字感知能力较差，他们有时候无法理解文字描述的内容。在现代化的小学语文课程中，教师要加强对学生的引导，让他们在进行阅读的过程中仔细分析，感受每一个字词在文章中的作用，以此增强他们的文字的感知能力。在《日月潭》教学中，教师先给学生讲解日月潭以及台湾的相关内容，让他们了解到日月潭属于台湾，而台湾属于中国，培养学生的正确观念，让他们产生祖国早日统一的美好期盼。之后，教师给学生讲述文章中出现的生字和生词，给他们讲解字词的含义，让他们可以在阅读的过程中理解文章的含义。完成基础教学之后，教师引导学生结合图片进行阅读，通过图片感受语言文字描述的准确性，发现日月潭的美景。在学生完成自主阅读之后，教师以提出问题的方式进行引导，让学生在重新阅读中找出描写景色的词语，一方面可以增强他们对日月潭美景的感知，另一方面可以强化他们的文字分析能力，提升学生的阅读能力。在学生完成学习之后，教师可以在课程中展示更多祖国美景的图片，让学生看到祖国的壮丽山河，培养他们的爱国情感。

（二）学生活动

学生在学习中要了解日月潭所处的位置，明白台湾是我国不可分割的一部分，树立为促进祖国统一和发展而学习的伟大志向；跟随教师的引导掌握文章中出现的生字和生词；在掌握基础知识的前提下进行阅读，结合文章中的插图感受文字描述的准确性，学会用文字描述景色；观看祖国美景的图片，发现更多祖国的美景，产生保护祖国美景的意识，形成爱国意识。

（三）设计意图

素质教育理念的深入，对传统的课程教学产生了强烈的冲击。在之前的语文课堂上，教师开展的教学主要是讲授基础性的知识，要求学生背诵相关的内容，从而保证学生可以在考试中取得良好的表现。这种教学形式虽然有一定的作用，但是因为教师在讲授内容的时候，基本上停留在表面层次，没有进行深入剖析，学生在学习中思维得不到发展，思想也得不到升华，不利于其未来的成长。受到素质教育理念的推动，在当前的小学语文课程中，教师除了要加强基础教学之外，还要发展学生的思维和思想。因此，在《日月潭》教学中，教师要扩充课堂容量，除了完成基本知识的讲授工作之外，还需要深入剖析教材中的内容，引导学生通过文字感受美景，增强他们的文字感知能力。同时，教师要开展思想教育，让学生明白我国的统一大业尚未完成，台湾是我国不可分割的一部分，促使学生的思想正确发展，使他们产生浓厚的爱国情感，为了祖国更好的明天而学习。

附录

（四）教学过程

教学片段一

教师：我们的祖国有着广袤的土地，在这些土地上有很多美丽的景色。今天我们要学习的文章就是描述某一处景色，但是这一处景色有些特殊。从课文名字大家可以得知，今天我们要了解的风景区叫什么名字呢？

学生：日月潭。

教师：自古以来，台湾就是我国不可分割的一部分。时至今日，我们整个中国都期盼着台湾能够回归。而日月潭景区就处在台湾。它虽然是比较特殊的一个景区，但仍然属于我国的风景区。下面我们就来学习一下吧。

教师讲完之后先给学生讲解文章中出现的生字和生词，引导他们在课堂上进行学习。在学生遇到不理解的生词时，教师要耐心地进行讲解，直至学生掌握，让学生可以在阅读的过程中畅通无阻，使他们在阅读中有所收获。

教学片段二

教师：通过学习，大家已经掌握了文章中出现的生字和生词，接下来就请大家自主阅读一下文章吧。

学生按照教师的要求进行自主阅读，同时，教师指导他们将自己认为重点的地方标注出来，培养学生形成良好的阅读习惯。经过一段时间的阅读，学生有了自己独特的收获。

教师：在阅读完之后，大家知道日月潭名字的由来吗？

学生1：因为湖中央有一个小岛，它将湖分成了两个部分。

学生2：北面的部分像太阳，南面的部分像月亮，所以就被称为日月潭。

教师：文章中分别描写了日月潭什么时候的景色呢？

学生1：清晨和中午的风光。

学生2：还描写了下雨的时候日月潭的美景。

教师通过提问的方式引导学生分析文章中的内容，使学生对文章的认知更加全面。他们跟随教师的提问反复阅读文章，有了更加深刻的理解。

教学片段三

教师：相信大家在阅读完文章之后，对日月潭的风景产生了自己的想象。想必大家也十分想知道真正的日月潭有怎样的风光，下面我们就来通过图片和视频观看一下吧。

教师讲完后，播放日月潭的视频，用动态化的形式刺激学生的感官，让他们对文章中表述的内容有了更加准确的认知。随后，教师还分别呈现了日月潭清晨、中午和下雨时的景色，学生对照图片重新阅读文章，感受文章文字表述的准确性。

教师：在观看了视频和图片之后，大家肯定又有了新的感受。那么，作者在描述日月潭不同时间风景的时候，分别运用到了哪些词进行展现呢？

学生1：在清晨的时候，作者用到了"薄薄""点点""隐隐约约"等词，给人一种朦胧美的感受。

学生2：在中午的时候，作者用到了"清晰"这个词，告诉读者此时是观赏日月潭风景的最佳时期。

学生3：下雨的时候，作者用到了比喻的写作手法，使文章更加生动传神。

教师：这些词语的准确运用，让我们仿佛可以透过文字看到日月潭的风景。大家在日常的学习中可以将这些词语积累下来，扩充自己的文学积累。同时，在朗读的时候，大家要根据词语变换语气。例如，在读清晨风光的时候，可以轻柔一些，而在读中午风光的时候要更加明朗，这样才能够更好地读出感情，也有助于大家加深对文章的理解。

教学片段四

教师：我国幅员辽阔，除了台湾有美景之外，其他地方也有数不清的名胜古迹和壮丽风光，下面我们就通过图片来了解一下吧。

教师讲完后，用从网络中收集的资源，呈现出各个地方的特色风景。学生在观察故宫图片的时候，感受到了厚重的历史感；在观察张家界风景的时候，不禁感叹大自然的神奇。除此之外，学生还观看了其他地方的风

附录

景，意识到我国拥有数不胜数的大好山河。

教师：我们国家有数不胜数的美丽风景，而这些风景都需要有人不断地进行守护和改造。同时，祖国的发展要后继有人。这些任务都是大家将来的责任。大家只有好好学习，才能够承担起自己未来的责任，为祖国贡献自己的力量。

学生1：为了祖国的美好明天，我一定要好好学习。

学生2：台湾是我国不可分割的一部分，必须要让更多的人知道这一点。

学生3：希望台湾可以尽早回到祖国的怀抱。

三、活动评析

教师为了在小学语文课程中渗透爱国主义思想，培养学生形成正确的认知，在课程一开始就借助教材中的内容让学生了解台湾是我国的一部分，让学生产生保护祖国领土完整的意识，由此奠定了课程的基调，让学生在进行学习的到时候始终记得日月潭属于台湾，而台湾属于中国。随后，教师开展基础知识教学，让学生掌握了教材中出现的生字和生词，使他们在自主阅读的时候能够顺畅完成任务。同时，教师要求学生分析文章中词语的作用，使他们感受到文字的表现力，并且借助图片和视频加深了学生的认知，提高了他们的文字分析能力。在结束文章的学习之后，教师给学生呈现了中国不同地方的特色风景，让他们看到了祖国的壮丽山河，引导他们要为了祖国更美好的明天努力学习，培养他们的爱国主义思想。

四、教学反思

在素质教育理念不断深入的背景下，当前的小学语文课程教学现状也受到了影响。教师在教学中不再以传授知识为主，而是要推动学生各方面同步发展。在实际的教学中，教师也不再占据主导地位，而是以学生的自主学习为主。在之前的课程中，教学的内容主要以教材中的文章为主，在渗透爱国主义思想之后，这种情况得到了改善，教学的内容更加丰富、更有深度。渗透爱国主义并不是生硬地要求学生热爱祖国，而是需要结合教材中的内容进行科学的引导，调动学生的情绪，使他们自己产生热爱祖国的情感。如此，才能够在发展他们能力的同时，提升他们的思想高度。在渗透爱国主义之后，小学语文课程中产生的变化主要表现为以下几点。

（一）学生更加主动

在之前的小学语文课程中，教师习惯包办一切，无论是基础知识的教学还是对于文章的理解，教师在各个环节中都占据了主导地位。在分析文章的时候，教师虽然会给学生一定的时间进行阅读，但是还没有等到学生开始分析的时候就会将答案告知学生，引导学生通过背诵达到掌握。这样，虽然教学速度更快，但是剥夺了学生自主分析的机会，不利于学生个人能力的发展。而在现代化的课程中，教师转变理念，尊重学生的主体地位，在讲述完基础知识之后将时间留给学生，让学生进行自主阅读和分析，使学生可以在学习的过程中产生自己独特的理解。同时，教师会以提问的方式对学生进行引导，一方面给学生指出学习的方向，让学生在分析文章的时候变得更加灵活；另一方面，学生在自主阅读中能够对文章产生自己的感受。教师在渗透爱国主义思想的时候，也可以更容易被学生接受，从而提升教学效果。不过，需要注意的是，在学生自主探究的过程中，教师还是要给予合理的引导，防止学生学习受到阻碍或者是学习到错误的知识。

（二）内容更有深度

之前的课堂中由于资源有限、理念落后，教师通常都是围绕教材中的内容展开教学，学生只能够接触到文章中的知识；教师不会进行深入分析，只是告知学生课后阅读习题的答案，让他们进行背诵，使得学生对文章的理解停留在表面、被限制在教材中。而在渗透爱国主义思想之后，教学中的内容得到拓展，学生可以在教师的指导下加深对文章的理解。他们意识到了文章中隐藏的深层含义，思维产生触动，在收获知识的同时，形成爱国主义思想。

附录

赓续红色基因　传承革命精神

——《军神》教学设计

一、教学目标分析

（1）学会生字新词，理解字词的含义。

（2）较快地完成默读，形成良好的阅读习惯。

（3）感悟刘伯承将军坚强的意志，对革命领袖产生崇敬之情。

（4）感受传承至今的红色文化，做新时代的接班人。

二、教学设计与实施

（一）设计方案

在课程开始，教师先给学生展示刘伯承元帅的照片，引导学生辨认照片中的人物，待学生意识到照片中的人物是刘伯承元帅后，让学生讲一讲对刘伯承元帅的了解，并且根据学生的讲述情况进行相应的补充和拓展，让学生对刘伯承元帅有较为全面的了解，使他们对课程的学习产生浓厚的兴趣。然后，教师引导学生快速默读教材中的文章，要求他们将不认识的生字和不理解的生词标注出来。在学生完成默读之后，教师帮助学生解决生字和生词，为他们扫清阅读的障碍，使学生具备进行阅读的基础。等到学生完整掌握教材中的字词知识之后，教师继续引导学生进行阅读，让他们在掌握文章内容的情况下，分析其中的细节，尝试透过细节加深对刘伯承元帅的了解。当学生完成精读任务之后，教师让他们以合作的形式相互讨论阅读的收获，共同分析隐藏在文章中的含义，使他们在相互交流中体会到其中流淌的红色文化。最后，教师开展延伸活动，讲述学生不了解的刘伯承元帅的事迹，并且让学生想一想如果刘伯承元帅在自己身边的话想对他说什么话，以此促使学生将刘伯承元帅作为学习的榜样，从而将红色文化传承给学生。

（二）学生活动

学生回忆自己在日常生活中了解到的刘伯承元帅，根据教师的讲述对刘伯承元帅有更加全面的认识；依据教师的要求，在课程中快速阅读文章，将其中自己不认识的生字和生词标注出来；在教师的帮助下掌握生字和生词，在此基础上继续进行阅读，分析文章中的故事情节以及隐藏的深层含义，并与其他的同学交流自己在阅读中产生的收获，体会其中蕴含的红色文化；结合自己的阅读感受和亲身经历，组织想对刘伯承元帅说的话，并且将刘伯承元帅作为学习的对象。

（三）设计意图

在小学语文课程中，教师不能单纯注重讲授知识，还要注重挖掘教材中的其他教育价值。以前，学生在进行学习的时候，基本上都是按照教师的指导记忆和练习生字生词，在完成基础知识的学习之后就开始阅读文章，并且进行分析。但是，在学生还没有开始分析的时候，教师就提前将阅读理解的答案告知学生，让他们进行背诵，无论对于是哪种类型的文章，采用的都是同一种教学方法，以至于学生形成了依赖教师的习惯，他们对文章中的内容缺乏自己的思考，无法理解其中的深层含义。原本是以理解为主的学习过程变成了机械化的背诵，不仅使学生对语文学习变得越来越抗拒，也无法充分发挥语文教材的教育价值。在近几年的发展中，党和国家对思想政治教育的重视程度越来越高，并且要求将思想政治教育渗透到各个学科的教学环节中。语文课堂教学的内容以各类文章为主，是实施思想政治教育的最佳场所。因此，在现代化的课程教学中，教师除了要

附录

注重帮助学生掌握基础性的知识之外，还需要引导他们深入理解文章的内涵。《军神》的主人公是我国开国元帅刘伯承，可以让学生通过阅读了解到老一辈革命战士身上的宝贵精神。现在的生活条件优越，学生被父母和教师保护得非常好，以至于很多学生缺乏艰苦奋斗的精神，遇到一点挫折都会感到无比沮丧。而在《军神》教学中，学生可以了解到刘伯承元帅为了革命事业，在做手术的时候坚决不打麻醉剂，即便是非常痛苦，也没有在手术台上吭一声，是当下学生最好的学习榜样；同时，能够让学生受到红色文化的熏陶，使他们对革命战士肃然起敬。

（四）教学过程

教学片段一：初知军神

教师：我们中华民族虽然有着悠久的历史，但是我们的中华人民共和国却是一个年轻的国家。建国的过程中有无数的磨难，涌现了无数的革命英雄。今天我们要学习的文章讲述的就是其中极为著名的一位英雄的事迹。下面我们先来看一看这位著名的革命英雄是谁吧。

在讲完后，教师展示一系列图片，分别是刘伯承在抗日战争时期、开国大典时期以及在授衔时期的照片。学生通过仔细观察照片，回忆自己在日常生活中积累的信息进行辨别，很快就分辨出照片中的人物就是刘伯承元帅。

教师：大家既然能够认出刘伯承元帅，那么相信大家也对他本人有一定的了解。下面请大家讲一讲吧。

学生1：他是开国十大元帅之一。

学生2：他在抗日战争时期立下了赫赫战功。

教师：刘伯承元帅在1926年就加入了中国共产党。在后续的从军生涯中，他先后参加了北伐战争、南昌起义、长征等重大战役，并且在抗日战争中发挥了重要的指挥作用，有力地推动了我国抗日胜利的进程。在建国之后，刘伯承元帅仍然贡献着自己的力量，成立了我国第一个军事学院，为我国培养了很多人才，是值得我们学习和铭记的英雄人物。

在教师的补充和延伸下，学生对刘伯承元帅的事迹有了更加全面的了解，也对刘伯承元帅产生了敬佩之情。

教师：今天我们要学习的文章讲述的就是刘伯承元帅的事迹。现在我们先默读课文，将其中自己不认识的生字和不理解的生词标注出来。

学生在教师的引导下快速默读文章，一边默读，一边将生字和生词标注出来。在快速默读的过程中，他们对文章的大致情节有了一定的把握。完成默读任务之后，学生将自己标注的生字和生词反馈给教师，教师根据学生的反馈进行指导教学，帮助学生掌握文章中出现的生字和生词，为他们扫清阅读的障碍，让学生具备了进行深入分析的基础。

教学片段二：理解军神

教师：经过默读和学习之后，我们已经对文章的内容有了一定的了解。在此基础之上，请大家对文章进行深入阅读，分析其中蕴含的含义。

教师给学生安排完任务之后，将时间留给他们自由分析。学生依据教师的要求重新阅读文章，并且放慢速度，逐字逐句地进行分析，思考前后文之间的联系。他们在精细阅读中产生了新的发现。

学生1：刘伯承元帅因为眼睛受了伤求医，但是医生开始的态度并不好。

学生2：医生通过刘伯承元帅的眼睛，发现他是一名军人，态度明显变得缓和。

学生3：元帅在做手术的时候不让医生打麻醉剂，令医生感到很震惊。

学生4：做完手术之后，元帅不仅没有喊一声疼，还准确说出医生割了多少刀，医生对此感到敬佩不已。

学生5：刘伯承元帅为了能够让自己在以后有一个清醒的大脑指挥战争，宁愿自己忍受痛苦，他身上这种奉献精神十分值得我们学习。

学生6：他在做手术的时候面临着巨大的痛苦，却没有吭一声，靠着强大的意志力坚持下来。

教学片段三：品悟军神

教师：大家在精读文章之后产生了自己的理解。下面和同学相互讨

附录

论，交换一下各自的理解吧。

学生1：文章是按照时间的发展顺序写的。

学生2：医生在刚开始的时候对刘伯承元帅态度不好，但是在发现他是一名军人之后，态度产生了变化。而在手术完成之后，医生对刘伯承元帅的态度已经变成了敬佩。

学生3：刘伯承元帅在求医的时候使用了化名，并且说自己是邮局职员。一方面可以体现出刘伯承元帅的谨慎，另一方面说明了他当时所处环境的危险。

学生4：正是因为有无数像刘伯承元帅一样的革命英雄，才有了我们今天幸福美好的生活。

教师：刘伯承元帅身上的宝贵精神和其他革命战士的精神一起形成了我国特有的红色文化。大家在日常生活中要积极学习红色文化，传承老一辈英雄人物身上的精神，成为新时代的开拓者。

教学片段四：传承精神

教师：在抗日战争期间，刘伯承元帅在娘子关指挥战争，他们刚刚伏击了敌人，所有人准备撤退。但是刘伯承元帅分析了当时的情况，认为还会有其他的敌人经过。于是，他们大张旗鼓地佯装撤退，随后又悄无声息地回到原来的伏击点。过了一天之后，果然又有敌人经过。刘伯承元帅带领部队对敌人进行猛烈的打击，取得了胜利。

教师在完成教学之后，继续给学生讲述一些刘伯承元帅的事迹。他们通过倾听教师的讲述，发现刘伯承元帅不仅参加革命的时间较早，也有着非凡的战斗智慧和军事才华，往往能够以出其不意的方式获得战争的胜利。

教师：现在大家已经对刘伯承元帅有了更加全面的了解。那么，如果刘伯承元帅现在就在大家面前，大家有什么话想和他说呢？

学生1：谢谢您为革命事业的付出，您辛苦了！

学生2：因为您的付出才有我们的今天，我要像您学习。

学生在延伸活动中讲述自己想对刘伯承元帅说的话，调动内心的情感，从而对革命战士更加钦佩，使红色文化在他们身上传承。

三、活动评析

教师在开展教学活动的时候转变了教学理念，除了引导学生掌握教材中的基础知识之外，还借助文章弘扬红色文化。在具体的教学活动中，教师先通过呈现图片的方式，以直观化的途径引起学生的注意，刺激他们的感官，让学生专心致志地投入到课程中。随后，教师又给学生讲解了刘伯承元帅的事迹，以故事的形式让学生对文章中的主人公产生深入了解，也引起了他们进行阅读的兴趣。在正式教学环节中，教师引导学生进行自主阅读，并且要求他们在熟悉文章内容的基础上将生字和生词标注出来。然后，教师进行指导教学，帮助学生清除阅读的障碍，使学生可以进行精细化阅读。学生阅读完之后，对文章产生了自己独特的理解。为了进一步发扬学生的个性，完善他们的思维，教师组织学生进行合作交流，使他们在相互讨论的过程中相互启发、互相学习，以此对文章中的内容产生更加全面的理解。结束阅读之后，教师还开展了延伸类活动，使学生在其中了解到了更多刘伯承元帅的事迹，并且让他们想一想自己要对刘伯承元帅说的话，以此调动学生的情绪，使他们传承红色文化。

四、教学反思

在当前的语文教学中，教师积极转换理念，除了重视基础知识的教学之外，还深入挖掘教材的教育价值，在其中渗透思想政治教育理念，开展红色文化教育。在具体的教学中，教师给学生提供了诸多课外的内容，以加深学生的理解，取得了一定的效果，即让学生在分析文章的时候更加深入。但与此同时，课堂上出现了一些学生被课外内容分散注意力的情况，致使教学质量下降。因此，在课程教学中，教师要把握好教学的程度，在合理的范围内提供课外内容，发挥其辅助作用。

附录

乘父爱之舟　润童稚心灵

——《父爱之舟》教学设计

一、教学目标分析

（1）掌握生字生词，并对其进行有效学习。

（2）重点围绕父爱这一主题内容，通过对文章内容的分析与解读，构建学生对父爱的认知。

（3）培养学生的思维延伸能力，借助主题延伸的方式对学生进行有效教学与辅导。

二、教学设计与实施

（一）设计方案

本课通过分课时教学的方法对学生进行课程的讲解。在第一课时中，教师重点从情境设置的角度入手来开展课堂教学活动，首先，将父爱主题引入课堂教学，再对学生进行字词的教学，帮助学生解决学习过程中遇到的问题；然后，通过对作者的了解与学习，厘清文章的整体脉络，以此来提升学生的学习能力，让学生能够基于对作者的认识实现对文章的深入认识；最后，结合课文内容为学生设计相应的作业素材，借此来巩固学生在课堂上所学的知识内容。在第二课时中，首先，教师主要是将提问引导作为课堂导入的方法，通过问题切口的设计，实现对新课程内容的有效分析与讲解。然后，教师基于文章提供的线索来引导学生研读文章内容，并且在研读文章的过程中鼓励学生对文章中的问题提出质疑，再通过组织学生讨论与交流的方法，让学生对问题进行有效的思考，从而实现对问题的解决和处理。最后，教师基于主体延伸的方法对学生进行教学，在升华主题的同时实现学生对文章内容的深入学习与理解。

（二）学生活动

（1）参与教师设计的问题情境并进行思考。

（2）参与课堂学习中对文本内容的讨论与分析。

（3）参与教师设计的课堂作业。

（三）设计意图

本文是吴冠中的回忆性散文，围绕父爱抒发了作者的情感，采用倒叙的方式，在梦境中对往事进行回忆，以梦醒为结束。教师通过对学生进行这一内容的教学，让学生明白散文的写作方法，同时让学生了解父爱这一深沉而伟大的"浩瀚烟海"。

（四）教学过程

第一课时

1. 设置情境，引入课题

（1）设置情境，提问学生：有谁坐过船？有没有人看到过谁是坐着船去考试的？

（2）引入课题：导入本课内容——《父爱之舟》，突出文章作者是坐着渔船外出考试的，而撑船的人就是作者的爸爸，所以，这篇课文的名字就叫作"父爱之舟"。

教师引导学生对文章进行初步阅读，让学生感受文章中的情感元素。

2. 突破字词，扫清障碍

（1）教师展示课件素材，在其中体现此次需要学习的生字生词。

（2）教师对学生的生字生词学习情况进行检查，并纠正学生学习中的问题。

附
录

例如，枉wǎng，栈zhàn，跷qiāo，茧jiǎn，僻pì……

（3）学生对词语进行学习和掌握，如朦胧、磨灭……教师为学生解读词语的意思。

（4）教师基于教学课件的应用为学生呈现生字生词内容，然后鼓励学生对其进行书写。

（5）重点需要学生掌握的汉字是考、席、糖、屑等。

（6）教师鼓励学生通过沟通与交流的方式来掌握汉字的笔画和写法。

3. 了解作者，理清脉络

（1）作者简介：吴冠中是教育家、画家，其主要作品有《长江三峡》《黄山松》《周庄》《吴冠中散文选》等。

（2）教师引导学生对文章内容进行快速阅读，并鼓励学生在自然段前面用数字标号，以方便后续的教学，同时需要设计阅读问题：第一是提问学生"文章采用了什么样的叙事方法？"第二是提问学生"文章的写作顺序分别是什么，具体写了哪些内容？作者和父亲之间发生了哪几件事情？"

学生经过阅读能够了解到：

① 文章采用的写作方法是倒叙，是从做梦的方式呈现出来的。

② 文章中一共写了以下几个场景，分别是客栈被咬、庙会、筹学费、参加考试、临行密密缝。

教师需要对学生的回答进行归纳总结，从而形成有思路、有逻辑的标准回答。

（3）过渡：通过对文章内容的阅读与理解，学生可以对作者与父亲之间发生的故事做出有效的认识。

（4）引导学生对文章内容进行解读，并在课堂上回答：在回忆的过程中，父亲都为作者做了哪些事情？并借此来阐明文章的写作脉络。

引导学生进行回答：第一件事情是在父亲被咬之后作者喊来了茶房，并且加了钱，给作者换了房间。第二件事情是父亲给作者买了豆腐脑，还给作者糊了万花筒。第三件事情是父亲在下雨天背着作者上学。第四件事情是父亲为了给作者筹学费，把家里的猪和稻子都卖了。父亲将作者送到了学校，还给他铺好了床。第五件事情是父亲带着作者去无锡考试，在路上，父亲和姑爹给作者撑船，作者在船坞里面睡觉。第六件事情是在临行之前，父亲给作者缝补行装。

4. 结合课文，布置作业

（1）教师引导学生对生字生词进行书写。

（2）教师鼓励学生对课文当中的好词好句进行积累，并且鼓励学生在未来的生活中将之应用起来。

（3）教师鼓励学生进行课文阅读，并且在阅读的过程中让学生谈一谈在作者的梦境当中父亲使他最为印象深刻的事情是什么以及为什么会让他产生深刻的印象。

第二课时

1. 问题切入，导入新课

（1）问题切入：根据以上的学习内容，教师鼓励学生谈一谈课文中作者父亲为作者做了哪些事情，以及这些事情为什么会让作者非常感动，甚至泪流满面。这样可以让学生在复习的基础上实现对后续学习内容的有效掌握，对于提高学生的学习能力以及提升学生的学习素养有着重要的帮助。

（2）导入新课：教师对学生的回答表示肯定，并且要突出后续教学的重点，探讨"父亲为作者做了这么多的事情，那么作者是通过什么途径感受并体验到的呢？"这一问题。通过对这一问题的探讨，学生的思维能够朝着新课的教学目标发展和延续，这样不仅降低了教师的教学难度，还提高了学生的学习兴趣。

2. 抓住线索，研读文本

（1）导读质疑：教师鼓励学生对文章进行快速阅读，然后结合文章中描写小渔船的几个地方进行重点记忆；随后，让学生画出相应的句子，进行反复阅读，并说明文中有几处这样的场景。

教师突出课文中的四处内容，并鼓励学生对其进行一一阐述。第一处是作者再一次看到了姑爹的小渔船；第二处是作者的父亲找姑爹借来了这条小渔船，然后和姑爹一起撑船送作者去考试；第三处是父亲送作者去上学时，依然是用这条小渔船；第四处是作者一直想把这条充满父爱的小渔船写出来。

（2）组织讨论：教师让学生进行分析，在每次提到小渔船时，作者都有什么样的感想。

教师鼓励学生对作者不同的感想进行解读与分析：一是在作者看到姑爹的那条小渔船之后，想到了父亲为了省钱带着自己去住客栈，但是到了半夜，作者被蚊虫叮咬得受不了，父亲就花钱选择了一个没有蚊虫的房间。二是作者的父亲和姑爹一起送他去无锡考试，为了省钱，他们两人轮换撑船，此时作者却在船舱里安静地睡觉。三是父亲和姑爹撑着这条小渔船送作者去上学的时候，他的父亲在不撑船的过程中依然没有休息，而是在代替生病、的妈妈给作者缝补行李。第四是作者自己在思考，他什么时候可以用自己的笔像鲁迅一样，写一篇关于父爱和船的故事。

教师提问学生，在这些故事当中，作者产生了什么样的相同感受？引导学生回答：这都让作者对父亲的记忆越发深刻，也越发让作者感受到了父亲对自己的爱，体会到了父亲的伟大。

（3）引发思考：教师引导学生说一说这条小渔船对作者的重要意义，以及这条小渔船在文章中的出现有着什么意义和作用。

引导学生回答问题：小渔船不光是作者上学的交通工具，还是作者与父亲的情感关联，更是串联这个文章的主线。

3. 延伸触角，升华主题

（1）交流汇报：除了作者写到的与小渔船有关的情境外，课文中什么内容还体现了父亲深沉的爱？

引导学生回答：第2自然段写了作者儿时对父亲的记忆。第4自然段写了作者儿时最珍贵的玩具，所以作者一直记忆犹新。第5自然段写了下雨天父亲背着作者去上学。第6自然段写了父亲为作者筹钱上学，并把作者送到了学校，还铺好了床，安顿好了一切。

（2）延伸思考：为什么作者对这些小事情记得这么清楚？

引导学生回答：虽然事情都是小事情，但是对于作者和父亲来说，这已经是父亲能够付出的全部。

（3）课堂讨论：提问学生，猜一猜，作者能不能用画笔勾勒出这条充满父爱的小渔船？

学生表示可以。因为这条小渔船承载的是亲情，是一个孩子对一个父亲的感恩，以及一个父亲对一个孩子深沉的爱。

（4）教师补充：我们在日常生活中同样需要关注这些小事情，因为这一件件小事情对于父亲而言，就是一次次对我们的关心与爱护。因为人生可能不会遇到多少大事情，所以人的感情流露都是体现在小事情上的。

（5）升华主题：正是父亲摇着这只小渔船，把"我"带到人生的一个个驿站，送"我"读书、考学，这条船承载着的不仅有父亲无尽的期望，更有满满的关爱。文章以"父爱之舟"为题，巧妙地把父爱与船联结起来，形象地揭示了父爱对"我"早期成长的承载作用，饱含着作者对父亲的感恩之情。

教师通过延伸阅读分析，让学生对父亲的形象感受得更加清晰，对文章的主题更加明了。

4.讲练结合，设置作业

（1）写法指导：这是以小见大的写法。"小"指事例具体而又典型，"大"指文章的主题深刻。"以小见大"就是用小题材表现大主题。具体来说，就是选取细微的、具有鲜明个性的事物，通过具体的叙述、生动的描写，突出地揭示社会生活中某一方面的本质，给人认识、教育、启迪或趣味。这告诉我们平时要关注身边的平凡小事，发现这些小事中的"亮点"，悟出大道理，揭示新主题。这种以小见大的写法往往通过看似平凡的小事突出人物不平凡的性格特点，从而让主题更加鲜明，实现意想不到的效果。

（2）课堂练笔：生活中的哪件小事给你的印象最深刻？请写下来，着重写出自己的感受。

三、活动评析

本文是一篇回忆性散文。全文以倒叙的手法回忆了父亲对"我"的无限关爱，字里行间表达出"我"对父亲的愧疚和感激之情。在教学中，教师可以从故事情节入手，厘清文章围绕父亲写了几件事，让学生在阅读中不知不觉地走进主人公的内心世界。

四、教学反思

沿袭从文章内容到感情主线的教学思路，引导学生一步步体会不同事件中主人公的心态，发现点滴小事中蕴含的深情，教师再结合学生实际加以引申，从而让学生在价值观方面有所收获。为了更好地把握作者所要表达的主题，了解作者以及写作的背景是十分必要的。补充资料可以加深学生对课文的理解。

品男子汉精神　铸自立自强品质

——《我们家的男子汉》教学设计

一、教学目标分析

（1）引导学生对课文当中的生字生词进行有效学习与掌握，从而提升学生学习课文的基础能力。

（2）引导学生掌握快速阅读的方法，对文章进行整体阅读，以此来提升课堂教学的效率，并借此发展学生的阅读能力，提高学生学习文章的积极性和有效性。

（3）结合文本内容，依托作者对文章主人公的刻画，突出他的特征，以及培养学生逐渐成为一个小小男子汉，这对于提升学生的责任感，以及促进学生社会认知能力的发展具有重要意义。

二、教学设计与实施

（一）设计方案

首先，教师从字词教学的角度对学生进行有效培养。教师通过该方法的运用，能够让学生在学习课文中的生字生词的过程中，实现对文章学习障碍的有效扫除，这对于提高学生的学习能力与素养具有一定的指导意义。其次，教师要结合阅读探究教学方法对学生进行培养与引导，以实现对学生自我感知能力以及自我认知能力的有效培养。在教学中结合文本素

附录

材实现对学生合作效能以及课堂主观能动性的进一步发展和提升，对于提高学生的语文知识学习素养以及改变传统模式下学生的语文知识的学习习惯与学习态度具有重要意义。最后，教师需要结合表达的方式对学生进行培养，通过对重点语句的分析与解读，让学生对文章内涵达到有效掌握。这样，不仅降低了学生的学习难度，还提高了学生的学习效率与学习质量。

（二）学生活动

（1）参与教师设计的问题，并进行有效回答。

（2）参与课堂学习活动，并跟随教师的教学方案进行延伸和发展。

（3）基于对文本的理解和分析，实现对个人意识的建立。

（三）设计意图

该课文结构相对其他课文而言较为特殊——它是建立在小标题基础上进行创作的，因此该课文能够体现出更强的环节性与段落性。在教学过程中，教师需要从大标题的引导入手，对学生进行小标题针对性教学，同时需要借此来实现对教学内容的创新性的合理区分，以此做到以小标题引导学生深入思考，并最终将思考的路线回归到大标题。

（四）教学过程

1. 导入新课，理解男子汉的特征

帮助学生正确理解什么是男子汉，以及男子汉的特征是什么。

设计教学板书，体现出板书中关于男子汉的界定与概念。

结合课堂教学素材的应用为学生出示课件内容，并且要将关于男子汉的定义展现出来让学生对其进行学习。

教师引导学生从现实生活环境入手，对什么是男子汉以及自己是不是一个男子汉的问题进行分析与解读，随后，从如何成为一名男子汉入手，对学生进行导入式教学，这样可以为后续的课堂教学活动深入开展提供一定的参考与帮助。

教师引导：同学们，大家现在可以思考一下：在你的心目当中，男子汉应该是什么样子的呢？或者说，你认为的男子汉有怎样的表现呢？

学生回答教师提出的问题：男子汉应该有刚强的意志、沉着的思维、独立的人格、果敢的行动、宽广的胸怀……

在学生回答完相关问题之后，教师需要让学生明白，男子汉是一个褒义词，是用来夸奖人的，也是用来赞美一些光明磊落、两袖清风、有德有才的男性的。

2. 整体感知，初知男子汉

引导学生对个别汉字与词语进行读音的掌握和训练。

教师指导：唇、尚、嘱读翘舌音，尚单独读shàng，而和尚的尚读轻声shang。

（教师指导学生进行全班齐读）

出示教学课件："强""济"两个汉字。

教师引导：大家知道吗，这两个字是多音字哦！这两个字其他的读音是什么呢？谁知道？

（学生交流）

教师引导：同学们，我们今天要学习的是一个关于小男子汉的故事，主要讲了一个小男孩的成长故事，记叙了一个小男孩是怎么从一个普通小男孩成长为一个男子汉的。在这个故事当中，我们可以看到小男孩的精神与品质，也能够看到小男孩的勇气。在这里，我们学习完毕之后来谈一谈自己是否具备当一个男子汉的品质，是否能够被称为男子汉。

通过基础性的学习，学生明白了男子汉是一种较为抽象的表达方式，具体在生活中，自己的爸爸是男子汉，解放军是男子汉，有责任、有担当的男性都是男子汉，而且不论他们的年龄大小。

3. 解读课文，感悟男子汉

教师引导学生深入阅读课文内容。

教师指导：要求学生利用自己喜欢的方法来阅读课文内容，并且要基于阅读的素材出示相应的阅读要求，让学生带着问题阅读文章。

在阅读过程中，教师需要让学生对阅读内容进行深入理解，还需要帮

附录

助学生找准读音，理顺语句。

教师指导学生有效地对描写小男孩的语句进行阅读，并借此来引导学生说明小男孩的特征。

教师指导学生根据课文的小标题想一想文章中的小男孩都从哪些地方表现出他是一个男子汉的。

教师指导：在上述内容中，我们对课文进行了阅读，了解到了课文主要讲的内容，我们也知道了课文当中主要写了什么。在此，大家说一说，文章都从哪些地方体现出了小男孩最终成为一名真正的男子汉。

教师鼓励学生进行有效的交流和沟通。通过该方法的应用，能够有效地帮助学生巩固前期所学的知识内容，同时能够将其作为一个过渡应用的方法，对后续需要学习的内容进行铺垫，对于提升学生的学习效率具有重要的作用和意义。

4. 合作探究，品味男子汉

教师指导：鼓励学生对文章进行自主学习与探究。

教师指导：让学生结合前期阅读过程中对文章的理解，思考两个关键性的问题：第一，为什么作者说文章中的小男孩是真正的男子汉？第二，请学生结合个人的情感来论证为什么称小男孩是个男子汉。

教师为学生展示课件内容，将问题体现出来。

教师指导：对学生进行第一部分知识的重点教学——小男孩对食物的兴趣。

在这里，教师需要出示相关课件内容，然后引导学生对课件中的知识点进行思考和探究。

教师展示课件内容：爽气——表示的是小男孩具有男子汉的气概。极有滋味——表示的是小男孩吃饭吃得非常香。

教师指导：让学生对该段落进行朗读，从而感受小男孩的豪气与爽气，以此来建立学生对小男孩具备男子汉气概的初步认知。

教师指导：等上三刻钟——能够有效反映出小男孩具有较大的耐心，

而且可以感受到小男孩具有专注与执着的精神。基于此，能够让学生感受到小男孩具有率真的秉性，这也是一种男子汉的气概。

教师指导：小心——这一词语重点突出了小男孩谨慎的心理，这也是男子汉应有的一种表现，即绝对不会鲁莽地去做任何事情，而是在深思熟虑之后才会选择去做某一件事情。

教师指导：随着小男孩慢慢长大，他表现出了独立的个性特征。在这里，教师可以从文章中相关内容的体现对学生进行教学。

教师指导：小男孩慢慢地长大了，他表现出了什么特征呢？

学生回答问题：小男孩的小手在"我"的手里开始挣扎，小男孩渴望独立、渴望自由。

教师指导：引导学生对文章中有关于小男孩希望获得独立的内容进行分析与理解，并且要重点结合相关事迹来对其进行论证。基于此，能够有效培养学生对文章的认知深度，且能够让学生对文章更加熟悉。

学生回答问题：小男孩要自己去商店换橘子水这一内容体现出了小男孩的独立性以及男子汉气概。

教师指导：小男孩在成长的过程中，特别是在成为男子汉的过程中，是有一个时间的积累的。这个过程是什么样子的呢？

学生回答问题：这个过程可以通过文章当中的词语体现出来——小男孩从一开始的"胆怯"，到后来的"沮丧"，再到后来的热情"高涨"和有"耐心"等，这反映了小男孩的成长过程和心理变化，也突出了小男孩逐渐成为男子汉的整个过程。

教师指导：从文章中我们可以了解到，在面对上托儿所的时候，以及在面对回安徽的时候，小男孩明知道这两件事情是他不想去做的，但是他又不得不去做。这时候小男孩选择了做这两件事，这就说明了小男孩正在成长，体现出了小男孩成熟的一面。这里可以反映出小男孩具有刚强和沉着的男子汉气概。同时，小男孩从一开始的抵触到后来的坦然接受的这个过程体现了小男孩面对问题的时候不是选择逃避，而是迎难而上。

5.思想陶冶，争当男子汉

教师指导学生对文章所学内容进行交流和沟通。

在交流过后，教师指导学生谈一谈自己在学习这篇文章的过程中的收获与感悟。

教师指导：一个男孩成为一个男子汉的过程是漫长的，也是需要经历很多事情的。这一过程是充满快乐与困难的，因此，我们在面对困难的时候要保持乐观的心态，要以客观的态度来看待事物，这样才能更好、更快地让自己成为一个男子汉。

这个板块的设计主要是为了引导学生对课文中相对独立的三个部分进行品味学习，同时，拓展对"男子汉"一词的理解，即它是作者观察小男孩成长的点滴之后产生的"理解"和"爱"。"男子汉"这个词语的运用使课文增加了童趣和幽默感，更是寄托了作者对小男孩的期望和祝愿。

三、活动评析

本文作者运用了小标题的独特的表达方式，使文章结构清晰。学习各个部分时，教师通过不同方式，让学生概括各部分的主要内容，将课文中的语言转化为自身语言，达到了感悟、积累、运用的良好效果。

四、教学反思

朗读是培养语感的最佳方式。在教学过程中，教师采取各种方式读书让学生自读自悟，在主动积极的思维和情感活动中加深理解和体验，从而有所感悟。例如，自学第一部分时，教师先让学生自由读，并想一想从哪里能看出他对食物的兴趣很大，再结合学生的交流进行朗读指导，读出小男孩对食物浓厚的兴趣，体会小男孩说话的语气、当时的心情，感悟他执着的性格特点。

生活处处皆美景

——《铺满金色巴掌的水泥道》教学设计

一、教学目标分析

（1）通过语境教学法进行课文教学，能够在学习过程中加深对文章情境的有效想象，提高想象能力和学习能力，提升综合素养。

（2）通过对文章的内容进行分析与解读，在日常写作中掌握写景的方法和技巧，对阅读内容做到更深入的理解和认识，提高写景文章的创作意识。

二、教学设计与实施

（一）设计方案

课文写了经过一夜秋风秋雨，第二天天放晴了，"我"背着书包上学去，走过铺满金色巴掌的水泥道时所看到的美丽景色。一个穿着红靴的小男孩走在这美景中，构成了一幅人美景美的秋景图。此次教学活动的开展首先从课文的阅读角度进行，学生通过阅读课文，实现对文章表达内容的有效理解，同时实现对文章词句的理解和有效应用；然后通过研读课文的方法，教师对学生进行有效的指导和帮助，让学生在学习的过程中加深对文章内容的理解，同时让学生在学习课文的时候感受铺满金色巴掌水泥道的美丽景色。这对于培养学生的语文学习习惯以及提高学生的语文学习兴

附录

趣具有重要意义。接着，教师让学生进行比较阅读。在这一过程中，教师要基于情感的升华方式对学生进行知识的延伸，同时做好对知识的迁移，这样能够让学生在学习相关知识的过程中建立起对所学内容的理解深度。最后，从基础知识入手，教师为学生出示前期所学的汉字，对学生进行再次教学，从而夯实学生的学习基础。

（二）学生活动

教师引导学生用多种方法理解词语，体会作者对上学路上的水泥道美景的喜爱之情；让学生学会课文的写法，联系生活实际，练习表达。

（三）设计意图

在教学中，教师让学生通过对文章的学习感受到自然的美，培养学生的审美能力，促进学生对美的认知。在教学过程中，教师重点结合美的主题对学生进行引导，同时从自然的角度出发，让学生感受自然、体验自然并爱上自然。

（四）教学过程

1. 初读课文，体会表达，理解词语，体会用词美

教师指导：同学们，今天我们一起来学习一篇新课文《铺满金色巴掌的水泥道》。在学习这篇课文之前，我们需要先对文章进行朗读，在朗读的过程中，我们需要来思考两个问题：题目中的"铺"这个字用得怎么样？大家知道"铺"这个字的另外一个读音吗？谁知道，现在可以说一说。

基于此，学生了解到"铺"是个多音字，并在阅读的过程中对"铺"字的应用进行分析与解读。

通过理解，学生明白了"铺"的另外一个读音pù，并且认识到了作者用"铺"这个字的原因——"铺"体现的比较多，且比较匀称。

教师指导：鼓励学生对文章进行整体阅读，在阅读的过程中，要求学生读准字音，并保证阅读的通顺。然后，让学生思考：课文中的"巴掌"代表的是什么，同时，将这一问题作为阅读问题来思考和探究，让学生在文章当中画出带有"巴掌"的语句，这样能够进一步提升学生的学习能力

与阅读质量。

学生在教师的指导下，画出了文章中关于巴掌的语句，并对其进行了重点阅读。此外，学生还明白了巴掌代表的是梧桐树叶。

教师指导：通过对文章中将梧桐树叶比喻成巴掌的语句进行解读，然后感受梧桐树叶的美，并借此寻找文章中相关的比喻句，然后对其进行分析并模拟造句。这样，让学生对文章的内容更加熟悉，同时能够训练学生对文字和语言的应用能力，这对于促进学生的语言素养具有极大的帮助。

教师指导：鼓励学生从文章中找出作者在上学的路上所观察到的事物并进行分析与解读，先将它画出来，再对其进行有效的理解。

教师通过该方法的运用，学生明白了在日常生活中处处都充满美，这是自然美的一种体现，也是大自然对人类最直接、最温暖的回馈。

教师指导：在日常生活的一些平平淡淡的事物中，作者能够发现其中的美，而且对事物展开了大胆的想象，把一幅全新的画面展现到我们眼前。在这一背景下，教师指导学生进行相应的学习延伸——观察一下窗外的天空，看看天空是什么样子的，选一个富有美感的画面将之表达出来。

在这一过程中，学生结合个人的思维以及所学的内容表达自己的看法，实现与文章内容的有效联动。

2. 研读课文，升华情感，引发思考，领略风景美

教师引导：自由读文，重点朗读最后两个自然段，体会作者的感受。

教师通过品读研读，学生在学习文章内容的过程中与作者产生了情感上的共鸣，在学习文章的过程中建立起了对文章内涵的理解。

教师引导：这么一条平平常常的水泥道，为什么"我"会觉得它特别美呢？

基于此，教师进一步培养学生对自然美的理解能力与认知能力，同时可以让学生在参与学习的过程中建立起从生活环境中发现美和感受美的良好素养，这对于培养学生的审美能力以及促进学生对美的深度感知具有一定的意义。

附录

教师引导：课文中有一句话出现了两次，找一找是哪一句。

寻找重复的话语这一方法能够帮助学生实现对文章核心思想的有效明确，同时能够让学生在后续参与学习的过程中实现对文章核心思想的有效掌握与把控。这对于指导学生建立正确的学习方向以及帮助学生形成高效的学习思维导向有着重要意义。

学生回答问题：课文的开头和结尾都写了"一夜秋风，一夜秋雨"。

教师指导：这句话不仅在文章中出现了两次，还是以首尾呼应的方式体现出来的，这有效体现出了作者对自然美景的热爱与赞美。

3. 比较阅读，对比写法，迁移运用，感受生活美

教师引导：在现实生活中，我们经常可以发现很多美好的事物。就如同作者在文中所写的一样，"我"在上学的路上，看到了水泥路的美，感受到了水泥路的"温度"。现在我们来想一想：汪曾祺在自己小的时候，通过对上学路上和放学路上事物的观察和耳闻，发现了什么稀奇古怪的东西？他看到了什么，想到了什么？在发现相关内容之后，他所表现出的态度是什么？他又是如何进行写作的呢？

教师指导：我们可以从汪曾祺的《自报家门》一文中看到他写作风格的普适性和大众化。虽然这几句话看起来再平常不过，但是大家能不能想一想：为什么汪曾祺会用这样的方法来自报家门，或者说，汪曾祺为什么能够用非常简短的语言将自己的情况表述清楚呢？大家在其他文章中有没有看到类似的情况呢？

4. 学写生字，观察结构，强调要点，夯实基础

学习生字新词，注意易错字的书写方法，掌握记字技巧。

自由练习书写，有效开展同桌互评。

三、活动评析

在此次教学活动的开展中，教师通过对学生进行阅读教学与辅导，以及让学生进行课程内容的分析与解读，让学生懂得了如何在学习中建立个人的审美认知能力，以及如何在学习文章的过程中实现对个人、对美的认知的有效发展。这对于改变学生的传统学习习惯，以及提高学生的综合学习素养具有重要的帮助和支持作用。

四、教学反思

在此次教学活动的开展中，教师由于将教学重点落在了如何培养学生对自然美的理解与认知能力上和如何有效培养学生的课文阅读能力上，在基础知识的教学方面涉及相对较少，这就会导致学生在学习课文内容的时候无法对基础知识形成深入理解、实现对文章的有效学习，这也是影响学生学习素养提升和发展的一个关键性因素。因此，在后续的教学中，教师需要重点关注这一问题，从学生的基础教学角度入手，在保证学生的学习基础更加扎实之后，才能对学生进行更深入的教学和辅导。这样，学生的学习质量与学习效率才能更好。

附
录

参 考 文 献

［1］沙兰芳.浅谈趣味教学法在小学语文阅读教学中的应用［J］.天天爱科学（教学研究），2022（7）：33-35.

［2］王光华.在小学语文教学中培养学生核心素养的策略［J］.天天爱科学（教学研究），2022（7）：45-47.

［3］张硕.小学语文整本书阅读教学设计的现状及改进策略研究［D］.包头：包头师范学院，2022.

［4］李有恩.小学语文个性化阅读教学研究［J］.学周刊，2022（21）：46-48.

［5］申万春.基于体验式小学语文的阅读教学［J］.学周刊，2022（21）：115-117.

［6］杨永斌.运用现代信息技术，优化小学语文阅读教学［J］.学周刊，2022（21）：154-156.

［7］王宾治.加强小学语文阅读教学提高学生综合素质［J］.名师在线，2022（18）：20-22.

［8］梁海芳.核心素养视野下小学语文群文阅读教学策略［J］.格言（校园版），2022（18）：46-48.

［9］张多加.浅析小学语文阅读教学中的文本细读策略［J］.文理导航（上旬），2022（7）：64-66.

［10］全梅姿. 浸润书香，引领成长：提升小学课外阅读效率的有效策略［J］. 文理导航（下旬），2022（21）：25-27.

［11］卢马忠. 互动阅读在小学语文教学中的有效应用［J］. 新课程，2022（24）：98-99.

［12］言烽. 以个性化阅读促语文高效课堂构建［J］. 山西教育（教学），2022（6）：15-16.

［13］孙春玲. 生活连接教学：小学语文群文阅读教学的实践分析［J］. 试题与研究，2022（17）：83-84.

［14］秦嘉乐. 基于快乐阅读视域下小学语文课堂教学策略创新［J］. 学苑教育，2022（17）：22-23，26.

［15］张瑾. 儿童本位视角下的儿童阅读习惯养成［J］. 天津教育，2022（3）：180-182.

［16］吴鸿丽. 聚美而立　启智润心：语文教学审美意识培养的实践与探索［J］. 中小学课堂教学研究，2021（10）：35-38，70.

［17］李丽. 随风潜入夜　润物细无声：武汉市蔡甸区幸福路中学"润心教育"的实践探索［J］. 成才，2021（18）：21-23.

［18］陈育全. "润心"教育办学主张实践探索［J］. 新教师，2021（3）：29-30.

［19］苏惠婷. 快乐阅读，享受语文美：小学语文阅读教学之我见［J］. 中华少年，2020（10）：104-105.

［20］黄庆胜. 以传统文化为载体的"润心教育"三策略［J］. 学苑教育，2019（23）：30.

［21］沈玥. "润心教育"理念下的学校文化建设初探［J］. 辽宁教育，2019（22）：76-78.

［22］汪梅丽. 核心素养背景下的小学语文美读教学策略［J］. 教育观察，2019（14）：91-92.

［23］严洁. 叶圣陶德育思想引领下的"润心"课堂策略初探［J］. 名师在

参考文献

线，2018（35）：14-15.

［24］张焕生.关注学生体验实施润心教育［J］.教学管理与教育研究，2017（24）：23-24.

［25］蔡正学.语文教育从"心"做起：以"基于心性品德涵养的高中语文自主学习研究"（第五轮）为例［J］.教育理论与实践（中小学教育教学版），2013（2）：50-52.

［26］徐芹.德育寓于语文　润"心"细无声［J］.现代教育科学（小学教师），2009（1）：50.

后　记

在"语文润心"课堂的教学中，教师致力研究的方向不应当局限于现有的教材本身，只为小学生传递基础的语文知识和技能，而要从小学生的精神层面，用教师的澄澈之心，化语文教学为绵延精神的渠道，浸润小学生的心灵，与小学生共同成长。在"析语文美·润童稚心灵"的全新教育理念下，小学阶段的文化教育摆脱了固有的教学模式，在强大的目标指引下，我们充分挖掘着"润心"教育的内涵，践行于每日的语文教学当中，化知识为无形的力量，深深地影响着小学生的成长，延续着"语文润心"课堂的教育本质。

在教师温润的呵护引领下，小学生的心灵接受着文学作品的洗涤，脑海中的生活经验和丰富的情感被不断唤醒，小学生更加从容地站在文化海洋的彼岸，胸有成竹地领略语文的魅力。这种"润心"的语文课堂强调的是一种轻松、欢愉的学习氛围，小学生可以放下学业的压力，尽情地放飞思想，自由自在地在语文的海洋中徜徉，获得的是心灵上的感悟、情感上的陶冶。在个性化的引领模式下，所呈现出的课堂真正契合了小学生的身心发展。在教师博爱的关怀下，每一篇作品的语言文字似乎都有了生命，纷纷进入小学生的脑海，用灵动的手指拨动着小学生心灵上的琴弦，演奏出一曲曲美妙的独特之声，唤醒了小学生析语文美、品语文美的情操。总之，多元化的"润心"课堂构建，能够为小学生提供充裕的体验空间，让

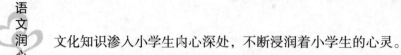

文化知识渗入小学生内心深处，不断浸润着小学生的心灵。

小学语文教材本身具有工具性、艺术性、人文性的教育特点，能够成为构建趣味课堂的有力依据，引发小学生心灵上的感触。这种趣味性的教育模式能还给小学生一个充满童真和乐趣的童年，让他们一边品析文本内容，一边有着鲁迅先生回味"三味书屋与百草园"一般的美好回忆，呈现出童趣的一面。在实践教学中，语文教师要善于从小学生的思考角度进行分析，制订符合小学生身心发展的教育方案，为小学生提供一种幸福、完整的学习生活。

"润心"教育强调的是回归到小学生生命的根本，完成对小学生心灵的呵护与滋养。在尊重每一个小学生的发展基础上，语文教育要从各个方面为学生提供润泽，来驱动其生命当中的内在活力，最终目的是实现个体的多元成长与自主发展。对此，我们可以将校园的外在建设视为空气，将教师的思想节操视为阳光，将"语文润心"课堂视为雨露，全方位地构建一个系统的文化教育体系来滋养小学生的心灵成长。同时，将"析语文美·润童稚心"的价值理念贯穿于优秀传统文化、品语文美、生活世界、信息技术、言语体验和儿童本位六个方面，让语文课堂在这些元素的加入下变得灵动起来，时时刻刻影响着小学生的心灵成长。

"语文润心"的教育模式，在课堂探索和实践中已经初显成效，其育人方向得到全面规范，在以一种全新的面貌进军小学语文教育教学领域。在不断彰显教育特色的过程中，教师的专业化教学水平获得提升，小学生的综合素质同步获得发展。自然界的伟大之处，是能够容下万物的生长，而"语文润心"课堂的教育模式，则能关注每个小学生个体的成长。人类的成长离不开空气和水，"语文润心"课堂的教学离不开实践和探索，其在以后的课程建设上，仍有很多地方需要完善、修正，相信在多方面的积极努力下，必将打造一个完整的润泽小学生心灵的高效教学体系。